# Burkhard Peter / Wilhelm Gerl

# ENTSPANNUNG

Das umfassende Training
für Körper, Geist und Seele

**Orbis Verlag**

Zeichnungen: Heinz Weise
Layout: Gaßner & Bischoff
Redaktion: Wolfgang Bruns

© Mosaik Verlag GmbH, München
Sonderausgabe 1991 Orbis Verlag für Publizistik GmbH, München
Druck und Bindung:
Mohndruck Graphische Betriebe GmbH, Gütersloh
Alle Rechte vorbehalten
Printed in Germany · ISBN 3-572-03166-4

# Inhalt

9 **Einstieg in dieses Buch**

10 **Was ist Integrierte Entspannung?**

13 **Eine »ganz normale« Sprechstunde**

16 **Die Folgen der Einseitigkeit**

22 **Das theoretische Know-How**

22 **Psychologische Aspekte**
22 Muskelpanzer
27 Vegetative Störungen
35 Kognitive Einseitigkeit

42 **Physiologische Aspekte**
43 Muskelspannung und Muskelentspannung
48 Vegetatives Gleichgewicht und Autogenes
Training
60 Bewußtsein und Meditation

76 **Das Integrierte Entspannungstraining**
79 Entstehung und Methode der Muskelentspannung
83 Entstehung und Methode des Autogenen
Trainings
92 Entstehung und Methoden der Meditation
100 Die Integration dieser drei Entspannungsmethoden

## 105 *Die praktische Einübung*

**105 Muskelentspannung**
105 Praktische Hinweise zur Durchführung
105     *Voraussetzungen*
107     *Übungssituation*
113     *Übungszeit*
115     *Der Anspannungs-Entspannungszyklus*
117     *Einteilung der Übungen*
118     *Zurücknehmen*
119     *Das Spannungsthermometer*
121     *Zielsetzung der Übungen zur Muskel-*
       *entspannung*
121 Die Übungen zur Muskelentspannung
123     *Entspannung der Arme*
135     *Entspannung im Gesicht*
145     *Entspannung des Oberkörpers*
161     *Entspannung der Beine*
165     *Kurzentspannung*
167 Schwierigkeiten – Lösungsvorschläge

**179 Autogene Entspannung**
180     *Zielsetzung der Übungen zur autogenen*
       *Entspannung*
180 Die Übungen zur autogenen Entspannung
180     *Sightseeing (Reise durch den Körper)*
183     *Vergegenwärtigung*
186     *Autosuggestive Übungen*
194     *Atemübungen*

**197 Meditative Entspannung**
199     *Zielsetzung der Übungen zur meditativen*
       *Entspannung*
200 Die Übungen zur meditativen Entspannung
200     *Atemmeditation*
202     *Übungen mit der Wirbelsäule*
204     *Mantrameditation*
207     *Meditation über die »Eigenfarbe«*
207     *Konzentration auf eine Zahl*
208     *Tratakam-Meditation*

210     *Musikmeditation*

211     *Meditation in der Natur*

211     *»Entfaltende« Meditation*

216     Körperhaltung beim Meditieren

217     *Vorbereitende Übungen (Gehübungen)*

218     *Sitzhaltung auf einem Stuhl*

219     *Fersensitz*

220     *Lotussitz*

221     *Haltung der Hände*


222     **Die praktische Anwendung**

222     **Möglichkeiten und Grenzen des Integrierten Entspannungstrainings**

229     **Nachwort**

230     **Literaturangabe**

238     **Register**

# Einstieg
# in dieses Buch

»Du verdrehst meine Worte«, sagte er. »Soweit ich sehe, versuchst du an deinen Argumenten festzuhalten, obwohl sie dir nichts einbringen. Du möchtest da bleiben, wo du bist, sogar auf Kosten deines Wohlergehens.«

»Ich weiß nicht, wovon du sprichst.«

»Ich spreche über die Tatsache, daß du nicht vollkommen bist. Du hast keinen Frieden.«

Diese Feststellung ärgerte mich. Ich fühlte mich angegriffen. Ich fand, ihm stehe es bestimmt nicht zu, über meine Handlungsweisen oder meine Persönlichkeit zu urteilen.

»Du quälst dich mit Problemen ab«, sagte er, »Warum?«

»Ich bin nur ein Mensch, Don Juan«, sagte ich verdrießlich. Diese Bemerkung machte ich in der gleichen Tonart, die mein Vater dabei anzuschlagen pflegte. Immer wenn er sagte, er sei schließlich auch nur ein Mensch, meinte er stillschweigend, daß er schwach und hilflos sei, und seine Bemerkung war, wie die meine, von unendlicher Hoffnungslosigkeit erfüllt.

(Carlos Castaneda: ›Eine andere Wirklichkeit‹)

# Was ist
# Integrierte Entspannung?

Entspannungsverfahren wie Autogenes Training, Meditation und Progressive Muskelentspannung wurden bislang unabhängig voneinander in teilweise streng standardisierter Form gelehrt. Verschiedene Faktoren wie beispielsweise der Bekanntheitsgrad eines Verfahrens, sein unterschiedlicher wissenschaftlicher oder historischer Background oder auch nur die persönliche Einstellung und Erfahrung des jeweiligen Meditationslehrers, Arztes oder Psychotherapeuten führten wahrscheinlich dazu, daß Gemeinsamkeiten dieser drei Verfahren übersehen oder vernachlässigt wurden.

Auch wir führten anfangs Kurse in Progressiver Muskelentspannung durch und boten unabhängig davon in anderen Kursen Autogenes Training oder meditative Verfahren an. Die praktische Erfahrung aus diesen scheinbar unterschiedlichen Kursen und die Beschäftigung mit den theoretischen Grundlagen dieser drei Entspannungsmethoden ließen deren Unterschiede bald in den Hintergrund treten. Sowohl deren logischer Aufbau wie auch die praktische Anwendung machten es im Laufe unserer Arbeit immer sinnvoller, Muskelentspannung, Autogenes Training und Meditation zu kombinieren und in ein einziges Entspannungsverfahren zu integrieren.

Teilnehmer an Kursen in Muskelentspannung berichteten meist schon in der ersten Sitzung spontan von Empfindungen der Schwere und Wärme. Genau die gleichen Empfindungen also, die im Autogenen Training über den Weg der Autosuggestion in teilweise wochenlangem Üben ganz gezielt hervorgerufen werden sollen, traten hier automatisch und mühelos quasi als Nebenprodukt der muskulären Entspannungs- und Lockerungsübungen auf.

In den Büchern über das Autogene Training fehlt meist der Hinweis, daß *J. H. Schultz*, der Begründer dieser Entspannungsmethode, deren erste Übung zur Erzeugung des Schweregefühls (»rechter Arm ganz schwer«) ausdrücklich als Entspannungsübung für die Skelettmuskulatur verstanden hatte. Auch die verschiedenen Körperübungen beispielsweise des Hatha-Yoga, die als Vorstufen zu den eigentlichen geistigen Versenkungsübungen anzusehen sind, verweisen in eine ähnliche Richtung. *Entspannung der Körpermuskulatur ist demnach die Voraussetzung für eine weiterreichende vegetative und geistige Entspannung.* Das Verfahren der Progressiven Muskelentspannung nach *E. Jacobson* bietet unserer Erfahrung nach den einfachsten und schnellsten Weg zu einer vom Übenden selbst hervorgerufenen, tiefgreifenden muskulären Lockerung und Entspannung. Aus diesen und anderen, später noch näher erläuterten Gründen, haben wir dieses Verfahren deshalb auch an den Anfang des *Integrierten Entspannungstrainings* gestellt. Die dabei auftretenden Empfindungen der Schwere und Wärme bilden für den Übenden eine Erfahrungsbasis, auf der sich dann sinnvoll und erfolgversprechend mit Übungen aus dem Autogenen Training weiterarbeiten läßt.

In tieferen Stadien körperlicher Entspannung traten bei manchen Teilnehmern an Kursen in Muskelentspannung und Autogenem Training oft auch Bewußtseinszustände auf, wie wir sie aus der Meditation kennen. Es lag daher auf der Hand, daß wir in solchen Kursen die letzten Sitzungen mit meditativen Übungen abschlossen. Wie wir noch sehen werden, ist auch die sogenannte Oberstufe des Autogenen Trainings von einigen Kennern der *Schultzschen* Auffassung als Meditation gedeutet worden.

Damit sind an sich schon alle Voraussetzungen für eine wirkungsvolle Verbindung dieser drei Verfahren gegeben. Der Grad der Integration dieser Methode kann gesteigert werden, je erfahrener der Lehrende in ihrer Anwendung geworden ist. Beispielsweise kann bereits in der ersten Sitzung damit begonnen werden, Elemente, die »eigentlich« zur Meditation gehören, zur Einstimmung und Aufmerksamkeitskonzentration in die Übungen zur Muskelentspannung einfließen zu lassen. Entsprechend den gegebenen Fähigkeiten und der jeweils erreichten Entspannungsfertigkeit der einzelnen Teilnehmer wird ein solcher Trainer die verschiedenen Übungen des *Integrierten Entspannungstrainings* differenziert und »klientenzentriert« einsetzen.

Dieses Buch wurde aber vor allem für jene Leser geschrieben, die entweder keine Gelegenheit haben oder aus anderen Gründen für sich keine Möglichkeit sehen, an einem Kurs in Entspannung teilzunehmen. Aus diesem Grund bringen wir die verschiedenen Übungen in einer standardisierten Form, die sich nach unserer Erfahrung als erfolgreich erwiesen hat und daher vielen erlauben wird, dieses Training auch ohne Hilfen durch einen ausgebildeten Trainer oder Psychotherapeuten durchzuführen. Dennoch kann es sich für manche Leser im Laufe des Übens als notwendig erweisen, eine solche Hilfe in Anspruch zu nehmen.

Neben der praktischen Darstellung der Übungen des *Integrierten Entspannungstrainings* hat dieses Buch auch noch das Anliegen, psychologische und physiologische Aspekte wenigstens soweit darzustellen, als sie für ein besseres Verständnis körperlicher und geistiger Anspannung und Entspannung notwendig sind. Zur Verdeutlichung bestimmter seelischer Zusammenhänge haben wir das konkrete Beispiel der Klientin »Edith« herangezogen und versucht, Entstehungs- und Bedingungszusammenhänge ihrer Schwierigkeiten darzustellen.

Edith könnte auch Erich heißen und verheiratet sein. Die Schwierigkeiten würden äußerlich dann vermutlich anders aussehen. Die seelisch bedingten Hintergründe der vielfältigen und zahlreichen psychosomatischen Störungen sind sich im wesentlichen jedoch sehr ähnlich. Edith wurde deshalb als Fallbeispiel ausgewählt, da sich ihre Problematik in extremer Form äußert. Dies macht zum einen deutlich, in welch hohem Ausmaße psychosomatische Störungen das Leben eines Menschen bestimmen und beeinträchtigen können; zum anderen lassen sich gerade an Ediths Geschichte Entstehungszusammenhänge solcher Störungen unschwer verfolgen.

## Eine »ganz normale« Sprechstunde

Edith war etwa 30 Jahre alt. Am Anfang des Gespräches wirkte sie sehr verschlossen und erzählte mir mit unbewegtem Gesicht einige äußere Fakten aus ihrem Leben. Ihre Gestik, die Bewegungen ihrer Arme und Hände, mit denen sie mitunter ihre Erzählung zu unterstreichen versuchte, wirkten unbeholfen und eckig. Obwohl sie sich bequem hätte zurücklehnen können, saß sie aufrecht, beinahe steif in ihrem Sessel. Ungefähr zehn Minuten hatte sie so über sich gesprochen, als ihr langsam Tränen in die Augen kamen – äußerlich ohne jeden erkennbaren Anlaß. Und je mehr sie weinte, desto lockerer wurden auch ihre verspannten Gesichtszüge.

»Wenn Ihre Tränen reden könnten, was würden sie erzählen?« Sie machte eine etwas hilflose Geste mit der Hand. »Ich weiß es nicht. Es gibt eigentlich gar keinen Grund zum Weinen. Mir geht es gut, ich kann wirklich nicht klagen.«

Edith hatte sich zu meinem Entspannungstraining angemeldet, weil ihr Arzt der Meinung war, ihre körperlichen Beschwerden seien seelisch bedingt. Die Diagnose: »Im Rahmen einer vegetativen Neurose leidet die Patientin speziell an HWS/BWS-Syndrom« (Halswirbelsäule- und Brustwirbelsäule-Syndrom).

Von den acht Teilnehmern des Kurses hatte Edith die meisten Schwierigkeiten, sich zu entspannen. Nur schwer konnte sie sich auf ihren Körper konzentrieren und brauchte länger als die anderen, um in einen tieferen Entspannungszustand zu kommen. »Ich kann einfach nicht abschalten«, entschuldigte sie sich häufig. Als sie jedoch am Ende der zweiten Stunde 13 ein leichtes Wärmegefühl in ihrer rechten Hand spürte, war das für sie ein riesiger Erfolg.

Nach der fünften Stunde bat sie mich um ein Einzelgespräch. Sie erzählte mir, sie könne seit Jahren nicht mehr ohne Beruhigungstabletten einschlafen und brauche dann tagsüber öfter ein aufputschendes Mittel, um die Doppelbelastung von Studium und Job durchzustehen. Alles zusammengerechnet käme sie meist auf 80 Stunden Arbeit die Woche, fühle sich aber sehr wohl dabei, weil Arbeit sie ausfülle und befriedige.

Zwar würden ihre Kopfschmerzen sie manchmal sehr behindern. Aber seit kurzem hätte sie Tabletten, die nicht nur die Schmerzen lindern würden, sondern sie manchmal ganz »high« machten.

Als ich Edith nach ihrem Privatleben fragte, wurde sie verlegen. »Da gibt es nicht viel zu berichten.«

»Haben Sie Freunde?«

»Ja, manchmal. Aber das klappt nicht so richtig. Ich habe auch viel zu wenig Zeit, um mich um sie zu kümmern.« Sie sah plötzlich sehr traurig und niedergeschlagen aus. Ihr Körper sank ein wenig zusammen, und ihre Hände begannen leicht zu zittern. Der Mund verspannte sich, und sie biß sich auf die Lippen.

»Ich glaube, Sie sind manchmal sehr einsam?«

Die Reaktion auf diese Frage kam unerwartet heftig. Ediths Körper sank vollends zusammen, und sie begann, hemmungslos zu weinen. Alle Verspannung war mit einem Mal verschwunden.

Doch nach wenigen Augenblicken hatte sie sich wieder gefangen: »Ich weiß nicht, was heute mit mir los ist. Ich weine sonst nie, nicht, daß Sie denken, ich bin eine »Heulsuse«.« Dies hatte ich sicherlich nicht von ihr gedacht. Edith war hart zu sich und ihrem Körper.

Im weiteren Verlauf des Gespräches erfuhr ich, daß ihr Vater sich eigentlich einen Jungen gewünscht hatte, ebenso fleißig, ebenso ehrgeizig und leistungsbewußt wie er selbst. Unbewußt konnte er sich offensichtlich mit der Tatsache, daß er eine Tochter hatte, nicht abfinden und übertrug seine Wünsche unverändert auf Edith. Und diese strengte sich auch mächtig an, war immer die Beste in der Schule und freute sich jedes Mal auf die 10,– DM, wenn sie wieder mal eine Eins mit nach Hause brachte.

»Meine Mutter war zwar sehr lieb, herzlich und warm, aber irgendwo ... Ich glaube, mein Vater war mit meiner Mutter sehr unzufrieden und wünschte sich eigentlich eine andere Frau, nicht so ein Hausmütterchen. Die beiden paßten überhaupt nicht zusammen, hatten oft Streit. Und meiner Mutter fiel nichts anderes ein als zu weinen.«

Das Ganze ging solange »gut«, bis der Vater starb. Edith hatte einen »Nervenzusammenbruch« und mußte ihr Studium unterbrechen. Nach dem zweiten Selbstmordversuch raffte sie sich auf und begann, als Sekretärin vier Jahre zu arbeiten, bis sie dann nochmals die Zähne zusammenbiß und weiterstudierte. Und da begannen die Schmerzen, zuerst kaum merkbar. Als sie stärker wurden, dachte sie, es sei Migräne oder hinge mit dem Wetter zusammen. Bald spürte sie Verspannungen auch im Nacken und den Schultern. Auf der Brust hatte sie oft einen beklemmenden Druck, sie mußte um Atem ringen, und das Herz begann manchmal wie wild zu rasen. Oft wurde ihr schwindlig. Nachts konnte sie nicht mehr einschlafen und ließ sich Valium verschreiben. Der Tablettenkreislauf zwischen Schlafmittel und Aufputschmittel schloß sich sehr bald.

Nachdem sie ihre depressiven Verstimmungen lange genug mit rastloser Aktivität zugedeckt hatte, schlich sich langsam eine merkwürdige Angst bei ihr ein. Sie wußte nicht genau wovor. Vor Menschen? Vor der Zukunft, dem Leben überhaupt?

»Aber dazu besteht doch überhaupt kein Grund! Ich verdiene genügend, und es geht mir doch gut. Sicherlich, momentan sind Studium und Job wirklich etwas zuviel. Aber ich bin ja bald fertig mit dem Studium. Dann gebe ich auch diesen blöden Job auf und habe endlich einen richtigen Beruf.

Bitte sagen Sie, was mir fehlt! Irgend etwas stimmt mit mir nicht. Sagen Sie, was soll ich tun!«

Ich dachte ebenfalls, daß mit Edith etwas nicht »stimmte«. Es war jedoch unmöglich, ihr in den verbleibenden zehn Minuten dieser Stunde begreiflich zu machen, daß ihre schlaflosen Nächte mit der sozialen Isolation, in die sie sich begeben hatte, und der chronischen Muskelverspannung zusammenhingen. Daß die Muskelverspannung und damit auch die Kopfschmerzen und das HWS/BWS-Syndrom zu tun haben mit einer Lebenseinstellung, die wahrscheinlich lautete: »Leistung ist alles, Gefühle sind überflüssig.« Ich sagte ihr deshalb, daß es mir nicht möglich sei, schnell ein Patentrezept zu geben, und daß sie auch mit einem noch so guten Ratschlag nicht viel anfangen könnte. Die Teilnahme am Entspannungskurs sei jedoch ein erster wichtiger Schritt. An den bisherigen Erfolgen – sie kann schon mit weniger Valium einschlafen und hat seit einer Woche keine Kopfschmerzen mehr – könne sie dies selbst ablesen. Wenn sie glaube, daß es ihr gut tue, könne sie gerne zu einem weiteren Gespräch kommen.

## Die Folgen der Einseitigkeit

Edith steht nur als ein Beispiel für viele andere. Man schätzt, daß 30 % bis 40 % der Menschen in Industriegesellschaften an so starken psychischen Störungen leiden, daß sie einer psychotherapeutischen Behandlung bedürfen. Zwei Drittel aller von Ärzten behandelten körperlichen Beschwerden sind wahrscheinlich psychisch bedingt. Dieses Ausmaß an psychosomatischen Krankheiten stellen Medizin und Gesellschaft vor völlig neue Probleme. Medikamente können hier bestenfalls lindern, doch nicht heilen. Kopfschmerzen kann man natürlich mit Hilfe von Aspirin betäuben. Aber damit werden nur die Folgen, nicht die Ursachen behandelt. Nach neueren Untersuchungen sind 95 % aller chronischen Kopfschmerzen psychischen Ursprungs.

Schlafstörungen als Folge von innerer Unruhe und seelischem Streß werden mit Valium oder anderen Sedativa behandelt. Die Folge davon ist in den meisten Fällen jedoch nicht Beseitigung der Störung, sondern eine immer stärkere Abhängigkeit von den Medikamenten. Ungefähr eine Million Jugendlicher nimmt heute regelmäßig Psychopharmaka.

Viele Patienten mit Migräne, Magengeschwüren oder nervösen Herz- und Kreislaufbeschwerden weigern sich, zum Psychotherapeuten zu gehen, weil sie sich ausschließlich als körperlich und nicht als seelisch krank empfinden. Andererseits greifen noch immer zu viele Ärzte zu schnell zum Rezeptblock, anstatt den Patienten zu einem fachlich ausgebildeten Psychotherapeuten zu überweisen. Allerdings ist die Zahl der klinischen Psychologen und Psychotherapeuten immer noch zu gering, um auf breiter Basis wirksam helfen zu können. So bleibt vielen Ärzten letztlich nichts anderes übrig, als Tabletten zu verschreiben. Abgesehen von den Nebenwirkungen und der Gefahr der Tablettensucht haben Psychopharmaka einen weiteren wesentlichen Nachteil: Sie berauben uns der Möglichkeit, mit unseren Schwierigkeiten selbst fertig zu werden, aus eigener Kraft und mit eigenen Mitteln einen Ausweg zu suchen. Frederic Vester benutzt in seinem Buch »Phänomen Streß« einen sehr ins Auge stechenden Vergleich, um diese Problematik zu verdeutlichen: Jemand, der monatelang mit gebrochenen Beinen im Gips lag und anschließend unfähig ist zu gehen, könnte daraus den irrigen Schluß ziehen, er benötige sein weiteres Leben lang einen Rollstuhl für seine Fortbewegung, anstatt langsam und unter großen Mühen die Betätigung seiner Beinmuskulatur wieder zu erlernen. Ähnlich verhalten auch wir uns, wenn wir die Symptome eines krankmachenden Lebens dahingehend mißdeuten, daß sie nur der Anlaß für eine intensivierte Forschung der Pharmaindustrie sein können.

Die direkten und indirekten Auswirkungen unserer sogenannten technisierten und zivilisierten Welt auf den Menschen sind deutlich genug. So läßt sich in der Medizin eindeutig eine Verschiebung der Krankheitsbilder feststellen. Beispielsweise waren noch im vorigen Jahrhundert die Todesursachen auf rund zwanzig verschiedene Krankheiten verteilt. Heute dagegen sterben immer mehr Menschen an immer weniger Krankheiten.

Das große Spektrum der Todesursachen hat sich ständig eingeengt, und zwei große Krankheitsgruppen stehen im Vordergrund: Krebs und Herz-/Kreislaufschwächen. 1950 machten sie bereits die Hälfte aller Todesursachen aus, und zur Zeit sterben in Industrieländern wahrscheinlich schon zwei Drittel aller Menschen an diesen beiden Leiden. Auffallend ist, daß diese zwei Krankheitstypen innerste und subtilste Grundvorgänge in unserem Körper angreifen, vor allem die regulierenden und steuernden Systeme wie das vegetative Nervensystem, das Hormon- und Immunsystem. Sie werden nicht mehr durch klar bestimmbare Krankheitserreger verursacht oder gehen auf eindeutige Organschädigungen zurück. Vielmehr sind es die Lebensumstände, von denen sicherlich die meisten behaupten, daß sie sie freiwillig gewählt haben und sie für erstrebenswert halten, die die Menschen krank machen.

Auch in der Psychotherapie zeigt sich eine Verschiebung der Krankheitsbilder. Neben den psychosomatischen Störungen treten von den vier großen neurotischen Störungen (Angst, Depression, Zwang und Hysterie) vor allem Ängste und Depressionen immer mehr in den Vordergrund. Die besonderen Erscheinungsformen dieser beiden Reaktionsgruppen lassen ebenfalls einen direkten Zusammenhang zu den Bedingungen unserer heutigen Gesellschafts- und Lebensform erkennen. Bei den Ängsten und Phobien (extreme Angstzustände) häufen sich immer mehr die Prüfungs- und Leistungsängste und vor allem die große Gruppe der sozialen Ängste. Angst, zu versagen in Schule, Studium und Beruf und Angst vor dem Mitmenschen ist in den meisten Fällen verbunden mit tiefer Depression, geschwächtem Selbstwertgefühl und Unsicherheit.

Depression in einer Zeit, in der fast alle unsere materiellen Bedürfnisse befriedigt werden können; Niedergeschlagenheit und Hoffnungslosigkeit, Kontaktarmut und Todessehnsucht inmitten von Wohlstand und Überfluß: dieser Widerspruch scheint ein wesentliches Merkmal unserer Zeit zu sein. Der Enthusiasmus über die Machbarkeit von Glück mit Hilfe des Fortschritts ist verschwunden. Hoffnungen, die vor Jahrzehnten noch in die Idee investiert wurden, mit Hilfe moderner Naturwissenschaft und Technologie ließe sich dem Menschen ein besseres Leben und eine glücklichere Zukunft bescheren, sind zerronnen in Ratlosigkeit und Angst. Das gleiche Problem der Einseitigkeit zeigt sich jedoch auch von einer ganz anderen Seite. Entspannungsverfahren wie die Progressive Muskelentspannung nach Jacobson, das Autogene Training nach Schultz oder die verschiedenen Formen von Meditation gewinnen immer mehr an Bedeutung. Parallel dazu verlaufen auch Entwicklung und Ausbreitung der verschiedenen Verfahren der humanistischen Psychologie mit Encounter-Gruppen, Sensitivitätstraining, Gesprächspsychotherapie und Gestalttherapie.

Die boomartige Entwicklung dieser beiden Bewegungen läßt vermuten, daß sie lediglich die jüngste Form von Realitätsflucht darstellen. Aber weder Meditation noch humanistische Psychologie fordern eine Abkehr von der Wirklichkeit. Sie rufen nicht zum »Aussteigen« auf und predigen auch nicht die totale Konfrontation mit dem bestehenden Gesellschaftssystem. Viel mehr sehen sie ihr Ziel darin, Fähigkeiten und Potenzen des Menschen wiederzuentdecken und zu reaktivieren, die diesem schon verloren schienen. Ihr gemeinsames Bemühen – wenn auch mit verschiedenen Methoden – ist die Konzentration auf die Innenwelt des Menschen, die Hinwendung zu den inneren Vorgängen, Empfindungen und Gefühlen, die normalerweise hinter starren und förmlichen Fassaden versteckt oder begraben sind.

Überall dort, wo sich Menschen solchen innersten Erfahrungen öffnen, zeigt sich immer wieder das Problem der Einseitigkeit. *Was der Mensch eigentlich sein könnte, nämlich eine Einheit aus Körper, Geist und Seele, zeigt sich nur zu selten in unserer westlichen Zivilisation.*

Das häufiger anzutreffende Bild eines Menschen, der die Beziehung zu seiner inneren Wirklichkeit, vor allem zu seiner körperlichen und gefühlsmäßigen Seite verloren hat, beschreibt Graf Dürckheim: »Könnte man einen solchen Menschen malen, so müßte man ihn darstellen mit einem Riesenkopf, einer aufgeblasenen Brust, stählernen, aber ganz mechanisch funktionierenden Gliedern, die nicht organisch zusammenspielen, sondern künstlich von einem harten Willen zusammengehalten und gesteuert werden. In der Mitte aber, wo das richtende, ordnende und beseelte Zentrum sein sollte, da wäre recht wenig, eigentlich nur ein Hohlraum, in dem, umpanzert von einem ängstlich und verletzbaren Ich, das eigentliche Wesen ein Schattendasein führt!«

Eine der Grundannahmen der humanistischen Psychologie behauptet, daß in unserer heutigen Gesellschaft und ihrem Wertsystem große Teile der Gesamtpersönlichkeit des Menschen unterdrückt und viele seiner Fähigkeiten ungenützt und verschüttet werden.

Unsere allgemeine Ausrichtung auf äußere und äußerliche Wertmaßstäbe und Ziele, auf Meßbares, Beobachtbares und Vorzeigbares haben uns den Blick nach innen verstellt. Der ›Wert‹ eines Menschen wird hauptsächlich danach beurteilt, welche sichtbaren Leistungen er vollbringt, nicht jedoch nach dem Grad seiner Selbstverwirklichung. Persönliche Reife und eine hohe Stufe der psychischen Integration spielen eine Rolle allenfalls bei privaten Kontakten. Nur allzuoft sind jedoch auch unsere persönlichen Beziehungen zueinander durch äußere Wertvorstellungen geprägt. Gesellschaftliche Normen und starre Umgangsformen im zwischenmenschlichen Kontakt isolieren den einzelnen und erschweren damit einen ganz natürlichen Entfaltungs- und

Reifungsprozess. Die Angst, Schwächen zuzugeben

und Gefühle vor anderen offen zu zeigen, verhärtet nur den Panzer, mit dem wir uns voreinander zu schützen versuchen.

Der körperliche Ausdruck dieser schützenden Panzerung besteht aus starren und verkrampften Muskeln. Mit versteinerten, maskenhaften Gesichtszügen und förmlichem, roboterhaftem Verhalten versuchen wir, Einsamkeit, Trauer, Unsicherheit oder Zuneigung, Wärme und Liebe zu verbergen aus Angst, wir könnten bemitleidet, belächelt oder abgewiesen werden. Hier zeigt sich deutlich, in welch erschreckendem Umfang gesellschaftliche Bewertungsmaßstäbe und Leistungskriterien Eingang gefunden haben in den ganz natürlichen Bereich menschlicher Beziehungen und seelischer Empfindungen. Anstatt einfach das zu fühlen und auszudrücken, was in uns vorgeht, versuchen wir, es hinter einem aufgesetzten Scheinverhalten zu verbergen. Es genügt nicht, wenn wir bloß wir selber sind, denn dies entspricht nur selten den Forderungen, die an uns gestellt werden. Wir müssen etwas Besseres und Idealeres darstellen und versuchen auch nach Kräften, zumindest so zu erscheinen, wie man uns wünscht. Daß wir uns dabei selbst vergewaltigen, merken wir meist erst zu spät.

Je häufiger und länger wir diese äußere Fassade aufrecht erhalten, desto gewaltiger sind die nervlichen Belastungen und körperlichen Verkrampfungen. Chronische Muskelverspannung und extreme Störungen im vegetativen Gleichgewicht können direkt zu irreparablen organischen Schädigungen führen. Unseren ungeübten »inneren Augen« entgeht es, wenn wir systematisch Raubbau betreiben an unserer leiblichen Natur. *Wir sind in Gefahr, nicht nur das ökologische Gleichgewicht der uns umgebenden Natur zu zerstören, sondern ebenso unser inneres körperliches Gleichgewicht.*

# Das theoretische Know-How

## Psychologische Aspekte

In den folgenden Kapiteln wollen wir zunächst die Problematik der Einseitigkeit aus psychologischer Sicht betrachten. Entsprechend dem Thema dieses Buches werden wir uns insbesondere der körperlichen Anspannung und seelisch-geistigen Verkrampfung zuwenden.

Wir möchten darauf hinweisen, daß die dargestellten Zusammenhänge nur einen Bruchteil der gesamten psychischen und psychosozialen Problematik aufzeigen können. Bei dieser Darstellung fühlen wir uns auch keiner psychologischen oder psychotherapeutischen Schule besonders verpflichtet. Es werden daher immer sowohl verhaltenstherapeutische als auch (neo)psychoanalytische Aspekte in der Beschreibung zu finden sein. Insbesondere werden wir auch neuere Forschungsergebnisse vor allem aus dem Bereich der Bewußtseinspsychologie berücksichtigen. Der wesentliche Kern der folgenden Kapitel entstand jedoch unmittelbar aus Beobachtungen und Erfahrungen täglicher psychotherapeutischer Praxis.

### Muskelpanzer

Gehen wir nochmal zu Edith zurück. Sie weiß nicht, weshalb sie weint. Zwar reagiert ihr Körper auf meine
Frage, ob sie einsam sei, gleichsam, als ob er Ja

sagen wolle. Ihr Bewußtsein scheint diese Tatsache aber hartnäckig zu ignorieren.

Eigentlich zu Recht. Denn was würde geschehen, wenn Edith zugäbe, daß sie tatsächlich einsam ist? Sie müßte wohl vieles ändern, um nicht in einen Konflikt zu kommen zwischen dem elementaren Bedürfnis nach Wärme, Zuneigung und Kontakt zu anderen Menschen und ihrer Lebensweise, die eben dies verhindert.

Edith hat aber Angst vor allzu großer Nähe. Sie hat aufgrund ihrer Erziehung und der Situation in ihrem Elternhaus nicht lernen können, unbefangen und offen mit anderen Menschen zu sein. Der Vater, den sie sehr liebte und verehrte, war aber ein Eigenbrötler. Zu ihrer Mutter jedoch, die warmherzig und weich war und ihre Gefühle nicht zurückhalten konnte, fand Edith keine Beziehung. So blieb ihr nichts anderes übrig, als so wie ihr Vater zu werden: verschlossen, isoliert und verbissen. Diese innere Einstellung drückt sich in der äußeren Haltung ihres Körpers aus: verschlossenes, verkrampftes Gesicht und ständig angespannte Muskulatur.

Beim Tod ihres Vaters erlebte Edith für sich nur zwei Möglichkeiten: entweder sich selbst völlig aufzugeben – ja sogar zu sterben –, weil sie nun völlig allein war, oder die Zähne noch fester zusammenzubeißen und den Muskelpanzer noch mehr zu härten, um gegen die vermeintlichen Bedrohungen durch andere Menschen gewappnet zu sein.

Aus welchem Grund auch immer, Edith entschied sich, weiterzuleben. Hatte sie schon bisher nicht gelernt, ihren Gefühlen Ausdruck zu geben, so mußte sie nun erst recht das Gefühl der Einsamkeit, das sie (durch die zwei Suicidversuche) beinahe das Leben gekostet hätte, unterdrücken. Die *kognitive Dissonanz* (Unverträglichkeit zweier widersprüchlicher Gedanken oder Gefühle) zwischen dem Bedürfnis nach menschlicher Nähe und der Angst vor eben dieser Nähe hob sie dadurch auf, daß sie das Bedürfnis als nicht existent betrachtete. So vermied sie die Angst. Aber diese Vermeidung funktionierte nur 23 scheinbar. Edith hatte schon Angst, sie wußte bloß nicht genau wovor. Täglich war sie mit Menschen zusammen und befand sich in der Situation dessen, der mit riesigem Hunger vor einer reich gedeckten Tafel steht, aber fürchtet, das Essen sei vergiftet. Er kann sich nun von den anderen, die unbekümmert drauflos essen, überzeugen lassen, daß seine Befürchtungen unnötig sind. Will er aber auf seiner Meinung beharren, so geht er am besten, um seinem knurrenden Magen den Anblick all der leckeren und duftenden Sachen zu ersparen.

Bezogen auf die Angst vor menschlichem Kontakt reagieren auch manche Menschen so. Bei sehr starken Symptomen sozialer Angst weigern sie sich hartnäckig, auch nur einen Fuß vor die Tür zu setzen oder irgendeinen fremden Menschen zu sehen.

Was passiert aber, wenn aus irgendeinem Grund die Notwendigkeit besteht, mit einer solchen Angst täglich unter Menschen gehen zu müssen (in unserem Beispiel: an die gedeckte Tafel)? Edith mußte den bewußten, kognitiven Teil ihrer Angst (»Ich habe Angst vor menschlicher Nähe«) verdrängen. Übrig blieb das bloße Gefühl, das undefinierbar und bedeutungslos war. Übrig blieb aber vor allem als körperlicher Teil ihrer Angst die ständige Hochspannung und Muskelverkrampfung, so als wollte sie sich unbewußt durch ihren Muskelpanzer vor der ständigen scheinbaren Bedrohung durch Menschen schützen. Diese chronische Muskelspannung, die für Edith inzwischen schon zu einem ganz normalen Zustand geworden war, verringerte jedoch auch ihr Empfindungsvermögen, und sie wurde stumpfer für Alarmzeichen ihres Körpers. Die ständige körperliche Spannung drückte sich bei ihr insbesondere im Herz- und Kreislaufsystem aus, das als ihre »schwache Stelle« am sensibelsten reagierte. Ediths Symptome kann man gut mit dem Begriff *Alexithymie* bezeichnen.

Alexithymie ist die Unfähigkeit, Gefühle und Empfindungen wahrzunehmen und zu erkennen. Mit Gefühlen sind nicht nur »seelische« Empfindungen wie etwa Trauer, Freude, Angst, Zorn, Hoffnung und andere Stimmungslagen gemeint, sondern auch vor allem »körperliche« Empfindungen. Wenn wir uns freuen, sagen wir vielleicht »Ich freue mich« und spüren diese Freude unmittelbar in unserem Körper. Jedes Gefühl ist also auch ein körperliches Gefühl. Wir können nicht trennen zwischen seelischen und körperlichen Gefühlen, genauso wie wir nicht zwischen Körper, Geist und Seele trennen können.

Es hat mit der Art und Weise unseres Denkvermögens (siehe S. 36 ff) zu tun, daß wir diese Einheit aufspalten, die verschiedenen Aspekte isoliert und nacheinander untersuchen und meist erst in einem dritten Schritt ihre Interaktion betrachten.

In der akademischen Psychologie hat sich als günstiges Arbeitsschema eine Einteilung der menschlichen Reaktionen in drei Ebenen durchgesetzt. Es muß betont werden, daß die Einteilung ganz willkürlich ist und lediglich der besseren Übersicht und der schnelleren Verständigung dient:
1. motorisch verhaltensmäßige Ebene
2. organisch physiologische Ebene
3. subjektive verbale Ebene
Auch in diesem Buch haben wir diese Dreiteilung vorgenommen. Nacheinander betrachten wir jeweils gesondert:
1. Die Ebene der Muskeln
2. Die Ebene des vegetativen Nervensystems und
3. Die Ebene des Bewußtseins.
Bezogen auf Gefühle bedeutet dies, daß bei jeder Empfindung – wenn auch in unterschiedlichem Ausmaße – alle drei Ebenen beteiligt sind. Wenn wir uns freuen, springen wir vielleicht in die Luft und zeigen durch Gestik und Mimik unmittelbar, was mit uns los ist (Ebene des Verhaltens). Gleichzeitig reagiert unser vegetatives Nervensystem: das Herz schlägt schneller, der Blutdruck steigt, was sich an dem vor Freude geröteten Gesicht zeigt, und viele andere vegetative Prozesse (physiologische Ebene). Zudem wissen wir, daß wir uns freuen. Wir sind uns subjektiv des Gefühls der Freude bewußt (Ebene des Bewußt-

seins). Der unmittelbare körperliche Ausdruck (auf der Verhaltensebene) von Gefühlen ist jedoch nicht immer so deutlich und klar. Leider besteht in unserer westlichen Kultur allgemein die Tendenz, Gefühle zu verbergen, sie auf der Verhaltensebene nicht zum Ausdruck kommen zu lassen. »Reiß dich zusammen!«, »Beherrsche dich!«, »Laß dir nichts anmerken!« sind Sätze, die jeder von uns irgendwann einmal schon gehört hat.

Was geschieht aber, wenn wir versuchen, im Verhalten und im körperlichen Ausdruck nichts zu zeigen von dem, was uns bewegt? Wenn wir vor Freude in die Luft springen wollten, müssen wir uns zwingen, auf dem Boden (»der Realität«) zu bleiben. Wenn unser Körper vor Schmerz und Trauer zusammenfallen möchte, halten wir ihn krampfhaft aufrecht. Zu beidem bedarf es großer Anstrengung, insbesondere aber der Anspannung der Skelettmuskulatur, mit deren Hilfe wir unser Verhalten steuern und kontrollieren. Durch Anspannung aller Muskelkräfte halten wir uns »im Zaum«, unser Gefühl unter Kontrolle. Dauert ein solcher Zustand über längere Zeit an, kommt es zu Verkrampfungen und Verspannung der eingesetzten Muskulatur. Auch wenn wir wollten, könnten wir sie nicht mehr frei und locker bewegen, da die lang geübte Spannung gleichsam einzementiert ist. Der Grund für die Kontrolle mag schon längst mit einer veränderten Lebenssituation hinfällig geworden sein. Dennoch bleibt die chronisch gewordene Muskelspannung: das versteinerte, unbewegliche Gesicht, die starre, unflexible Körperhaltung, der steife Nacken oder der eingeklemmte Brustkorb.

Haben wir einmal gelernt, mit einem bestimmten Muskelsystem auf eine bestimmte äußere oder innere Bedrohung zu reagieren, so wird dieser Muskelkomplex mit hoher Wahrscheinlichkeit zu einem bevorzugten Reaktionssystem. Er wird immer wieder in der gleichen Weise aktiviert werden, wenn bestimmte Reize uns in ängstliche oder gespannte Erregung versetzen. Die Spannung macht sich zwar im ganzen

Körper bemerkbar, zeigt sich aber am deutlichsten in den bevorzugten Muskeln. Man nennt dies auch Reaktionsspezifität des Körpers.

Die Reize, die eine solche spezifische Muskelreaktion auslösen, werden im Laufe der Zeit immer beliebiger. War es beispielsweise ursprünglich die Angst vor einem stengen Vater, die eine Verspannung der Nackenmuskulatur hervorrief, so lösen vielleicht später nicht nur alle wirklichen und vermeintlichen Autoritäten, sondern jegliche Anforderung und Leistung die gleiche Muskelverkrampfung aus. Immer mehr Reize provozieren immer schneller und stärker das gleiche muskuläre »Reaktionsstereotyp«. Über einen längeren Zeitraum tritt oft eine Art Gewöhnung ein. Wir merken gar nicht mehr, daß wir verspannt sind. Erst zu einem späteren Zeitpunkt, wenn die Spannung schon schmerzhaft zu werden beginnt, werden wir wieder auf sie aufmerksam.

Wenn wir lange genug geübt haben, Gefühle nach außen hin durch die Kontrolle unseres Verhaltens zu verbergen, um sie anderen nicht zu zeigen, verlieren auch wir selbst bald die Fähigkeit, sie zu erkennen und wahrzunehmen. Unser Kontrollsystem hat sich automatisiert und verselbständigt. Wir kontrollieren, ohne mehr zu wissen, daß wir es tun und wofür wir es tun. Wir sind uns gar nicht mehr bewußt, daß wir unsere Gefühle zurückhalten, und daß wir sie damit auch vor uns selbst verbergen. Der oft einzig übrigbleibende Ausdruck besteht – zumindest äußerlich – in verspannten Muskeln, die einen lokkeren und freien Gefühlsfluß verunmöglichen, oder in psychosomatischen Organstörungen wie z. B. Kopfschmerzen, dem HWS/BWS-Syndrom, Schlaflosigkeit oder allgemeiner Verspannung mit unerklärlichen Muskelschmerzen.

## Vegetative Störungen

Wir erlernen die Funktion unserer Skelettmuskulatur relativ schnell, weil wir über deren Betätigung unmittelbare Rückmeldung (Feedback) erhalten. 27

Schreiben, Rollschuhlaufen, Tanzen und andere Tätigkeiten erfordern eine sehr präzise Koordination verschiedenster Muskelspannungen. Mit entsprechender Übung sind sie dennoch verhältnismäßig einfach einzuüben, da wir den Effekt einer ausgeführten Bewegung direkt fühlen und sehen können. Das prompte Feedback ist also Voraussetzung für schnelles und effektives Lernen.

Anders ist es mit den inneren vegetativen Funktionen unseres Körpers. Diese vielfältigen Vorgänge wie beispielsweise Atmung, Körpertemperatur, Herzschlag, Blutfluß und Blutdruck senden so schwache Signale, daß wir sie normalerweise gar nicht bemerken. So atmen wir, ohne daran zu denken: das Herz schlägt auch dann, wenn wir schlafen, und unsere Verdauung funktioniert, ohne daß wir uns darum kümmern müssen. Es funktioniert alles von selbst und automatisch. Man bezeichnet diese lebensnotwendigen Organfunktionen deshalb als vegetativ, weil sie uns gewissermaßen vegetieren lassen. Gesteuert werden sie von dem vegetativen Nervensystem, das auch autonomes Nervensystem genannt wird, weil es selbständig und unabhängig arbeitet.

Lange Zeit galten all diese Funktionen als unbeeinflußbar durch unseren Willen. Erhöhten Blutdruck, Herz- und Kreislaufbeschwerden oder Störungen in der Magen- und Darmtätigkeit glaubte man hinnehmen zu müssen. Die einzige Alternative schienen regulierende Medikamente zu sein, die jedoch derart gravierend in den geschlossenen vegetativen Kreislauf eingreifen, daß unangenehme Nebenwirkungen die Folge sind.

Wohl aufgrund dieser vorherrschenden Meinung über die weitgehende Unbeeinflußbarkeit des Vegetativums begegnete man Berichten aus östlichen Kulturen mit Skepsis und Ungläubigkeit. Diesen Berichten zufolge gelang es Zen- und Yoga-Meistern, ihre autonomen Körperfunktionen in oft spektakulärer Weise zu beeinflussen. Das wachsende Interesse an solchen Möglichkeiten führte jedoch bald

dazu, daß vor allem in Japan, den USA und neuerdings auch in der BRD Untersuchungen an diesen Personen durchgeführt wurden. Unter wissenschaftlicher Kontrolle demonstrierten sie ihre Fähigkeit, beispielsweise die Temperatur an einer Stelle der Hand zu steigern und gleichzeitig an einer anderen Stelle zu senken, so daß schließlich ein Unterschied von 6° Celcius bestand. Ferner waren sie in der Lage, ihren Blutstrom und Blutfluß zu steuern oder den Stoffwechsel des Körpers zu verändern. Ein Yogi erhöhte, während er still und unbeweglich dasaß, seinen Herzschlag auf 300 Schläge pro Minute (normal sind 80 bis 100 Schläge) oder versetzte sich in den sogenannten »Yogi-Schlaf«, in dem er rein äußerlich und seinen Hirnstromkurven zufolge im Tiefschlaf zu sein schien, sich jedoch an alles erinnern konnte, was in den 25 Minuten um ihn herum vorgefallen war. Von tibetanischen Meistern wird berichtet, sie könnten ihre Körpertemperatur so weit steigern, daß sie mit den bloßen Füßen Eis zum Schmelzen brächten.

Mit all diesen Untersuchungen östlicher Meditationstechniken hoffte man herauszufinden, auf welchem natürlichen Wege die vegetativen Funktionen zu beeinflussen sind. Gerade weil man von den Nebenwirkungen der am vegetativen Nervensystem ansetzenden Medikamente weiß, scheint es um so dringlicher, Methoden zu entwickeln, die die Selbstregulationsprozesse des Körpers unterstützen.

Dennoch sind diese Ergebnisse und Berichte aus östlichen Kulturen gar nicht so spektakulär, wie sie auf den ersten Blick erscheinen mögen. Auch in der westlichen Welt konnten immer wieder ähnliche Phänomene gefunden werden, ohne daß sie jedoch stärker beachtet wurden. Auch sie zeigen sehr deutlich, daß das sogenannte autonome Nervensystem gar nicht so unabhängig und unbeeinflußbar durch unseren Willen ist, wie wir meinen. Schon 1924 konnten russische Forscher um den Physiologen *Bykow* Tiere darauf dressieren, ähnliche vegetative Funktionsänderungen zu vollziehen wie die indischen Yogis: Veränderung der Temperatur und des Blutzuflusses in den Gliedmaßen, Steuerung des Herzschlages, Veränderung der Blutmenge in Milz, Niere und Leber und viele andere Prozesse. Bykow versuchte nachzuweisen, daß die Tätigkeit des autonomen Nervensystems immer auch durch das zentrale Nervensystem beeinflußt werden kann. In jüngster Zeit wurden von verschiedenen amerikanischen Forschern (z. B. Miller und Di Cara) diese Experimente an Tieren wiederholt und so verfeinert, daß man heute überhaupt nicht mehr von einem für sich allein existierenden »autonomen« Nervensystem sprechen kann.

Die Entwicklung von Biofeedback-Methoden war die logische Folge dieser Untersuchungen. Hierbei werden die Signale der vegetativen Funktionen mit Hilfe elektrischer Geräte so weit verstärkt, daß sie auch für einen im Erkennen seiner Körperempfindungen ungeübten Menschen unserer westlichen Zivilisation erkennbar werden. Man registriert beispielsweise mit sensiblen Elektroden die Schweißdrüsenaktivität über den elektrischen Hautwiderstand (PGR = Psychogalvanische Reaktion) oder die feinen elektrischen Impulse der Muskelspannung (EMG = Elektromyogramm), verstärkt diese Signale und wandelt sie in Töne oder Lichtzeichen um. Eine Person, die an ein solches Biofeedback-Gerät angeschlossen ist, hört oder sieht dann unmittelbar, wenn sich ihre physiologische Erregung oder ihre Muskelspannung erhöht oder erniedrigt. Steigen ihre Erregung und ihr Muskeltonus an, werden auch die Signale des Rückmeldegerätes immer schneller. Im umgekehrten Fall, wenn also die gemessenen vegetativen Funktionen sich beruhigen, werden auch die Signale immer langsamer. Durch diese prompte Rückmeldung kann sie im Laufe der Zeit lernen, die vegetativen Aktivitäten ganz gezielt zu beeinflussen.

Ohne technische Hilfen scheint es jedoch vielen westlichen Menschen noch nicht möglich zu sein, das zu erreichen, was Yoga- oder Zen-Mönche ohne Technik vermögen, nämlich eine sinnvolle und teilweise ganz gezielte Beeinflussung der vegetativen Funktionen. Was sind die Gründe dafür?

Unsere Sinnesorgane sind nach außen hin geschult, nach innen jedoch, zur Wahrnehmung subtiler Körperfunktionen, scheinen sie unsensibel und stumpf. Wir hören, sehen, riechen und fühlen die Welt, die uns umgibt, sind aber unserer Innenwelt gegenüber oft blind und gefühllos. Wir scheinen nicht nur in bezug auf psychische Empfindungen alexithym zu sein, sondern auch in bezug auf unsere Körpersignale, die zwar schwach sind, aber dennoch wahrnehmbar wären, wenn wir sie nur beachteten. Bei vielen Menscen ist die Gefühllosigkeit dem Körper gegenüber schon so ausgeprägt, daß es ihnen nicht einmal mehr auffällt, wenn ihnen das »Herz bis zum Hals herauf klopft«, sich ihr »Magen verkrampft« oder ihre »Muskeln wie eine Feder gespannt« sind. Und selbst wenn sie diese Alarmsignale übermäßiger Belastung bemerken, so ist dies oft nur der Anlaß, sich vom Arzt ein neues Medikament verschreiben zu lassen. Die Forderungen und Erwartungen anderer Menschen werden unbesehen angenommen, Belastungen durch Beruf, Familie und Gesellschaft werden mehr oder weniger akzeptiert. Ein Körper aber, dessen aus dem Gleichgewicht geratenes vegetatives System erste Alarmzeichen gibt, ist hinderlich, wird deshalb ignoriert oder mit Medikamenten ruhig gestellt.

Es ist nicht nur die gesellschaftsbedingte Unachtsamkeit unseren Körpersignalen gegenüber, die uns so reagieren läßt, obwohl diese allgemeine Ausrichtung auf unsere Außenwelt zuungunsten unserer körpereigenen Innenwelt eine wesentliche Rolle bei der Entstehung der verschiedenen vegetativen Störungen zu spielen scheint. Ungünstig wirkt sich in diesem Zusammenhang auch ein Mechanismus aus, der uns ansonsten gute Dienste leistet. Die Gewöhnung (Habituation) an gleichbleibende Umweltreize hilft uns, unseren Organismus vor einer Reizüberflutung zu bewahren. Wenn wir auf alle Reize aus der Umgebung reagieren würden, die auf unsere Sinnesorgane auftreffen, würde unser Nervensystem buchstäblich zusammenbrechen. Mit Hilfe dieses

Gewöhnungsmechanismus, der automatisch als zentralnervöser Vorgang in unserem Gehirn abläuft, werden deshalb alle immer wiederkehrenden und für uns unwichtigen Reize ausgefiltert. Nur wichtige und bedeutungsvolle Reize erreichen noch die bewußte kognitive Verarbeitung. Es ist, als ob unser Gehirn alles, was von außen kommt, zunächst nach wichtig und unwichtig vorsortiert und unserem Bewußtsein nur die wichtigen Informationen weiterleitet.

Dieser Mechanismus ist nun auch in bezug auf die Reize aus unserem Körperinneren wirksam. Unser Herz permanent schlagen zu hören, wäre vermutlich genauso störend, wie wenn uns das Ticken einer Uhr oder der Straßenlärm immer voll bewußt wäre. Soweit es also um das Ausfiltrieren gleichbleibender normaler Herzschläge geht, ist die Gewöhnung an körpereigene Vorgänge sehr sinnvoll. Leider gewöhnen wir uns aber auch daran, wenn der Straßenlärm langsam immer stärkere Phonzahlen annimmt. Ebenso scheinen wir es nicht zu bemerken, wenn unsere vegetativen Funktionen immer stärker aktiviert werden und damit auch immer deutlichere Signale senden.

Diese langsame und schleichende Gewöhnung an immer stärker werdende Signale aus unserem Körperinneren führt dazu, daß wir die ersten noch schwachen Alarmzeichen einer drohenden Überbelastung übersehen. Erst wenn die kritische Toleranzschwelle überschritten ist und schmerzhafte vegetative Beschwerden oder letztlich sogar die Kollabierung des Systems eintreten, merken wir auf – meist jedoch zu spät. Aus unbeachteten psychoreaktiven Erscheinungen (»Habe öfters mal Magenbeschwerden, aber die vergehen wieder«) haben sich in fließendem Übergang echte organische Dauerschäden (z. B. Magen- und Darmgeschwüre) ausgebildet. Psychosomatische Einzelreaktionen sind durch Nichtbeachtung zu einer andauernden psychosomatischen Erkrankung geworden.

Das Selektionskriterium der Gewöhnung ist: *wichtig/ unwichtig* oder *bedeutungsvoll/ bedeutungslos.* Der

Bedeutungsgehalt eines Reizes wird jedoch von uns selbst bestimmt, auch wenn dies nicht immer voll bewußt geschieht. In bezug auf unsere vegetativen Funktionen ließe sich daher die Folgerung ableiten, daß wir sie auch ohne elektronische Verstärkung wahrnehmen könnten, wenn sie uns nur wichtig genug wären. Leider scheint es jedoch so, daß wir die Obhut über unsere Gesundheit im wesentlichen einem darauf spezialisierten Industriezweig überlassen. Damit entheben wir uns jedoch der selbstverantwortlichen Sorge und Achtsamkeit über unseren Körper. Seine Signale verlieren ihre unmittelbare Bedeutsamkeit für uns und unser Verhalten. Wir müssen uns nicht auch noch mit unserer Gesundheit und der Aufrechterhaltung unseres inneren Gleichgewichtes beschäftigen, sondern können unsere ganze und ungeteilte Aufmerksamkeit den Problemen der Außenwelt zuwenden.

Wenn dies so ist – und viele Beobachtungen sprechen dafür –, läßt sich eine umfassende Erklärung für die im vorigen Kapitel erwähnte Alexithymie geben. Wir haben dort gesagt, daß Gefühle nicht nur psychische Stimmungslagen sind, sondern auch physiologische beziehungsweise vegetative körperliche Begleiterscheinungen haben. Während frühere Forscher noch annahmen, daß die physiologische Grundlage für die unterschiedlichen Gefühle eine unspezifische Erregung des autonomen Nervensystems darstellt, neigt man heute eher der Auffassung zu, daß es für jedes unterschiedliche Gefühl auch ein ganz spezifisches physiologisches Reaktionsmuster gibt. Beispielsweise konnte man eindeutig ganz verschiedene Erregungsmuster bei den Gefühlen Angst und Ärger nachweisen.

Wenn es also für viele Menschen nicht möglich ist, unterschiedliche Körperzustände oder Körpergefühle wahrzunehmen und zu unterscheiden, können sie auch ihre »seelischen« Gefühle nicht erkennen und differenzieren, denn Gefühle sind nun mal auch Körpergefühle. Je bewußter und feinfühliger wir jedoch unserer Körperlichkeit gegenüber sind, desto diffe-

renzierter und sensibler sind wir in unserem Gefühlsleben. (Es gibt allerdings auch das andere Extrem der
neurotischen Übersensibilität bis hin zur Hysterie und
Hypochondrie, das hier jedoch nicht näher behandelt werden soll.)

Betrachten wir kurz das Gesagte an dem Beispiel
Edith: Als sie zu weinen anfängt, fällt ihr Körper in sich
zusammen und wird durch Weinkrämpfe geschüttelt.
Diesen äußeren Zeichen des Schmerzes und der
Trauer entsprechen spezifische vegetative Reaktionsmuster, die mit entsprechenden physiologischen Meßgeräten nachgewiesen werden könnten.
Auf der Verhaltensebene und der physiologischen
Ebene sind also alle Zeichen eines bestimmten Ge-
fühlszustandes vorhanden. Auf der kognitiven Ebene
jedoch scheint eine Identifizierung und Benennung
dieser körperlichen Zeichen nicht möglich zu sein:
»Ich *weiß* nicht, was mit mir los ist.«
Durch die Situation in ihrem Elternhaus war es ihr
nicht möglich zu lernen, ihre körperlichen Reaktionen
und physiologischen Empfindungen zu erkennen und
diese subjektiv als Gefühle zu erleben. »Über Gefühle wurde bei uns nicht geredet«, sagte sie mir
später einmal. So nimmt es nicht wunder, daß ihr die
Kopfschmerzen und die Symptome der Herz- und
Kreislaufstörung unerklärlich bleiben mußten. Die
kritische Schwelle der Belastbarkeit dieser Organe
war bereits überschritten, und es hatten sich schwer-
wiegende psychosomatische Beschwerden herange-
bildet. Deren gesamte Anfangsphase war Edith verborgen geblieben, da ihre Wahrnehmungsfähigkeit
für körperliche Signale ungeschult war. Erst während
des Entspannungstrainings lernte sie langsam, ihre
Wahrnehmung nach innen auf ihren Körper zu richten
und konnte damit auch dessen Signale wieder empfangen, das heißt, sie konnte endlich wieder Empfindungen und Gefühle wahrnehmen. Und damit lösten
sich auch langsam ihre Beschwerden – scheinbar
ganz »automatisch«.

## Kognitive Einseitigkeit

Die Erziehungsideale unserer westlichen Gesellschaft weisen einen hohen Grad an Einseitigkeit auf. Gefördert wird hauptsächlich die Fähigkeit, Intelligenz, Verstand und Sprache zu gebrauchen. Logisches, rationales Denken und ein großes Wissen über die äußere Natur und ihre Gesetzmäßigkeit stehen eindeutig im Vordergrund.

Fähigkeiten jedoch, die wir zur Beherrschung unserer »Innenwelt« benötigen, scheinen nebensächlich und bleiben unterentwickelt. Die Förderung von mehr intuitivem Denken, kreativem Ausdruck und gefühlsmäßigem Erfassen gehört zu den sogenannten »musischen« Fächern und steht meist ganz unten auf den Stundenplänen.

So hat unsere Zivilisation mit Hilfe der exakten angewandten Naturwissenschaft, der Logik und des begrifflichen Denkens zwar eine enorme Fähigkeit erreicht, die Naturgesetze zu begreifen und die Naturkräfte zu beherrschen und für den Menschen nutzbar zu machen. Zu diesem Wissen und der Fertigkeit im Umgang mit der äußeren Natur steht jedoch im umgekehrten Verhältnis das Wissen und die Fertigkeit im Umgang mit uns selbst. Sich in der eigenen Gefühlswelt zurechtzufinden, das eigene Er-leben bewußt zu machen und zu intensivieren, ist kaum durch Logik und rationales Denken zu erreichen. Keine noch so exakte Theorie über den Menschen (die es ohnehin nicht gibt) verhilft ihm dazu, zu sich selbst zu finden und ein inneres körperliches und seelisches Gleichgewicht herzustellen.

Diese Einseitigkeit wird oft mit dem Begriff der »Kopflastigkeit« umschrieben. Jedoch ist diese Bezeichnung nicht ganz zutreffend. Unser Kopf beherbergt zwei Gehirnhälften, die unterschiedlich spezialisiert sind und auch unterschiedlich arbeiten. Wenn wir von Kopflastigkeit sprechen und damit die Überbetonung der logischen und rationalen Fähigkeiten zuungunsten der intuitiv gefühlsmäßigen meinen, so bezieht sich dies vorwiegend auf die linke Gehirnhälfte (die mit der rechten Körperseite verbunden ist).

Diese linke Hirnhemisphäre scheint vorwiegend mit analytischem und logischem Denken zu tun zu haben, was besonders in den sprachlichen und mathematischen Fähigkeiten des Menschen zum Ausdruck kommt. Das sogenannte Sprachzentrum, also jenes Rindengebiet, das unsere Sprachfunktion steuert, liegt auf der linken Seite. Die Informationen werden in dieser linken Hemisphäre aufeinanderfolgend (linear) verarbeitet, was für Logik, Mathematik und Sprache kennzeichnend und notwendig ist.

Die rechte Hemisphäre scheint im Gegensatz dazu eher auf ganzheitliche Geistestätigkeit spezialisiert zu sein, die mehr mit Intuition, gefühlsmäßigem Erkennen, Kunstfertigkeit und Raumorientierung zu tun haben. Sie scheint insbesondere auch verantwortlich für Körperbewußtsein und körperliche Vorstellung zu sein. Informationen werden von ihr nicht linear oder hintereinander, sondern gleichzeitig und ganzheitlich verarbeitet. Diese Verarbeitung geschieht nicht so exakt und präzise wie in der linken Hemisphäre, sondern eher komplex und diffus.

Allerdings geschieht die Arbeit der rechten und linken Hemisphäre nicht unter Ausschluß der jeweils anderen. Beide sind eher als »Spezialisten« für die aufgezählten Funktionen anzusehen. Bei Kindern haben noch beide Seiten die Möglichkeit für alle Denkvorgänge, was sich beispielsweise darin zeigt, daß bei einer Schädigung der linken Hemisphäre das Sprachzentrum häufig in der rechten Hälfte ausgebildet wird.

In Hunderten von klinischen Untersuchungen an hirnverletzten Patienten wurde diese Spezialisierung der beiden Gehirnhälften nachgewiesen. Erst in neuerer Zeit scheinen wir jedoch die Bedeutung dieser Tatsachen zu erkennen. Insbesondere der amerikanische Psychologieprofessor *Robert Ornstein* setzte die auf hirnphysiologischem Gebiet gesammelten Erkenntnisse in Beziehung zu Erscheinungen unserer

westlichen Kultur und Denkweise.

*Die Eigenschaften und Fähigkeiten, die hauptsächlich auf die Tätigkeit der linken Gehirnhälfte zurückzuführen sind, scheinen bei uns am meisten geschätzt und gefördert zu werden.* Sie sind auch für den hohen Stand an Naturbeherrschung und Technologie verantwortlich, den wir heute erreicht haben. Die Leistungen der rechten Hemisphäre dagegen, die eher für den Denkmodus in östlichen Kulturen kennzeichnend sind, scheinen für eine rein rationale Gesellschaft oft unbefriedigend. *Der Künstler und der Träumer, der eher intuitive und sensitive Mensch ist für eine hochtechnisierte Zivilisation von nicht allzu großem Nutzen.* Wer sich lieber mit sich selbst, mit der Erweiterung und Intensivierung seiner inneren Wirklichkeit statt der äußeren Realität beschäftigt, gerät leicht in Gefahr, als Sonderling oder Spinner abgetan zu werden. Ebenso werfen viele Abendländer den Menschen in östlichen Kulturkreisen vor, sie zögen sich aus dem Leben zurück, huldigten nutzlosen und lächerlichen Ritualien einer egoistischen Verinnerlichung, ließen jedoch ringsumher viele verhungern. Möglicherweise mag die Vernachlässigung einer logisch-kausalen Denkweise tatsächlich einen Teil zu der sogenannten Unterentwicklung jener Völker beigetragen haben.

Umgekehrt verweisen jedoch andere Kritiker in unserem eigenen Lager auf die Verweltlichung, den Materialismus und die Gefühllosigkeit unserer westlichen zivilisierten Welt. *Einseitigkeit und Unausgewogenheit scheint so in beiden Fällen Probleme mit sich zu bringen.* Möglicherweise wäre es zu vielen Folgelasten unserer Zivilisation gar nicht gekommen, hätten wir die Fähigkeiten unserer rechten Gehirnhälfte ebenso entwickelt wie die der linken. Oft genug in unserem Leben gibt es Situationen, wo unser Verstand ein bestimmtes Verhalten empfiehlt, während unser »Herz« davon abrät. Es sind oft ganz verschwommene Empfindungen (die rechte Hirnhälfte arbeitet ganzheitlich und diffus!), die wir meist als irrational abtun. Wir können oft gar nicht sagen, was uns zögern läßt (das Sprachzentrum liegt ja auf der linken Seite!) und übergehen dann mangels logischer Begründung diesen gefühlsmäßigen Einwand.

Vielleicht jedoch – und dies ist natürlich eine Vermutung, für die noch die exakten »harten« Beweise im Sinne der akademischen Wissenschaften fehlen – könnten wir harmonischer und ausgeglichener leben, wenn auch in unserem Gehirn die beiden Hemisphären in einem ausgeglichenen und gleichrangigen Verhältnis stehen würden und das Zusammenspiel dieser beiden Hälften optimal funktionieren würde. Die anatomische Voraussetzung dazu ist gegeben. In einem dicken Faserbündel, dem »corpus callosum«, sind beide Gehirnhälften miteinander verdrahtet. Über diese Verbindung sollte ein integriertes Zusammenspiel beider Gehirnfunktionen möglich sein.

Ein vollständiges menschliches Bewußtsein sollte die Polarität wie auch die Integration beider Fähigkeiten umfassen: der intellektuell-rationalen und der gefühlsmäßig-intuitiven. Die Überbetonung der einseitig rationalen Denkweise und die logisch naturwissenschaftliche Ausrichtung engen uns ein. Es ist, als ob wir mit selbstauferlegten Scheuklappen umherliefen und nur das sehen, was wir sehen wollen. Aus der modernen Denkpsychologie wissen wir, daß unser »normales« Bewußtsein ohnedies eine ganz persönliche Konstruktion ist. Wir können die Realität nicht nur aufgrund der Beschränktheit unserer äußeren Wahrnehmungsorgane nicht objektiv wahrnehmen. Beispielsweise ist es uns nicht möglich, ultraviolettes Licht zu sehen, extrem kurz- oder hochschwingende Töne zu hören oder den Erdmagnetismus zu spüren, da unsere Sinne für den direkten Empfang dieser Signale nicht ausgelegt sind. Zusätzlich zu dieser Einengung unserer Realitätswahrnehmung, die von der natürlichen Begrenztheit unserer Sinnesorgane herrührt, findet auf verschiedenen Ebenen ein ständiger Prozeß der Selektion und Neukonstruktion statt. Im vorigen Kapitel wurde schon der Mechanismus der Gewöhnung (Habituation) erwähnt, mit dessen Hilfe gleichbleibende Reize aktiv von der bewußten Verarbeitung ausgefiltert werden. Außerdem findet ein Prozeß des ständigen Einteilens in bestimmte Kategorien statt, ohne daß wir uns dessen bewußt sind. Wir erleben die Welt aufgrund früherer Erfahrung, momentaner Bedürfnisse und aufgrund der spezifischen Art unseres Denkens. Gehen wir beispielsweise mit knurrendem Magen durch die Straßen, so werden uns besonders die Auslagen in Lebensmittelgeschäften oder Bäckereien ins Auge fallen. Wir sehen dann die Dinge unter dem Blickwinkel ihrer Eßbarkeit. Unser Bedürfnis, etwas zu essen, bestimmt also hier die Wahrnehmung. Eigene frühere Erlebnisse mit bestimmten Menschen oder auch allgemeine Vorurteile bestimmen unsere soziale Wahrnehmung und unser Verhalten anderen gegenüber. In vielen Experimenten zur »Psychologie des Vorurteils« und Untersuchungen über die Glaubwürdigkeit von Zeugenaussagen konnte nachgewiesen werden, wieweit die persönliche Wahrnehmung, die oft mit der Überzeugung eines objektiv arbeitenden Bewußtseins vertreten wird, von der wirklichen Objektivität entfernt ist. Anders ausgedrückt: jeder hat seine ganz private und persönliche Meinung von der Welt, in der er lebt.

Für unser alltägliches Leben und unser Überleben ist offensichtlich ein solches stabiles Bewußtsein nötig, auch wenn es ganz individuell und auswählend arbeitet. Dennoch ist es nicht das einzig mögliche, und wir laufen Gefahr, einen ganzen Teil der Realität zu übersehen, wenn wir starr und engstirnig daran festhalten.

Der Indianer Don Juan drückt dies im Gespräch mit dem Anthropologen *Castaneda* auf seine Weise aus:

> »Du sprichst zu viel mit dir selbst. Darin bist du nicht der einzige. Jeder von uns tut das. Wir führen ständig ein inneres Gespräch. Denk mal darüber nach. Was tust du, sobald du allein bist?«
> »Ich spreche mit mir selbst.«
> Worüber sprichts du mit dir?«
> »Ich weiß nicht; über alles, glaube ich.«
> »Ich will dir sagen, worüber wir mit uns selbst sprechen. Wir sprechen über unsere Welt. *Tat-* 39

*sächlich halten wir unsere Welt mit unserem inneren Gespräch aufrecht.«*

»Wie tun wir das?«

»Wann immer wir aufhören, mit uns zu sprechen, ist die Welt stets so, wie sie sein sollte. Wir erneuern sie, wir stecken sie mit Leben an, wir halten sie aufrecht mit unserem inneren Gespräch. Und nicht nur das, wir wählen auch unsere Wege, indem wir mit uns selbst sprechen. Aber wir wiederholen dieselbe Wahl immer wieder bis zu dem Tag, an dem wir sterben, weil wir immer und immer wieder, bis zu dem Tag, an dem wir sterben, dasselbe innere Gespräch führen.«

Mit unserer Art, in logisch-kausalen Abläufen zu denken, bestimmen wir jedoch nicht nur unser Bewußtsein von der Welt. Wir bauen und wandeln die Welt auch nach diesem Bewußtsein. Das ist auf der einen Seite sehr vorteilhaft für unser tägliches Leben. Viele Probleme, die sich uns in den Weg stellen, können damit untersucht, gegliedert (Ursache – Wirkung) und gelöst werden. Auf der anderen Seite schaffen wir uns aber auch Probleme, beispielsweise im Sinne einer »Sich selbst erfüllenden Prophezeiung« (self fulfilling prophethy).

Dieses Phänomen sei kurz anhand eines Experimentes dargestellt: Dem neuen Lehrer einer Schulklasse wurde am Anfang des Schuljahres gesagt, daß drei bestimmte Schüler die »Besten« dieser Klasse seien. Er hörte sich dies an und nahm sich vor, ein besonderes Auge auf diese drei zu richten. Am Ende des Schuljahres waren sie tatsächlich die Besten. Das Erstaunliche an diesem Experiment ist aber, daß diese drei Schüler am Anfang des Jahres durchaus nicht die Besten waren. Man hatte sie vielmehr ganz zufällig aus der Klasse ausgewählt. Der Lehrer aber, den man ganz bewußt belogen hatte, machte sie zu dem, für was er sie hielt, nämlich den Besten.

Dieser Mechanismus wird dann gefährlich, wenn wir

unbeabsichtigt mit seiner Hilfe Sündenböcke, Ausgestoßene oder beispielsweise auch Geisteskranke machen. Der Sozialpsychiater Erving Goffmann beschrieb eindrucksvoll die »Karriere« von Menschen, die mit Hilfe dieses Etikettierungsprozesses von ihrer Umwelt zu »psychisch Kranken« gemacht wurden. Ein Mensch braucht nur fest und lange genug daran zu glauben, daß er unfähig, unnormal oder ängstlich sei. Er wird dann – ohne es natürlich bewußt zu wollen – alles daransetzen, daß seine Voraussage auch in Erfüllung geht. Jemand, der davon überzeugt ist, Leistung sei der einzige wesentliche Inhalt seines Lebens, wird sicherlich seine Welt so gestalten, daß diese Behauptung immer wieder bestätigt werden wird. Ebenso wird eine festgefügte Vorstellung davon, daß beispielsweise menschliches Verhalten nur durch verstandesmäßiges Vorgehen erfaßbar sei, zu einer Untersuchungsmethodik führen, die ganz wesentliche Nuancen und Aspekte dieses Verhaltens einfach übergeht, nur weil sie nicht beobachtbar und meßbar sind.

Immer wieder besteht die Gefahr, daß wir bestimmte Erscheinungen in unserem Leben einfach ignorieren und verdrängen, nur deshalb, weil wir sie in ein vorgefertigtes Schablonensystem nicht einpassen können. Ein Beispiel dafür ist die Unfähigkeit vieler Menschen, sich widersprechende (ambivalente) Gefühle wie Zuneigung und Ablehnung, Liebe und Haß oder Freude und Trauer bewältigen zu können. Nach dem vorherrschenden logischen Denkmodus schließen diese Gegensätze einander aus, ebenso wie sich Hell und Dunkel, Tag und Nacht oder rund und eckig ausschließen. »Ich kann meine Mutter doch nicht gleichzeitig lieben und verachten, das ist unmöglich!« Edith, die in einer späteren Stunde vor diesem für sie scheinbar unlösbaren Problem stand, übertrug ihre rationalen Denkgewohnheiten auch auf ihr Gefühlsleben und konnte deshalb nicht begreifen, daß diese gegensätzlichen Gefühle bei ihr nebeneinander und gleichzeitig existierten. Früher war sie diesem Konflikt dadurch aus dem Wege gegangen, daß sie die Zuneigung zu ihrer Mutter einfach verdrängte. Jetzt mußte sie lernen, daß es neben ihrer bisherigen, rational geordneten Welt noch eine andere Realität gab, die scheinbar irrational, unlogisch und unvernünftig funktionierte, in der sich Gegensätze nicht ausschlossen, sondern nebeneinander existierten. Doch langsam konnte sie die andere, ganzheitliche Art und Weise des Denkens übernehmen und sich nach und nach in ihr zurechtfinden. Sie lernte, eine Veränderung ihres Bewußtseins herbeizuführen. Mit der Verlagerung ihrer Aufmerksamkeit von dem äußeren zu einem inneren Brennpunkt vollzog sich auch eine Verlagerung weg von der aktiven, logischen und nach außen gerichteten Art und Weise ihres Denkens hin zur mehr akzeptierenden, nichtlinearen und stillen. Aus der Einseitigkeit wurde Vielseitigkeit und Ausgeglichenheit. Ihr bisher ausschließlich intellektuelles Wissen erweiterte sich zu einem ganz persönlichen Wissen, das den Intellekt dennoch nicht ausschloß, sondern ihn in die neu gewonnene Erfahrung mit sich selbst zu integrieren versuchte.

## *Physiologische Aspekte*

In den folgenden Kapiteln wollen wir uns den physiologischen Aspekten zuwenden, die für das Verstehen der Anspannungs- und Entspannungsvorgänge im Körper notwendig sind. Für den nicht vorbelasteten »Laien« mögen diese Kapitel vielleicht etwas trockener und schwieriger zu lesen sein als die vorausgegangenen. Es tut jedoch der Fertigkeit, sich zu entspannen, keinen Abbruch, wenn diese physiologischen Erklärungen zunächst übergangen werden und der Leser gleich mit den praktischen Übungen zur Entspannung beginnt. Die folgenden Seiten können auch zu einem späteren Zeitpunkt nachgelesen werden. Vielleicht ist es für manchen Leser sogar interessant, zunächst einfach mal zu probieren, sich zu entspannen, um dann erst nachzulesen, was sich dabei in seinem Körper abspielt.

# Muskelspannung
## und Muskelentspannung

Unsere Skelettmuskulatur erfüllt mehrere Funktionen in unserem täglichen Leben. Die wichtigste davon ist wohl das Entwickeln von Kraft durch Anspannen (Kontraktion), so daß sich der Mensch aktiv mit seiner Umwelt auseinandersetzen und auf sie einwirken kann.

Aber auch Gefühle werden mit Hilfe der Muskeln sowohl *aus*gedrückt wie auch *unter*drückt. Das Mienenspiel des Gesichtes zum Beispiel wird aus sehr vielfältigen Muskelbewegungen gebildet, die ganz unterschiedliche Gefühle wie Angst, Freude, Wut, Verachtung oder Lust ausdrücken können. Wenn umgekehrt es sich jemand aber nicht gestattet, seine Gefühle offen zu zeigen und sie stattdessen zurückhält und die dazugehörigen Muskelreaktionen unterdrückt, so sind dennoch die entsprechenden Muskeln in ständiger Aktionsbereitschaft oder in einer Erwartungsspannung, die sich in ihrer Stärke deutlich von dem normalen Muskeltonus abhebt. Neben dieser Aufgabe, Bewegungsabläufe und Ausdrucksformen zu ermöglichen beziehungsweise ihnen entgegenzuwirken, erfüllt die Skelettmuskulatur auch noch einen dritten Zweck, nämlich den Körper zu stützen und aufrecht zu halten.

Aus diesem Grund sind die Muskeln im Normalzustand nicht völlig entspannt. Alle Muskeln im lebenden Organismus haben einen sogenannten »Tonus«. Dieser Muskeltonus ist nicht nur abhängig von der Art der momentanen Körperstellung (stehend, sitzend, liegend), sondern insbesondere auch von dem allgemeinen Grad »gespannter« Aufmerksamkeit. Wenn wir beispielsweise relativ entspannt im Auto sitzen, und es taucht plötzlich eine unübersichtliche oder gefährliche Situation vor uns auf, so steigt der Tonus an. Die Grundspannung aller Muskeln erhöht sich über das normale Maß hinaus und macht den Körper reaktionsbereit. Diese Spannungserhöhung nennt man auch *Erwartungsspannung* oder

*Orientierungsreaktion*, da sie in Erwartung einer neuen, möglicherweise gefährlichen Situation geschieht und mit einem verstärkten Bemühen um Orientierung einhergeht.

Als vorbereitender motorischer Teil für die sogenannte *Kampf- und Fluchtreaktion* hatte diese Spannungserhöhung im Muskeltonus für den vorgeschichtlichen Menschen eine lebenswichtige Bedeutung. Auf eine lebensbedrohende Gefahr aus der Umwelt mußte schnell reagiert werden, und im Ernstfall war zum Angriff oder zur Flucht eine extreme Muskelleistung nötig. Die Tonuserhöhung im Muskel ermöglichte es in Sekundenschnelle, die maximale Muskelkraft zu erzielen.

In der Entwicklungsgeschichte des Menschen scheint dieser Reaktionsmechanismus gleichgeblieben zu sein. Unser Körper reagiert heute noch ähnlich wie der unserer Vorfahren, auch wenn sich die Umwelt völlig gewandelt hat. Die Reize, denen wir ausgesetzt sind, haben nicht mehr die unmittelbar lebensbedrohende Bedeutung für uns, mit Ausnahme vielleicht der Gefahren im Straßenverkehr.

Allerdings muß ein Reiz nicht unmittelbar bedrohend sein, damit unser Körper darauf antwortet. Für eine *Orientierungsreaktion* genügen schon Reize ganz geringer Stärke. Der russische Physiologe *Iwan P. Pawlow* entdeckte diesen Mechanismus bei seinen berühmten Hundeexperimenten: »Jeder Laut, möge er auch noch so schwach sein, der unter den ständigen Lauten und Geräuschen erscheint, die das Tier umgeben, jede Schwankung in der Intensität der gesamten Zimmerbeleuchtung (...), wenn sich im Zimmer irgendein neuer Geruch ausbreitet, wenn in das Zimmer von irgendwoher ein warmer oder kalter Luftzug eindringt, wenn irgendetwas die Haut des Hundes berührt (eine Fliege, ein winziges Stück des Deckenputzes), in all diesen und unzähligen ähnlichen Fällen tritt unbedingt irgendein Teil der Skelettmuskulatur unseres Tieres in Tätigkeit: es geraten die Lider, die Augen, die Ohren, die Nasenflügel des Tieres in spezielle Bewegung, es werden der Kopf, der Körper und andere Einzelteile des Tieres hin- und hergewandt, das Tier erstarrt in einer bestimmten Stellung.« Mit diesem letzten Satz spricht Pawlow genau jene Erhöhung des Muskeltonus an, die oben beschrieben wurde. Das heißt, jegliche Umweltreize werden im lebenden Organismus mit Muskelspannungen beantwortet, auch wenn wir dies meist gar nicht merken. Unser Organismus ist ständig solchen Minireizen ausgesetzt. Allerdings sind diese Minireize, die ständig auf unsere Sinnesorgane auftreffen, in keiner Weise für unseren Organismus schädlich, da der schon erwähnte Mechanismus der Habituation (Gewöhnung) ihn davor bewahrt, auf immer gleiche, unbedeutende Reize reagieren zu müssen. Bei wiederholtem Auftreten schwacher Umgebungsreize erfolgt also eine Gewöhnung an diese Reize. Die Orientierungsreaktion wird immer schwächer und bleibt schließlich ganz aus.

Was aber geschieht bei den Reizen aus der Umgebung, die intensiver, wichtig und bedeutsam sind? Hier erfolgt keine Habituation, das heißt unser Körper reagiert immer wieder mit einer Erhöhung des Muskeltonus und anderen vegetativen Prozessen, die später noch näher erläutert werden. Dies führt entweder zu einer entsprechenden Reaktion auf diesen Reiz in Form einer Handlung (unsere Vorfahren griffen vielleicht zum Speer; aber auch uns kann heute noch manchmal »die Hand ausrutschen«) oder zu einer »inneren« Abwehr des Reizes mit der damit einhergehenden Unterdrückung von »äußeren« Reaktionen auf der Ebene des Verhaltens. Unter Umständen kann sogar eine Art Sensibilisierung auf diesen Reiz einsetzen, so daß diese sogenannte *Abwehrreaktion* immer stärker und intensiver wird. Der Sensibilisierungseffekt bei der Abwehrreaktion kommt dadurch zustande, daß die Reaktion auf einen intensiven oder bedeutsamen Reiz stärker ausfällt als auf einen geringen oder unbedeutenden. Erscheint aber ein neuer, intensiver Reiz noch bevor die alte Reaktion abgeklungen ist, so setzt die neue Reaktion auf einem viel höheren Erregungsniveau und Spannungszustand an. Nicht abgebaute Einzelreaktionen summieren sich damit zu einer immer steiler werdenden Reaktionskurve so lange, bis ein maximaler Erregungs- und Spannungszustand erreicht ist. Bezogen auf den Muskeltonus ist dies das Bild einer andauernden Verspannung der reagierenden Muskelgruppen.

Orientierungs-
reaktion
mit Habituation

Abwehrreaktion
ohne
Habituation

Abwehrreaktion
mit
Sensibilisierung

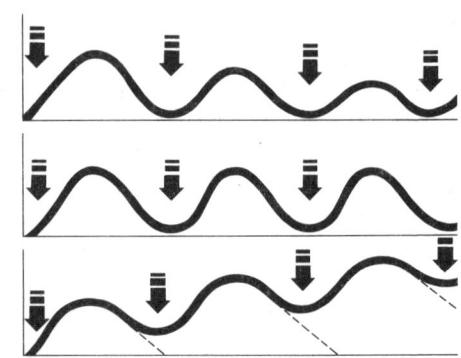

Orientierungsreaktion und Abwehrreaktion

Wie in der Abbildung schon angedeutet wurde, gibt es natürlich fließende Übergänge zwischen der Orientierungsreaktion und der Abwehrreaktion. Ob ein Organismus sich an Umweltreize gewöhnt oder immer empfindlicher darauf reagiert, hängt von verschiedenen Faktoren ab. Es handelt sich nicht nur um die objektive Intensität der Reize, sondern auch um die allgemeine Erregbarkeit und Labilität des individuellen Organismus. Insbesondere aber wird die Stärke der jeweiligen Reaktion bestimmt durch die subjektive Bedeutung, die wir selbst, bewußt oder unbewußt, den betreffenden Reizen zuschreiben.
Kehren wir hier zu dem anfangs beschriebenen physiologischen Vorgang der Spannungszunahme im Muskel zurück. Dessen Tonuserhöhung wird hervorgerufen durch ein *zentrales Erregungszentrum* im Hirnstamm, das man als retikuläres Aktivierungssystem bezeichnet (Formatio reticularis, siehe S. 61).

Über dieses Aktivationszentrum ist der Muskeltonus unmittelbar an das allgemeine Erregungsniveau des Organismus gekoppelt. Vermittelt durch dieses Zentrum steigt parallel zur allgemeinen Erregung auch der Muskeltonus an und sinkt im umgekehrten Fall, wenn die Erregung wieder zurückgeht.

Die Übungen zur Muskelentspannung bewirken nun eine Erniedrigung des Muskeltonus unter den Normalzustand. Muskuläre Entspannung stellt den direkten physiologischen Gegensatz zu der mit einer Tonuserhöhung einhergehenden allgemeinen Erregung dar. Sollte es gelingen, diesen Muskeltonus durch ein spezielles Training zur Entspannung der Muskeln zu verringern, so müßte sich konsequenterweise auch der allgemeine Erregungszustand des Organismus erniedrigen.

Die physiologische Voraussetzung dafür ist in dem eben erwähnten Zusammenhang zwischen dem zentralen Erregungs(Retikulär)-System und dem Muskeltonus zu sehen. Nicht nur Reize aus der Umgebung beeinflussen das Retikulärsystem, sondern ebenso Reize aus dem Körperinneren wie beispielsweise der momentane Spannungszustand der Muskeln. Reize, die von der angespannten Muskulatur und dem übrigen vegetativen System an dieses Erregungssystem abgegeben werden, können rückwirkend zu einer weiteren Spannungs- und Erregungszunahme führen. Wir merken dies in bestimmten Situationen, wenn wir uns unsicher oder ängstlich fühlen. Die körperliche Komponente von Unsicherheit und Angst ist eine allgemeine physiologische Erregung, die durch das Retikulärsystem vermittelt wird. Nehmen wir nun unsere eigene körperliche Erregung bewußt wahr, so ist meist eine vermehrte Unsicherheit oder Angst und damit eine erhöhte physiologische Erregung die Folge.

Ebenso gilt aber auch der umgekehrte Fall. Aktive Entspannung der Muskulatur wirkt hemmend auf das Retikulärsystem und bewirkt somit eine allgemeine Entspannung, die sich auch im vegetativen System auswirkt. Die im Anschluß an die Entspannung der Muskeln automatisch auftretenden Gefühle wie Schwere und Wärme (die im Autogenen Training bewußt erzeugt werden sollen) zeigen, daß eine vegetative »Umschaltung« von der Aktivität des Sympathikus auf die des Parasympathikus (siehe S. 50 ff) stattfindet. Dies läßt sich anhand gesicherter Untersuchungsergebnisse belegen. Schon *Jacobson,* der die progressive Muskelentspannung entwickelt hat, konnte nachweisen, daß nach seinem Entspannungstraining die Pulsfrequenz und der Blutdruck sinken. Andere Untersuchungen ergaben, daß Personen, die ein Training zur Entspannung ihrer Muskeln erhalten hatten, eine stärkere Abnahme der Herzfrequenz, Atemfrequenz, Muskelspannung und auch der subjektiv empfundenen Spannung erzielten als Personen, die einfach gebeten wurden, sich zu entspannen. Die Aktivität der Schweißdrüsen, gemessen anhand der elektrischen Leitfähigkeit der Haut, gilt als zuverlässiger Indikator für das Maß der allgemeinen Erregung einer Person. So konnte in einer ganzen Reihe von Untersuchungen eine Abnahme dieser Schweißdrüsenaktivität bei Versuchspersonen festgestellt werden, die ein kurzes Training in der *Jacobsonschen* Muskelentspannung erhalten hatten. *Die Technik der Muskelentspannung ruft also nicht nur eine Erniedrigung des Muskeltonus hervor, sondern bewirkt gleichzeitig eine Beruhigung des gesamten vegetativen Nervensystems oder, wie Schultz es ausdrückt, eine »organismische Umschaltung«.*

## *Vegetatives Gleichgewicht und Autogenes Training*

Im neunzehnten Jahrhundert entwickelte sich zwischen dem bekannten französischen Chemiker *Louis Pasteur* und dem Physiologen *Claude Bernard* eine heftige wissenschaftliche Auseinandersetzung. Bernard war überzeugt, daß ein inneres Gleichgewichtssystem den Menschen resistent gegen Krankheiten mache, während Pasteur unbeirrt nachzuweisen versuchte, daß die von ihm entdeckten Krankheitskeime (Mikroben) wesentlich an der Entstehung von Krankheiten schuld seien.

Bernard war zwar auch der Meinung, daß Mikroben ständig vom Winde mitgetragen würden. Sie könnten aber im »Terrain« nicht Wurzel schlagen, wenn dieses nicht bereit sei, die Saat anzunehmen. Unter Terrain verstand Bernard den menschlichen Körper. Er betrachtete ihn als einen Komplex aus Zellen und Systemen, die sich ständig änderten und den äußeren und inneren Gegebenheiten anzupassen versuchten.

Wenn auch Pasteur noch auf dem Sterbebett seinem berühmten Kollegen zustimmte, so hatten letztlich doch beide recht, ohne allerdings das ganze Ausmaß ihrer Behauptungen überblicken zu können. Wie wir heute wissen, sind es nicht nur Mikroorganismen, die Krankheit und Tod im menschlichen Körper verursachen können, sondern eine ganze Flut von schädigenden Reizen, die nicht immer eine konkrete materielle Gestalt haben müssen. Lärm, Angst, Hetze, Konflikte und Auseinandersetzungen, die nicht mehr mit der Axt oder dem Speer wie bei unseren Vorfahren, sondern bestenfalls noch mit aggressiven Worten ausgetragen werden, beeinflussen unseren Körper auf ähnlich schädigende Weise. Ebenso wissen wir heute, daß unser Körper tatsächlich eine Art Gleichgewichtssystem besitzt, mit dem er diese und andere Einflüsse elastisch auffangen kann.

Allein schon die uns umgebende Natur ist ständigen Schwankungen unterworfen. Beispielsweise ändern sich ständig Temperatur, Luftdruck und Luftfeuchtigkeit. Die inneren Bedingungen unseres Körpers jedoch sind relativ konstant. Die Körpertemperatur zum Beispiel, die Blutzuckerkonzentration oder das Flüssigkeitsvolumen in den Zellen und alle anderen Prozesse unseres sogenannten »inneren Milieus« oder des »Terrains«, wie Bernard sagte, schwanken in nur eng gesteckten Grenzen. Ähnlich wie ein Astronaut in seiner Raumkapsel oder im Raumanzug das Erdmilieu (Druck, Sauerstoff etc.) mit sich herumträgt, tragen wir innerhalb unserer Körpergrenzen unser eigenes Milieu mit uns herum. Nur unter dieser Voraussetzung ist hochentwickeltes Leben möglich. Zur Aufrechterhaltung dieser Konstanz bedarf es eines Gleichgewichtssystems, das alle auftretenden Störungen automatisch wieder ausgleicht. Diese Aufgabe erfüllt in unserem Organismus das vegetative Nervensystem. Es besteht aus zwei Teilen, einem *zentralen* und einem *peripheren* Teil.

Der wichtigste zentrale Teil dieses Nervensystems, der Hypothalamus, (siehe Bild S. 68) liegt etwa in der Mitte des Gehirns und ist das *Zentrum aller vegetativen* Prozesse im Körper. Er steuert und integriert die vegetativen Vorgänge, die alle die gemeinsame Aufgabe haben, die inneren Bedingungen im Organismus konstant zu halten. Um diese Funktion als zentraler Steuermechanismus erfüllen zu können, erhält der Hypothalamus Informationen sowohl aus der Umwelt über die äußeren Sinnesorgane (Gehörs-, Geruchs-, Geschmacks- und Berührungssinne der Haut) wie auch aus dem Eingeweidebereich und dem übrigen inneren Milieu (Bluttemperatur, Salz- und Hormonkonzentration etc.).

Der periphere Teil des vegetativen Nervensystems, der wiederum aus zwei Teilsystemen, dem *Sympathikus* und dem *Parasympathikus* besteht, entspringt im verlängerten Rückenmark und durchzieht über verschiedene Schaltstellen, den sogenannten Ganglien, den gesamten Körper.

Diese beiden Teilsysteme, Sympathikus und Parasympathikus, wirken einander entgegen. Sie beeinflussen sich antagonistisch, ähnlich wie bei einer Waage nach dem Balance-Prinzip.

Die Wirkung des sympathischen Systems schafft die Voraussetzung für körperliche Anspannung und Leistung: Der Herzschlag wird beschleunigt, der Puls verstärkt, die Muskeln dadurch besser durchblutet und ihre Reaktionsfähigkeit wird erhöht, Fettreserven und Zucker werden abgebaut, um die Energieversorgung zu gewährleisten. Weiterhin bewirkt die sympathische Reaktion schnelleres und tieferes Atmen, um den vermehrten Sauerstoffbedarf des Körpers zu garantieren. Gleichzeitig werden aber auch alle für den Augenblick weniger wichtigen Vorgänge gedrosselt: die Verdauung wird gehemmt, Eingeweide und Haut werden schlechter mit Blut versorgt, die Sexualfunktionen gestoppt.

Ist der Anlaß für diese sympathische Reaktion vorüber, sorgt der Parasympathikus wieder für den Ausgleich: Herz und Kreislauf werden wieder gedrosselt, der Blutdruck sinkt, und die Atmung verlangsamt sich. Alle für die Verdauung und Fortpflanzung wichtigen Funktionen werden wieder in Gang gesetzt. Die parasympathischen Impulse fördern also Ruhe und Entspannung. Sie konzentrieren die Energien des menschlichen Körpers mehr auf die inneren lebenserhaltenden Funktionen wie beispielsweise die Verdauung. Man nennt sie deshalb auch trophotrope, das heißt *ernährungsgerichtete* Funktionen, im Gegensatz zu der ergotropen, das heißt *arbeitsgerichteten* Aktivität des Sympathikus. Diese sympathischen Reaktionen sind mehr auf die äußeren lebenserhaltenden Funktionen gerichtet und werden deshalb auch als »Kampf- oder Fluchtreaktion« bezeichnet. Üblich sind heute jedoch eher die Begriffe »Alarm-«, »Abwehr-« oder »Streßreaktion«.

Eine Alarmreaktion tritt im Körper immer dann auf, wenn irgendwelche aversiven, das heißt bedrohlichen oder unangenehmen Reize über unsere Sinnesorgane von außen her eintreffen. Aber auch Schmerzreize direkt aus dem Körper oder aus der »Seele«, wie schmerzhafte Gedanken oder Erinnerungen, lösen die gleiche Reaktion aus.

Wenn sehr intensive Reize, die eine lang anhaltende Reaktion zur Folge haben, in kürzeren Abständen aufeinanderfolgen, tritt der im vorigen Kapitel schon erwähnte Aufschaukelungseffekt (Sensibilisierung) ein. Hier kann die parasympathische Aktivität nicht mehr ausgleichend wirken, und das ganze vegetative System verliert vorübergehend buchstäblich das Gleichgewicht. Normalerweise verhindert jedoch ein

eingebauter Sicherungsmechanismus den soforti-
gen Zusammenbruch: Es tritt eine vorübergehende
Erschöpfung und Ermüdung ein (siehe auch S. 54).
Erst wenn diese Alarmzeichen längere Zeit über nicht
beachtet werden, treten Dauerschäden auf oder
letztlich sogar die Kollabierung des Systems (Kreis-
laufkollaps, Herzinfarkt, »Nervenzusammenbruch«).
Eine permanente Störung dieses inneren Gleichgewichts in Form einer Überlastung des sympathischen
Systems führt schließlich auch zu einer erhöhten An-
fälligkeit für diverse Krankheiten und möglicherweise
auch zu Krebs, da die körpereigene Immunabwehr
erlahmt.
Sehen wir uns die vegetativen Vorgänge bei der
Alarmreaktion noch im einzelnen an: über bestimmte
Nervenbahnen gelangt der Streßreiz zum Hypothalamus, der das gesamte vegetative Nervensystem,
insbesondere aber den Sympathikus und die Hirn-
anhangsdrüse, die Hypophyse, aktiviert. Diese pro-
duziert das Hormon ACTH (adrenocorticotropes
Hormon) und schüttet es als Botenstoff in die Blut-
bahn. In der Nebennierenrinde werden daraufhin
corticoide Hormone wie beispielsweise das Hydrocortison ausgeschüttet. Gleichzeitig hat der Sympathikus das Nebennierenmark zur Produktion von
Adrenalin und Noradrenalin veranlaßt. Alle diese
Hormone der Nebennieren gelangen in kürzester
Zeit in alle Körperbereiche und bewirken dort die für
die Alarmreaktion typischen Funktionsänderungen,
die oben bei der sympathischen Aktivität schon beschrieben wurden: Beschleunigung des Herzschlages und der Atmung, Verstärkung des Pulses und
bessere Muskeldurchblutung, Verengung der Blutgefäße in der Haut, Verlangsamung der Verdauungstätigkeit etc.
Die gesamte Reaktion auf einen kurzzeitigen Alarmreiz setzt sich aus drei Phasen zusammen und bildet
den sogenannten »vegetativen Dreitakt«. Der eigentlichen Alarmreaktion geht eine Phase voraus, die der
Bereitstellung aller Energien für die Alarmphase
dient. Diese Vorphase wird beherrscht von eher para-

sympathisch geprägter Aktivität, die die vegetativen Vorgänge zunächst auf Sparflamme stellt. Je nach Stärke und Plötzlichkeit des Alarmreizes ist sie kürzer oder länger.

In der akuten Alarmphase zeigt sich ein starker Anstieg der sympathischen Aktivität mit den eben beschriebenen Funktionsänderungen. Darauf folgt im Normalfall, wenn weitere Alarmreize ausbleiben, die Erholungsphase, in der alle vegetative Erregung abklingt und sogar in parasympathische Aktivität übergeht.

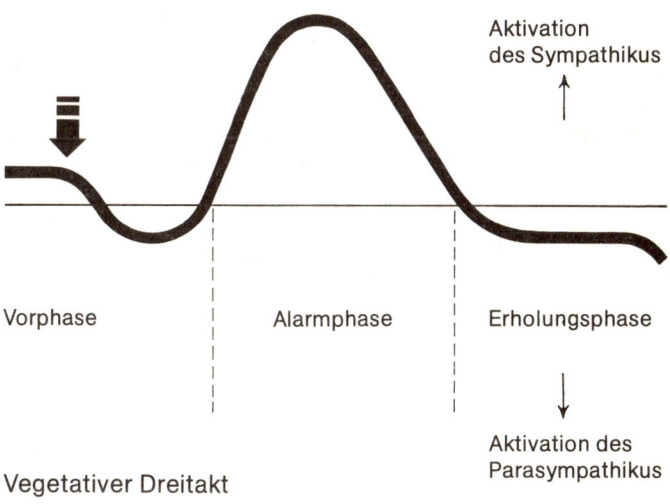

Vegetativer Dreitakt

Tritt jedoch der Fall ein, daß aufgrund einer lang andauernden Alarmreaktion ein zweiter Reiz auf die noch nicht ganz abgeklungene Alarmphase trifft, so kommt es zu dem im vorigen Kapitel schon erwähnten Aufschaukelungseffekt. Die sympathische Erregung bleibt ohne Erholungsphasen bestehen und hält den gesamten Organismus in ständiger Hochspannung. Aus einer fortgesetzten Bombardierung mit unangenehmen und schädigenden Streßreizen

53

(Stressoren) entwickelt sich dann das von dem amerikanischen Streßforscher *Hans Selye* 1935 zum ersten Mal entdeckte allgemeine Adaptationssyndrom (Anpassungs-Krankheisbild). Es besteht ebenfalls aus drei Phasen, darf jedoch mit dem eben beschriebenen vegetativen Dreitakt nicht verwechselt werden. Während im vegetativen Dreitakt die Streßreaktion die Antwort des Körpers auf einen einmaligen Streßreiz darstellt, beschreibt das allgemeine Adaptationssyndrom von *Selye* die langfristige Reaktion des Körpers auf andauernde Reizung mit Stressoren.

Die erste Phase des Adaptationssyndroms ist durch die *Alarmreaktion* geprägt und stellt die erste Antwort des Körpers auf den Streßreiz dar. Die Widerstandsfähigkeit des Körpers sinkt durch die Belastung kurzfristig ab. Ist die Belastung durch die Streßreize zu groß oder ist der Organismus durch vorausgehende Belastung schon zu sehr geschwächt, so ist eine Regenerierung nicht mehr möglich, und es kommt zum Zusammenbruch oder sogar zum Tod.

Ist jedoch ein genügend großes Maß an physischer und psychischer Stabilität vorhanden, so wird sich der Körper an die veränderte Situation anzupassen versuchen und seine Widerstandskraft erhöhen. Die Dauer dieser zweiten Phase des *Widerstandes* hängt ab von der Belastungsfähigkeit des Körpers sowie der Dauer und Stärke der stressenden Situation.

Dauert die belastende Situation zu lange an, so werden früher oder später die Grenzen der Anpassung und des Widerstandes erreicht sein. Es kommt dann zur dritten Phase, der *Erschöpfung,* die das letzte Alarmzeichen vor dem völligen Zusammenbruch darstellt.

Es müssen jedoch nicht immer sehr starke und intensive Streßreize sein, die den Sympathikus zur Alarmreaktion veranlassen. In den meisten Fällen sind es eher die kleineren täglichen Belastungen und Aufregungen, die diese Wirkung der sympathischen Dauerreaktion hervorrufen.

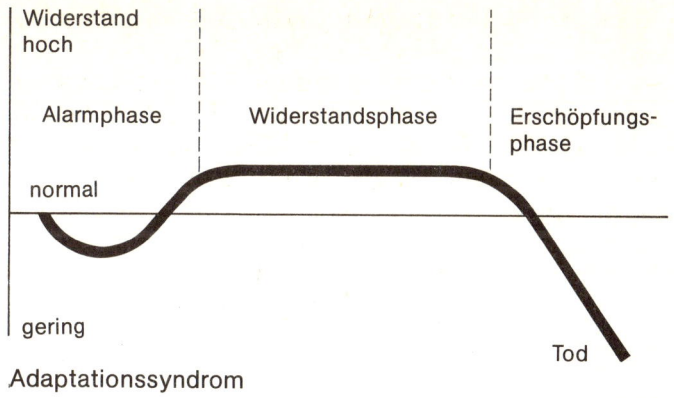

Widerstand
hoch

Alarmphase | Widerstandsphase | Erschöpfungs-
phase

normal

gering

Tod

Adaptationssyndrom

Bis jetzt haben wir die vegetativen Auswirkungen des Sympathikus auf Streßreize hin beobachtet. Menschen, die auf Belastungen durch aversive (schädigende) Reize hauptsächlich mit sympathischer Erregung reagieren, werden in der Medizin *Sympathikotoniker* genannt. Aufgrund ihrer Reaktionsweise neigen sie auch eher zu Krankheiten, die das Herz, den Kreislauf und das Gefäßsystem betreffen, wie beispielsweise Migräne, Bluthochdruck, Brustschmerzen und Erstickungsgefühle (Angina pectoris), Herzrhythmusstörungen (Arhythmien) etc. Edith, die wir am Anfang des Buches beschrieben haben, gehört zu diesem Reaktionstyp.

Es gibt jedoch auch den entgegengesetzten Typ, der eher mit parasympathischer Erregung auf Streßreize antwortet. Er wird als *Vagotoniker* bezeichnet (Vagus ist eine andere Bezeichnung für den Parasympathikus). Diese Menschen neigen eher zu niedrigem Blutdruck, Bronchialasthma und insbesondere zu Krankheiten im Verdauungssystem wie Verstopfung und Diarrhoe oder Magen- und Darmgeschwüren.

Wie wir gesehen haben, regt die Aktivität des Parasympathikus (Vagus) die Funktion der Verdauungsorgane an, indem die Kontraktionen der Magen- und Darmmuskulatur verstärkt und alle Verdauungsdrüsen zu vermehrter Produktion angeregt werden. 55

Diese Vorgänge sind notwendig, um die Nahrung weiterzubefördern, in ihre chemischen Substanzen mit Hilfe von Säuren aufzulösen und ihren Nährgehalt zu extrahieren. Werden die gleichen Funktionen jedoch auch dann aktiviert, wenn es nicht handfeste Nahrung sondern Streßreize zu »verdauen« gibt, so greifen die Säuren unweigerlich die Magen- und Darmwände an, was zu Schleimhautentzündungen oder letztlich zum Ulcus (Geschwür) führen kann. Kontraktionen der Magen- und Darmmuskulatur sind zum Kneten und Transport der Nahrung wichtig. Treten sie jedoch als Folge von Streßbelastungen auf, kommt es zur »leeren« Verkrampfung des Magens und der Eingeweide.

Magengeschwüre stellen wohl eines der klassischen Beispiele für psychosomatische Störungen dar. In verschiedenen medizinischen Untersuchungen konnte schon sehr früh die Reaktion des Magens auf äußere und innere (emotionale) Streßreize festgestellt werden. Ärger, Aufregung oder Wut (insbesondere »unterdrückte« Aggressionen) führen beispielsweise zu einer Rötung der Mageninnenwände und einer erhöhten Produktion von Magensäure, die unweigerlich die Schleimhäute angreift und somit wahrscheinlich eine der Hauptursachen für Magengeschwüre darstellt. In berühmt gewordenen Untersuchungen konnten amerikanische Forscher bei Rhesusaffen Magengeschwüre sogar experimentell erzeugen. Auf Menschen (mit Vorsicht) übertragen, zeigen diese Experimente, daß Situationen, in denen ständig auf belastende und stressende Ereignisse reagiert werden muß, mit hoher Wahrscheinlichkeit (und insbesondere bei eher vagotonischer Reaktionsbereitschaft) zu Störungen in der Magen- und Darmtätigkeit führen können.

Kehren wir aber zunächst wieder zu dem »rein« physiologischen Ablauf der vagotonischen Reaktion auf einen Streßreiz zurück. Ähnlich wie die sympathisch getönte Alarmreaktion als lebensrettende Flucht- oder Angriffsreaktion ihren ursprünglichen Sinn verloren hat, ist auch die parasympathisch getönte

Reaktion im Verdauungssystem sinnlos und sogar schädlich, sobald sie auf Streß und Belastung einsetzt.

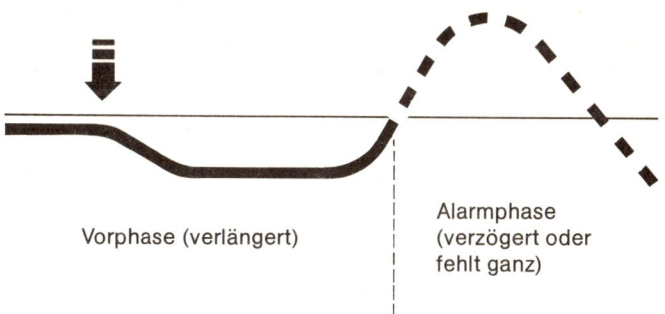

Vorphase (verlängert)

Alarmphase (verzögert oder fehlt ganz)

Vagotonische Reaktion

Es wird vermutet, daß diese übermäßige Reaktion des Parasympathikus lediglich eine verlängerte Vorphase der vorher schon beschriebenen dreiphasigen Streßreaktion darstellt. Die auf diese Vorphase folgende Alarmphase tritt sehr verzögert ein oder fehlt sogar ganz. Ähnlich wie bei der Alarmreaktion kann es auch hier zu einer Dauerbelastung in diesem Fall des Parasympathikus kommen, und damit zu einer Chronifizierung der Störungen bis zu jenen Stadien, in denen Magen- und Darmgeschwüre operativ entfernt werden müssen. Einen anderen schweren operativen Eingriff stellt die Vagotonie dar, bei der die Verbindung des Vagus (Parasympathikus) zum Magen hin durchtrennt wird. Damit wird zwar die Säureproduktion vermindert, jedoch können Nebenwirkungen wie Diarrhoe, Übelkeit oder Gewichtsabnahme kaum verhindert werden. Zudem sind nur die Folgeerscheinungen ausgeschaltet, während die Ursache der Störung weiterhin bestehen bleibt.

Die Wirkung des Autogenen Trainings setzt unmittelbar am vegetativen System an. Mit Hilfe spezieller Formeln wie beispielsweise »Rechter Arm ganz

57

schwer« oder »Rechter Arm ganz *warm*« sollen jene vegetativen Vorgänge erzeugt werden, die die körperlichen Reaktionen parasympathischer Aktivität darstellen. Wie wir uns erinnern, hat die Tätigkeit des Sympathikus eine Verengung der Hautblutgefäße zur Folge. Umgekehrt erweitern sich diese Blutgefäße in der Haut wieder, wenn die sympathische Aktivation nachläßt zugunsten parasympathischer Tätigkeit. Damit kann mehr Blut, das hauptsächlich in die Arterien der Skelettmuskulatur gepumpt wurde, in die Blutgefäße der Haut einfließen und ruft dort das Gefühl der Wärme hervor.

Das Gefühl der Schwere entsteht im wesentlichen dadurch, daß der Muskeltonus verringert und somit das Eigengewicht des Armes zunehmend spürbar wird. Wie wir gesehen haben, sind die Muskeln im Normalzustand nie völlig entspannt, sondern halten mit ihrer ständigen Grundspannung den Körper aufrecht. Auch ein aufliegender Arm hat daher normalerweise einen mehr oder weniger starken Muskeltonus. Durch die Schwereformel wird genau jener Effekt suggeriert, der die Folge einer Abnahme des Muskeltonus darstellt. Das eigentliche Gewicht des Armes wird zunehmend spürbar. Ebenso verhält es sich mit der Atemübung. Durch die Formel »Atem ganz ruhig« soll das Gegenteil des durch sympathische Aktivierung beschleunigten Atems erreicht werden.

Die sogenannte Leibübung mit der Formel »Sonnengeflecht strömend warm« setzt direkt an einer wichtigen Steuerungszentrale des vegetativen Nervensystems an. Über das Sonnengeflecht (Plexus solaris) werden unmittelbar die vegetativen Funktionen des gesamten Bauchraumes kontrolliert. Mit Hilfe der Leibformel können Unterfunktionen (vorwiegend sympathische Aktivität) oder Überfunktionen (vorwiegend parasympathische Aktivität) in diesem Bereich ausgeglichen werden.

In einer ganzen Reihe von physiologischen Untersuchungen konnte die Wirkung des Autogenen Trainings empirisch nachgewiesen werden. Alle zeigen im wesentlichen ein Nachlassen sympathischer

Aktivität zugunsten parasympathischer Tätigkeit: Verringerung der Herz- und Atemfrequenz, Abfall des Blutdruckes sowie Nachlassen der Schweißdrüsenaktivität und der Muskelspannung.

Der Effekt des Autogenen Trainings besteht also im wesentlichen darin, daß mit Hilfe spezieller autosuggestiver Formeln im gesamten vegetativen System ein parasympathisch getönter Zustand hergestellt wird. Dies trägt langfristig gesehen zu einer Wiederherstellung und Stabilisierung des »inneren« Gleichgewichtes bei. Voraussetzung für die Tätigkeit des Parasympathikus ist jedoch, daß aktivierende Reize nicht mehr in der bisherigen Intensität wahrgenommen werden. Mit der allerersten Formel »Ich bin ganz ruhig« wird deshalb indirekt ein Abschalten äußerer Reize bezweckt. Weiterhin wird der Übende durch das mehrmalige Wiederholen jeder Formel dazu gezwungen, seine Aufmerksamkeit verstärkt nach innen zu richten. Durch diese Lenkung und Zentrierung der Aufmerksamkeit auf ganz bestimmte Körpergefühle werden mit zunehmender Übung von außen kommende Reize immer schwächer wahrgenommen, bis sie schließlich kaum noch eine Orientierungsreaktion hervorrufen. Wie wir noch sehen werden, haben alle Übungen der verschiedenen Meditationstechniken, so unterschiedlich sie auch sein mögen, nur die eine Funktion, die Aufmerksamkeit auf äußere Reize einzuschränken. Das geschieht dadurch, daß die Wahrnehmung zunächst auf einen einzigen Gegenstand konzentriert wird. Diese Aufmerksamkeitshaltung der Meditation scheint auch beim Autogenen Training und bei der Muskelentspannung eine wesentliche Rolle zu spielen. In beiden Fällen wird versucht, die gesamte Aufmerksamkeit des Übenden ausschließlich auf bestimmte Körpergefühle, wie beispielsweise Schwere und Wärme, oder auf den Spannungszustand der Muskeln zu richten. Sollte diese Konzentration im Idealfall vollkommen gelingen, so treffen auf das Retikulärsystem im Stammhirn nicht mehr unterschiedliche und vielfältige Reize. Vielmehr wird dieses Aktivierungszentrum gleichmäßig von einem Strom gleichbleibender Reize aktiviert. Dies hat vermutlich den Effekt, daß seine allgemeine Erregung zunächst absinkt und dann auf einem gleichmäßig tiefen Stand gehalten wird. Würde die retikuläre Erregung vollkommen zurückgehen, so hätte dies zur Folge, daß die Person einschläft. Bei richtig durchgeführter Entspannung ist dies jedoch nicht der Fall. Der Übende befindet sich in einem Zustand zwischen Wachen und Schlafen. Viele Vertreter des Autogenen Trainings wie auch der Meditation sprechen sogar von einem ganz neuen Bewußtseinszustand, der sich von Schlafen und Wachen grundsätzlich unterscheidet.

## Bewußtsein und Meditation

Als Sitz unseres Bewußtseins kann man die Großhirnrinde (Cortex) betrachten (siehe Bild S. 68). Sie ist der stammesgeschichtlich jüngste Teil unseres Gehirns. Je niedriger eine Tierart auf den Entwicklungsstufen organischen Lebens steht, desto weniger ausgeprägt sind die Großhirnrinden seiner Individuen. Bestimmte Menschenaffen und auch Delphine, die uns Menschen in ihrer geistigen Leistung am nächsten kommen, haben einen ähnlich komplex entwickelten Cortex wie Menschen. Zwar ist bei jeder bewußten menschlichen Tätigkeit das Gehirn als Ganzes beteiligt, dennoch geht die willentliche und bewußte Kontrolle jeglichen Verhaltens von der Großhirnrinde als oberstem Steuerungsorgan aus.

Eine wichtige Rolle bei allen Bewußtseinsprozessen spielt die Aufmerksamkeit. Folgende klassische Anekdote gibt eine Definition für Aufmerksamkeit, die für die östliche Denkweise der Zen- und Yogatradition charakteristisch ist:

Eines Tages sagte ein Mann des Volkes zu Zen-Meister Ikkyu: »Meister, schreibst du mir bitte einige Maximen der höchsten Weisheit auf?«

Ikkyu ergriff sogleich den Pinsel und schrieb das Wort »Aufmerksamkeit«.

»Ist das alles?« fragte der Mann. »Möchtest du nicht noch etwas hinzufügen?«
Ikkyu schrieb daraufhin zweimal hintereinander: »Aufmerksamkeit, Aufmerksamkeit.«
»Nun denn«, bemerkte der Mann ziemlich aufreizend, »ich kann wirklich nichts besonders Tiefgründiges oder Feines in dem erkennen, was du gerade geschrieben hast.«
Darauf schrieb Ikkyu das gleiche Wort dreimal hintereinander: »Aufmerksamkeit. Aufmerksamkeit. Aufmerksamkeit.«
Beinahe zornig, verlangte der Mann Auskunft: »Was bedeutet denn dieses Wort »Aufmerksamkeit« überhaupt?« Und Ikkyu erwiderte sanft: »Aufmerksamkeit bedeutet Aufmerksamkeit.«
Unsere typisch westliche Denkweise wird sich wohl schwer mit einer solchen nur feststellenden Definition begnügen. Deshalb wollen wir versuchen, Aufmerksamkeit und ihre Funktion für das Bewußtsein so zu definieren, daß unser analytischer und nach Fakten suchender Verstand befriedigt wird.
Aufmerksamkeit ist die Voraussetzung dafür, daß Reize überhaupt in das Bewußtsein eintreten können, um wahrgenommen und dort verarbeitet zu werden. Die Klarheit des Bewußtseins wird von seinem Wachheits- oder Aktivationsgrad bestimmt.

Eine Grundlage für den allgemeinen Aktivationszustand des Gehirns und des gesamten Organismus ist das schon erwähnte Retikulärsystem. Alle Sinnesbahnen, die von den Wahrnehmungsorganen kommen und zum Gehirn verlaufen, geben im Mittelhirn über Abzweigungen Erregungsimpulse an dieses Aktivationszentrum ab. Alle einströmenden Sinnesreize vermischen sich dort, und es entsteht eine allgemeine unspezifische Erregung, die über Leitungsbahnen die Großhirnrinde aktiviert. Erst, wenn die Großhirnrinde in einen genügend großen Erregungszustand versetzt ist, ist die Voraussetzung für die bewußte Reizwahrnehmung und -verarbeitung gegeben.

Betrachten wir dies anhand eines Beispiels: Über spezifische Nervenbahnen gelangt der äußere Sinnesreiz »Klingeln des Weckers« von den Ohren zu dem speziellen Teil der Großhirnrinde, die diese Information registriert und verarbeitet, etwa in der Form »Wecker klingelt«. Gleichzeitig stimuliert dieser akustische Reiz über Abzweigungen das Retikulärsystem, das nun von sich aus über unspezifische Bahnen den gesamten Cortex (Hirnrinde) aktiviert mit dem Ergebnis, daß wir aufwachen und bewußt zu denken beginnen: »Ich muß aufstehen«. Für jede bewußte Leistung ist also ein bestimmtes Maß an Aktivation des Cortex nötig.

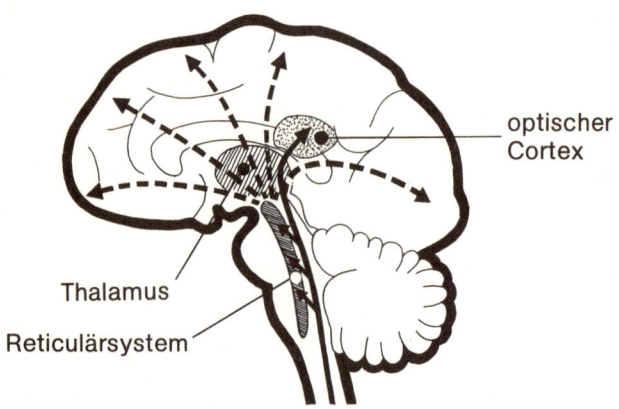

optischer
Cortex

Thalamus

Reticulärsystem

Aktivierung des Cortex durch das Retikulärsystem

Wir alle kennen jedoch jene Zustände von geistigen »black outs«, wo es uns unmöglich ist, einen klaren Gedanken zu fassen. Diese Denkblockaden treten häufig in Situationen auf, in denen wir sehr ängstlich oder erregt sind, beispielsweise in Prüfungssituationen. Daraus läßt sich ableiten, daß ein Zuviel an Erregung unsere bewußte Denkfähigkeit wieder einschränkt. Solche Denkblockaden stellen den kognitiven Anteil der Alarm- oder Streßreaktion dar und waren für unsere Vorfahren oft von lebensrettender

Bedeutung: bei einer plötzlich auftauchenden Gefahr, beispielsweise durch ein wildes Tier, wäre Denken nur Zeitverschwendung und möglicherweise sogar tödlich gewesen. Ohne zu überlegen mußten sie reflexartig, ihrem Instinkt gemäß handeln, entweder fliehen oder angreifen.

In unserem heutigen Leben tauchen Situationen, wo »gedankenloses«, reflexartiges Verhalten uns das Leben retten könnte, jedoch nur noch selten auf. Der Mechanismus der Alarmreaktion mit der einsetzenden Denkblockade funktioniert aber immer noch wie bei unseren Vorfahren, und leider meist zu unserem Nachteil, wie es das Beispiel des black out in der Prüfungssituation zeigt. Aber auch im Straßenverkehr kann diese Reaktion zum Gegenteil von dem führen, was die Natur ursprünglich vorhatte. Viele Unfälle ereignen sich gerade dadurch, daß der momentane Schock einer gefährlichen Situation jegliches bewußte und überlegte Handeln verunmöglicht.

Es muß aber nicht immer gleich die völlige Blockierung unseres rationalen Denkens eintreten. Jeglicher Anstieg der Erregung über einen bestimmten Punkt hinaus verursacht eine zunehmende Einschränkung des Denkvermögens wie überhaupt jeglicher sinnvollen Leistungen. Leistung allgemein ist also an die cortikale Aktivierung gebunden, allerdings nicht geradlinig (steigende Leistung bei steigender Aktivation) sondern kurvilinear: Bei steigender Aktivation wächst zunächst auch die Leistung bis zu einem bestimmten Punkt an, fällt dann bei weiter steigender Aktivation jedoch wieder ab. Dieser Zusammenhang zwischen Leistung und Aktivation wird nach seinen Entdeckern »Yerkes-Dodsonsches Gesetz« genannt. Allerdings ist für verschiedene Leistungen nicht immer die gleiche Aktivation optimal. Je schwieriger beispielsweise ein zu lösendes Problem ist, desto niedriger sollte – in gewissen Grenzen – das optimale Aktivierungsniveau sein. Gerade auch Aufgaben, die mehr intuitiv und kreativ gelöst werden müssen, erfordern einen eher niedrigen Erregungszustand. So konnte man zum Beispiel entscheidende Unterschiede zwischen »normalen« und kreativen Menschen be- **63**

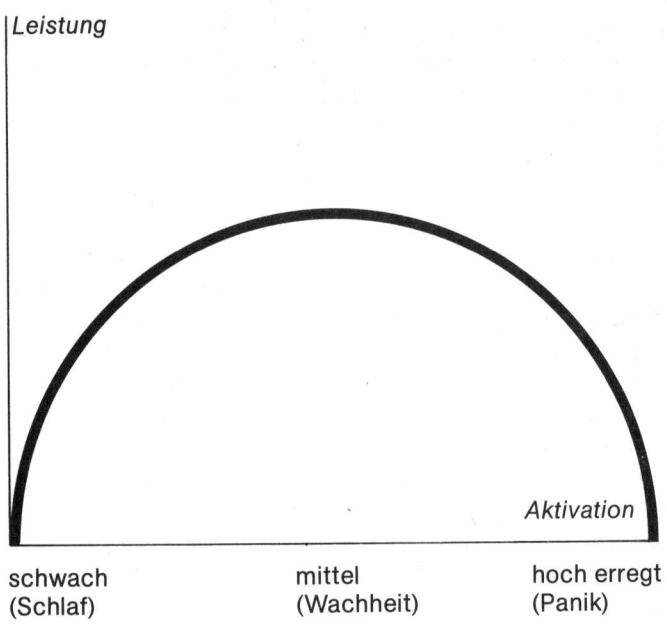

Leistung

Aktivation

schwach          mittel          hoch erregt
(Schlaf)         (Wachheit)      (Panik)

Das Yerkes-Dodsonsche Gesetz

obachten, wenn sie Aufgaben lösen sollten, die eine
eher unkonventionelle Lösungsmöglichkeit erforder-
ten. Während bei den unkreativen Menschen die cortikale Erregung, gemessen an den Hirnstromkurven
(EEG = Elektroenzephalogramm), sprunghaft in die
Höhe schnellte, sank sie bei den kreativen Menschen.
Erinnern wir uns an die in einem früheren Kapitel beschriebenen Unterschiede zwischen linker (logisch
rationaler) und rechter (intuitiv-gefühlsmäßiger) Gehirnhälfte. Man könnte hier die Vermutung aufstellen,
daß eine zu hohe Erregung die Ergebnisse der Prozesse der rechten Hemisphäre noch »unlogischer«
und unverständlich erscheinen läßt, so daß ihre Be-
teiligung an der Problemlösung völlig abgelehnt wird
und man ausschließlich auf das vertraute und lang
geübte Funktionieren der linken Hemisphäre baut,
64    auch wenn dies keinen Erfolg bringt.

Kehren wir zum aktivierenden Retikulärsystem und seiner Funktion für unser Bewußtsein zurück. Verschiedene Untersuchungen haben gezeigt, daß das zentrale Erregungszentrum eine bestimmende Rolle in der Steuerung des Schlaf–Wach-Geschehens einnimmt. Schlafende Tiere konnte man durch elektrische Reizung in diesem Aktivierungszentrum aufwecken. Umgekehrt bewirkte eine Zerstörung des Retikulärsystems ein Koma (Bewußtlosigkeit) bei dem Versuchstier. Viele Narkosen wirken auf chemischem Wege so stark hemmend auf dieses Wachzentrum ein, daß eine bewußte Wahrnehmung des Operationsgeschehens nicht mehr möglich ist. Die unterschiedlichen Bewußtseinszustände scheinen also hauptsächlich von dem Erregungszustand des retikulären Systems abhängig zu sein.

Seit der Entwicklung äußerst empfindlicher Voltmeter ist es möglich, die einzelnen Bewußtseinszustände anhand der jeweils für sie charakteristischen nervenelektrischen Aktivität, den Gehirnwellen, zu registrieren und zu unterscheiden. Dieses EEG (Elektroencephalogramm) wird so abgenommen, daß man auf der Kopfhaut Elektroden befestigt, die von dort gemeldeten elektrischen Signale verstärkt und über einen Schreiber auf Papier aufzeichnet. Gewöhnlich teilt man die Gehirnwellen nach ihrer Frequenz in vier verschiedene Klassen ein und bezeichnet sie mit griechischen Buchstaben. Jeder Frequenzklasse lassen sich spezifische Bewußtseinszustände und subjektive Empfindungen zuordnen, die von angespannter Erregung bis hin zum Tiefschlaf reichen (siehe Tabelle S. 66).

Die Funktion, die Schlafen und Träumen für den Menschen hat, ist noch nicht restlos geklärt. Es ist eine Alltagserfahrung, daß sowohl Tiere wie Menschen ein unbedingtes Schlafbedürfnis haben. Biochemische Rhythmen im Gehirn und die Formatio reticularis steuern automatisch den Schlaf–Wach–Zyklus. Verschiedene Untersuchungen zeigen jedoch, daß Schlafen und Träumen nicht nur natürliche und automatische Vorgänge sind, sondern eine für

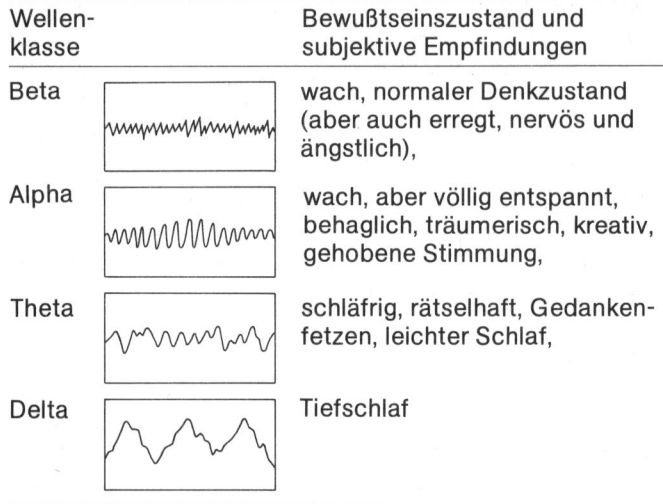

| Wellen-<br>klasse | | Bewußtseinszustand und<br>subjektive Empfindungen |
|---|---|---|
| Beta | | wach, normaler Denkzustand<br>(aber auch erregt, nervös und<br>ängstlich), |
| Alpha | | wach, aber völlig entspannt,<br>behaglich, träumerisch, kreativ,<br>gehobene Stimmung, |
| Theta | | schläfrig, rätselhaft, Gedanken-<br>fetzen, leichter Schlaf, |
| Delta | | Tiefschlaf |

Gehirnwellen (EEG)

die Aufrechterhaltung des psychischen und physischen Gleichgewichts notwendige Funktion haben. Die Tatsache, daß nach lärmbedingter Schlafstörung am nächsten Morgen eine vermehrte sympatische Aktivität und ein erhöhter vegetativer Erregungszustand beobachtet werden können, zeigt die Bedeutung des Schlafes für den Ausgleich im vegetativen System. Andere Untersuchungen mit totalem Schlafentzug zeigten, daß Schlaf für die Leistungsfähigkeit des Menschen unabdingbar ist. Personen, die systematisch am Schlafen gehindert wurden, zeigten ein der Trunkenheit ähnliches Verhalten. Ihre Aussprache war undeutlich, sie schweiften leicht vom Thema ab, der Tonfall war apathisch und paßte nicht zur Situation. Sie waren auch sehr reizbar und jähzornig, was auf eine allgemeine Übererregung schließen ließ. Dauerte der Schlafentzug mehrere Tage an, so zeigten sich Verhaltensweisen, die gewöhnlich als neurotische Störungen bezeichnet werden.

Zusammenfassend zum Thema Schlaf kann man sagen, daß die Schlafperioden eine ganz wesentliche

Bedeutung für die Regenerierung des Körpers, für die Aufrechterhaltung und Wiederherstellung des vegetativen Gleichgewichtes haben. Durch die vorwiegend trophotrope beziehungsweise parasympatische Aktivität während des Schlafens werden die psychischen und physischen Reserven wiederhergestellt, die für den aktiven und bewußten Wachzustand nötig sind.

Neben der Wachheit und Aufmerksamkeit haben auch Gefühle eine sehr entscheidende Wirkung auf unser Bewußtsein. Wir sind oft »blind vor Wut« oder können »vor lauter Angst nicht mehr denken«. Bei Niedergeschlagenheit und Depression sehen wir die Welt grau in grau, oder wir fühlen uns wie neugeboren, wenn wir verliebt sind. Viele Menschen glauben sich durch ihre Emotionen daran gehindert, höchstes Bewußtsein und damit beinahe übermenschliche geistige Fähigkeiten zu erlangen. Sehen wir von diesen extremen Wunschträumen einmal ab, so ist es in der Tat so, daß fast alle Menschen in mehr oder minder starkem Ausmaß in ihrem ganzen Denken und Handeln von verschiedenen Gefühlen beeinflußt, gefördert und auch behindert werden.

In früheren Untersuchungen glaubte man den »Sitz« der Emotionen im Thalamus und Hypothalamus gefunden zu haben. Sowohl im Tierversuch wie auch bei neurochirurgischen Operationen am Menschen konnte man durch elektrische Reize dieser Gebiete Reaktionen provozieren, die denen von Wut oder Angst glichen. Flucht- oder Angriffsreaktionen konnten auf diese Weise elektrisch ausgelöst werden. Wie wir schon gesehen haben, steuert der Hypothalamus tatsächlich die verschiedenen vegetativen Reaktionen, die im Zusammenhang mit Gefühlen auftreten. Jedoch handelte es sich hierbei lediglich um »Pseudoemotionen«. Thalamisch gereizte Patienten zeigten zwar die vegetativen Begleiterscheinungen der Gefühle, bemerkten aber trotzdem keine wirklichen gefühlsmäßigen Empfindungen. Auch die gereizten Tiere setzten nach Beendigung der Reizung ihr vorheriges Verhalten wie Fressen oder Putzen fort, so 67 als sei nichts gewesen. Damit wurden die Annahmen bestätigt, daß gefühlsmäßiges Erleben in einem höheren Teil des Gehirns zustande komme.

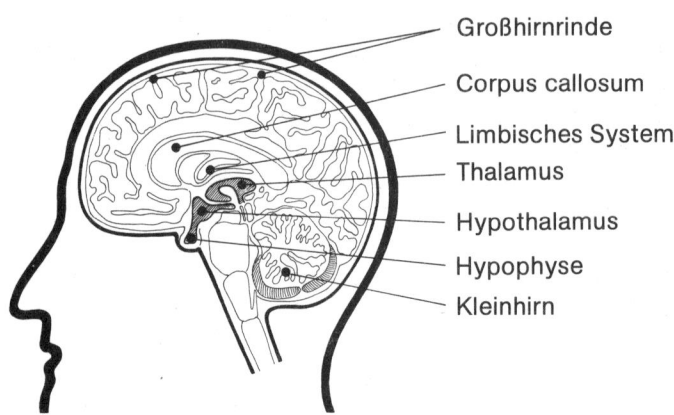

Großhirnrinde

Corpus callosum

Limbisches System

Thalamus

Hypothalamus

Hypophyse

Kleinhirn

Querschnitt durch das Gehirn

Ein makaberes Kapitel in der Geschichte der Psychiatrie brachte neben einer grauenhaften Verstümmelung der Persönlichkeit von über 20 000 Menschen die Erkenntnis, daß Emotionen etwas mit dem Frontalhirn, also den Hirnabschnitten im Stirnbereich, zu tun haben. Mit der sogenannten Lobotomie trennte man bei ängstlichen, agressiven oder zwanghaften Patienten den gesamten frontalen Bereich vom übrigen Hirn ab. Damit konnte man den Patienten zwar ihre Symptome nehmen, der Preis dafür war jedoch zum Teil eine totale »Verblödung« mit extremen intellektuellen Veränderungen, Gefühllosigkeit und Verarmung von Antrieb und Motivation. Solche gravierenden neurochirurgischen Eingriffe werden heute kaum noch durchgeführt. Trotz der Vielzahl dieser Eingriffe weiß man jedoch immer noch nicht genau, auf welche Weise Emotionen im Frontalhirn erzeugt und gesteuert werden.

Das Limbische System dagegen ist in seiner Bedeutung für die emotionale Steuerung viel besser erforscht. Es ist dem Großhirn untergeordnet und hat Verbindungen zum Thalamus. Über diese (thalamischen) Bahnen erreichen es Sinnesreize aus der Außenwelt und aus dem Körperinneren. Dies stellt die Voraussetzung dafür dar, daß auf einen äußeren Angstreiz tatsächlich das Gefühl der Angst auftritt. Weitere nervöse Verbindungen bestehen zum Hypothalamus und zum Retikulärsystem, über die dann die vegetativen Veränderungen hervorgerufen werden, die mit den erlebten Gefühlen im Körper einhergehen.

Aus dem täglichen Leben wissen wir, daß es möglich ist, Gefühle zu beeinflussen. So können wir uns in ein Gefühl regelrecht hineinsteigern. Andererseits können wir aber auch Abstand gewinnen oder uns durch Entspannen beruhigen. Diese beiden letzten Möglichkeiten haben nichts mit Unterdrückung, Verdrängung oder Ignorierung von Gefühlen zu tun. Wir sind uns dabei sehr wohl der Situation, die das Gefühl auslöst, bewußt. Ohne die Augen zu schließen und so zu tun, als sei nichts los, können wir dennoch unser Gefühl kontrollieren, indem wir kognitiv umstrukturieren (die geistige Einstellung ändern) und uns gleichzeitig dabei entspannen. Die anatomischen Voraussetzungen für diese beiden Möglichkeiten scheinen die Verbindungen des Limbischen Systems einerseits zur Großhirnrinde und andererseits zu den vegetativen Zentren über den Thalamus zu sein. Sowohl die bewußte Kontrolle durch die Großhirnrinde wie auch die hemmenden Impulse, die von einem entspannten und ruhigen vegetativen Nervensystem herkommen, erniedrigen und beruhigen die (emotionale) Aktivität des Limbischen Systems und verringern damit den Affekt.

Auch in der Psychotherapie werden unter anderem diese beiden Einflußmöglichkeiten ausgeübt. Über kognitive Umstruktutierung wird auf der einen Seite versucht, die verstandesmäßige Einstellung gegenüber einem äußeren oder inneren Angstreiz so zu verändern, daß dieser beispielsweise keine panische Angst (Phobie) mehr auslösen kann. Viele Probleme von Menschen bestehen gar nicht in der äußeren Realität, sondern eher in ihren Gehirnen, d.h. in ihrer spezifischen Art, die Realität wahrzunehmen. Wie wir schon gesehen haben (S. 38), besteht zwischen der subjektiv erlebten und der objetiven Realität keine völlige Übereinstimmung. Viele Befürchtungen sind deshalb unrealistisch. Beispielsweise ist die übertriebene Angst vor Spinnen, engen Räumen oder anderen Angstobjekten real völlig unbegründet. Auch soziale Ängste, also die Angst und Unsicherheit anderen Menschen gegenüber, ist in dem Ausmaß, wie sie in den meisten Fällen auftritt, übertrieben und sinnlos. Dennoch geraten manche Menschen in solchen Situationen in panische Zustände und versuchen mit allen Mitteln, diese zu vermeiden. Erst wenn sie sich oft genug mit derartigen Situationen konfrontiert haben, machen sie die Erfahrung, daß die von ihnen erwartete Katastrophe gar nicht eintritt. Es entsteht eine kognitive Dissonanz (Unstimmigkeit) zwischen der subjektiv erlebten Angst (»Ich habe Angst«) und der objektiven wahrgenommenen Sinnlosigkeit dieser Angst (»Eigentlich brauche ich gar keine Angst zu haben«).

Ein bewußter Wechsel in der Einstellung zur vorher ängstigenden Situation (»Ich muß keine Angst mehr haben«) löst nicht nur die kognitive Dissonanz, sondern beruhigt auch die (emotionale) Aktivität im Limbischen System.

Viele Angstzustände sind jedoch so stark, daß sie nicht allein durch einen Bewußtseinsprozeß kontrolliert werden können. In diesen Fällen muß mit der Einstellungsänderung auch eine aktive Beruhigung der vegetativen Begleiterscheinungen der Angst einhergehen. Erst wenn die hemmenden Impulse eines entspannten Körpers zusätzlich auf das Limbische System einwirken, kommt es auch dort zu einer ausreichenden Verringerung der nervösen Aktivität und damit der Angstgefühle. Das beste Beispiel für diese

Vorgehensweise ist die Methode der systematischen Desensibilisierung in der Verhaltenstherapie. Bei diesem Vorgehen wird der Patient aktiv entspannt und systematisch immer nur mit so geringen Angstreizen konfrontiert, daß diese nicht in der Lage sind, die allgemeine Entspannung aufzuheben. Langsam und schrittweise ist der Patient dann in der Lage, immer stärkere Angstreize ohne körperliche und geistige (limbische) Erregung zu ertragen.

Zusammenfassend kann man also sagen, daß wir unseren Gefühlen und den sich daraus ergebenden Problemen nicht hilflos ausgeliefert sein müssen. Es ist auch nicht nötig, unangenehme oder »unpassende« Gefühle einfach zur Seite zu schieben und zu verdrängen. Vielmehr können wir uns bewußt mit ihnen auseinandersetzen und an ihnen arbeiten. Eine wichtige Rolle hierbei spielt die körperliche und geistige Entspannung, die es ermöglicht, daß wir uns bewußt auch mit unangenehmen und schmerzlichen gefühlsmäßigen Erfahrungen konfrontieren können und nicht vor Problemen davonlaufen.

Das aktivierende Retikulärsystem im Stammhirn sendet seine unspezifischen Impulse nicht nur zur gesamten Hirnrinde und steuert so die allgemeine Aufmerksamkeit, sondern ebenso zu den vegetativen Zentren im Rückenmark. Eine Erregung der Formatio reticularis hat damit gleichzeitig eine Steigerung des vegetativen, vorwiegend des sympathischen Nervensystems zur Folge. Sollte es nun im umgekehrten Falle gelingen, mit Hilfe einer bestimmten Entspannungstechnik die Erregung des Retikulärsystems zu senken, so hat dies dann auch eine Erniedrigung der allgemeinen vegetativen Erregung zur Folge. Dieser Zusammenhang zwischen retikulärer und vegetativer Aktivierung stellt eine der wesentlichen Voraussetzungen für alle jene meditativen Entspannungsverfahren dar, die auf der Technik der geistigen Konzentration beruhen.

Konzentration bedeutet weitgehende Einengung und Fixierung der Wahrnehmung auf nur einen Denkinhalt. Sich nicht konzentrieren können heißt, daß

Wahrnehmung und Aufmerksamkeit immer wieder abschweifen und unruhig von einem Wahrnehmungsgegenstand zum anderen wandern. Jeder neue Reiz aktiviert jedoch die Formatio reticularis und damit auch das vegetative Nervensystem (siehe Orientierungsreaktion S. 44 ff). Unkonzentriertheit bedeutet deshalb physiologisch gesehen ständige Aktivation, was wir subjektiv als Unruhe erleben. Durch willentliche Konzentration auf nur einen Gegenstand schränken wir unsere Wahrnehmung derart ein, daß alle übrigen Reize ohne den aktivierenden Effekt bleiben. Dies hat eine allgemeine vegetative Beruhigung und Entspannung zur Folge, da die diffusen Erregungssignale des Retikulärsystems an das vegetative System unterbleiben.

Konzentrative Meditation wirkt daher auf den Körper genauso entspannend wie etwa Muskelentspannung und Autogenes Training. Bei Meditierenden lassen sich deshalb auch dieselben vegetativen Funktionsänderungen in Hautwiderstand, Herzfrequenz, Blutdruck etc. feststellen wie bei den beiden anderen Verfahren. Meditierende Personen spüren meist am Anfang der Meditation ebenso Gefühle von Schwere, Wärme und Prickeln, da diese Empfindungen automatische Begleiterscheinungen jeglicher vegetativen Entspannung darstellen. Wie wir gesehen haben, aktivieren einkommende Sinnesreize über das Retikulärsystem auch die gesamte Hirnrinde, um sie für den Empfang und die Verarbeitung der Reize gleichsam vorzubereiten. Bei vollständig gelungener Konzentration entfällt jedoch diese kortikale Stimulierung, was sich am EEG unmittelbar ablesen läßt. Die im normalen Wachzustand vorherrschenden schnellen Betawellen, die auf eine hohe Aktivität der Gehirnrinde schließen lassen, wandeln sich in langsamere Alphawellen um, die für einen entspannten Zustand charakteristisch sind (Gehirnwellen siehe S. 66).

Mit zunehmender Beherrschung der Meditation tauchen immer häufiger Wellen mit noch niedrigeren Frequenzen auf. Hauptsächlich sind dies Theta-

Wellen, die allerdings völlig verschieden von den Theta- und Deltamustern im Schlaf sind.

Auffallend am Meditations-EEG sind zwei weitere Befunde. Der eine ist die Gleichmäßigkeit der Wellen, die bei Personen, die im Meditieren ungeübt sind, nur selten gefunden wird. Alpha-Aktivität läßt sich bei fast allen Menschen erzeugen, wenn sie die Augen schließen und sich nur genügend zu entspannen versuchen. Die dabei auftretenden Alpha-Wellen sind jedoch relativ unregelmäßig und gehen leicht wieder in Beta-Wellen über. In sehr tiefen Meditationszuständen aber, die von den Meditierenden als Zustände »reinen Bewußtseins« bezeichnet werden, ließen sich synchrone Alpha-Wellen von fast konstanter Frequenz (Schnelligkeit) und Amplitude (Stärke) feststellen, was eine langsame und sehr regelmäßige, in hohem Maße synchrone Gehirnaktivität anzeigt. Die zweite Besonderheit im Meditations-EEG besteht darin, daß sich diese Alpha-Wellen über das gesamte Gehirn ausbreiteten. Bei nichtmeditierenden Personen, die die Augen schließen und sich entspannen, tauchen die Alpha-Wellen vorwiegend im Gehirn des Hinterhauptes, dem optischen Kortex, auf, während die übrige Gehirnrinde mehr oder weniger diffus weiterfeuert. Auch bei Meditierenden begann die Alphasynchronisation im hinteren Bereich, (sie schlossen ebenfalls die Augen), breitete ich dann aber nach vorne über die gesamte Gehirnrinde aus, bis in allen Bereichen des Gehirns eine deutliche Uniformität hinsichtlich der Frequenz und Amplitude der elektrischen Aktivität herrschte. Der Neurologe *Banquet*, der diese Untersuchungen durchführte, bezeichnete dieses Phänomen *Hypersynchronisierung*. Die gesamte Gehirnrinde als Zentrum unserer bewußten Wahrnehmung und unseres bewußten Denkens befindet sich bei dieser Hypersynchronisation in einem gleichmäßigen Zustand entspannter Ruhe. »Normale« Denkvorgänge scheinen bei diesem EEG nicht mehr möglich zu sein, es würde sofort wieder zur desynchronisierten, schnellen Betaaktivität zurückkehren.

Ziel aller konzentrativen Meditation ist es, das normale Denken und die normale Wahrnehmung auszuschalten. Wie gut dies langgeübten hinduistischen »Heiligen« und buddhistischen Mönchen gelingt, zeigen Untersuchungen, in denen diese Mönche Alphaaktivität sogar bei geöffneten Augen erzielen konnten. Dies ist für uns ungeübte westliche Zivilisationsmenschen eine beinahe unmöglich erscheinende Fähigkeit. Die optischen Reize, die über unser Auge in das Gehirn und in das Retikulärsystem dringen, erzeugen dort scheinbar unweigerlich die schnellen, desynchronisierten Beta-Wellen. Yogi und Zen-Meister dagegen scheinen ihre Wahrnehmung soweit abschwächen zu können, daß sogar bei geöffneten Augen die optischen Sinnesreize im Großhirn nicht mehr als solche wahrgenommen werden.

Der Bewußtseinszustand, der sich bei Wegfallen jeglicher Wahrnehmung und allen Denkens ergibt, wird in der traditionellen Meditationsliteratur als »reines Bewußtseins« bezeichnet. Oft tauchen auch andere Begriffe wie beispielsweise »Erleuchtung«, »Klarheit«, das »Nichts« und die »Leere« auf, oder es werden eher mystische Bezeichnungen dafür gefunden wie etwa »ozeanisches Gefühl« oder »die allumfassende Einheit«.

Auffallend an der Meditation ist letztlich noch, daß die meditierende Person wach ist oder manchmal sogar von gesteigerter Wachheit berichtet, obwohl ihre kortikale Aktivität lahmgelegt scheint (nur am Anfang der Meditationspraxis schlafen einige Personen ein, wie übrigens manchmal auch am Anfang der Muskelentspannung und des Autogenen Trainings). Dies läßt die Vermutung zu, daß Meditation zwar die Aktivität der Großhirnrinde dämpft, das Retikulärsystem jedoch zu erhöhter Aktivität anregt. Allerdings ist dies eine reine Spekulation, die zunächst aufgrund unseres Wissens paradox erscheinen mag und deshalb noch genau überprüft werden muß.

Will man die Auswirkungen der Hypersynchronisierung der Gehirnwellen deuten, ist man ebenfalls auf bloße Vermutungen angewiesen. Allgemein könnte man sagen, daß damit eine Integration aller verschiedenen Hirnteile erzielt wird, die sich nachgewiesenermaßen auf die Entwicklung der menschlichen Persönlichkeit positiv auswirkt. Ein integriertes Zusammenspiel aller Hirnfunktionen müßte es möglich machen, daß sich Probleme, die sich aus dem Chaos ergeben, das wir unser normales Bewußtsein bezeichnen, leichter lösen lassen oder, daß aus den Anforderungen, die das Leben an uns stellt, nicht sogleich »Probleme« werden. Verschiedene Meditationstraditionen vertreten die Meinung, daß der Mensch mit Hilfe der Meditation sein gewöhnliches selektives und begrenztes Bewußtsein überwinden kann, indem er dessen Automatik und Selektivität abbaut, Blindheit und Illusion beseitigt. Der indische Yogi *Vivekananda* vergleicht unser gewöhnliches Bewußtsein mit einem betrunkenen Affen, der willkürlich von einem Gedanken zum anderen springt und sich an selbstgemachten Wahrnehmungsbildern (Illusionen) berauscht. Ähnliche Gedanken schien auch *William James,* der Vater der amerikanischen Psychologie, gehabt zu haben, als er sich fragte: »ob nicht die Yoga-Disziplin ... ein methodischer Weg sein könnte, tiefere Ebenen der Willenskraft, als wir gewöhnlich nützen, aufzuwecken und dadurch unseren Lebenstonus und unsere Energie zu steigern. Ich zweifle nicht daran, daß die meisten Menschen, sei es physisch, geistig oder moralisch, einen recht beschränkten Ausschnitt ihres Potentials leben. Sie benutzen nur einen kleinen Teil ihres vorhandenen Bewußtseins und ihrer allgemeinen seelischen Reserven, ähnlich einem Menschen, der sich daran gewöhnt hat, von seinem ganzen Körper nur seinen kleinen Finger zu gebrauchen und zu bewegen ... könnten nicht die Yoga-Übungen Methoden sein, zu unseren tieferen Ebenen vorzudringen?«

Wir haben gesehen, daß Gefühle unser Denken und Verhalten beeinflussen und mitunter stark behindern. Ein großer Teil der Probleme, die Menschen mit sich selbst oder mit anderen Menschen haben, lassen sich auf Schwierigkeiten im Umgang mit Gefühlen zurückführen. Entspannung und Meditation können diese Probleme zwar nicht aktiv lösen; dennoch ist es sehr plausibel, daß sie die Lösung erleichtern. Ein integriertes und »gleichberechtigtes« Zusammenspiel aller Hirnfunktionen läßt dies möglich erscheinen. Die Hypersynchronisierung aller Gehirnzellen könnte die Integration der rechten und linken Gehirnhälfte fördern. Eine Dämpfung der Aktivität des Limbischen Systems käme der aktiven Kontrolle von Emotionen gleich.

Wir wissen, daß Unruhe und Aufregung bestehende Probleme meist nur noch verschlimmern. In solchen Situationen fällt oft der Satz: »Nun laßt uns in aller Ruhe mal darüber nachdenken«. Diese Redewendung gilt nicht nur für praktische Probleme. Wir können sie auch auf ganz persönliche und zwischenmenschliche Probleme anwenden. Wenn wir ruhig werden und uns entspannen können, gewinnen wir oft etwas Abstand von den Dingen, die uns beschäftigen. Diese Distanzierung schafft den Freiraum, der meist zur Lösung von Problemen nötig ist. Wahrscheinlich kann Entspannung diese Distanz herstellen, und möglicherweise hat das Erlebnis neuer Bewußtseinszustände den Effekt, daß wir die Dinge anders oder ganz neu sehen können.

Der allgemeine Sinn und Zweck von Meditation läßt sich mit einem Satz von *Robert Ornstein* wohl am besten zusammenfassen: »Wir müssen unsere Vorstellung vom Menschenmöglichen erweitern.«

## *Das Integrierte Entspannungstraining*

In den vorausgegangenen Kapiteln haben wir die Wirkungsweise von drei verschiedenen Entspannungsverfahren kennengelernt. *Muskelentspannung* entstammt aus dem nordamerikanischen Kulturkreis, das *Autogene Training* aus dem europäischen und

*Meditation* aus dem östlichen Kulturkreis. (Später werden wir sehen, daß es auch eine europäische Meditationstradition gibt.) Zunächst mag es verwunderlich erscheinen, daß drei Entspannungstechniken mit so verschiedenem kulturellem Hintergrund miteinander kombinierbar und in ein einziges Entspannungsverfahren integrierbar sind. Auch das methodische Vorgehen ist sehr unterschiedlich. Bei der Muskelentspannung werden vor der Entspannung die Muskeln kräftig angespannt, das Autogene Training arbeitet mit einer hypnoseähnlichen Technik, und die Meditation hat (unter anderem) geistige Konzentration als methodisches Hilfsmittel.

Dennoch konnten wir auch viele Gemeinsamkeiten feststellen. In allen drei Methoden zieht sich der Übende zumindest für die Zeit der Einübung von äußeren Reizen zurück. Was bei christlichen oder bei Yoga- und Zen-Mönchen einen allgemeinen und zum Teil totalen Rückzug aus dem weltlichen Leben darstellt, ist für den normalen Menschen, der Muskelentspannung, Autogenes Training oder Meditation einübt, der kurzzeitige Rückzug in ein ruhiges Zimmer, in dem er zwei- oder dreimal am Tag sich ausschließlich mit sich und seinem Körper beschäftigt. Rückzug von der äußeren Welt erleichtert am Anfang die Konzentration der Aufmerksamkeit. Die äußere Wahrnehmung kann leichter eingeschränkt und schneller abgeschaltet werden, wenn wir die Welt um uns herum still machen.

Im Zusammenhang mit Meditation taucht immer wieder die Metapher auf, daß die Helligkeit des alltäglichen Lebens zurückgestuft werden müsse, um auch die ganz schwachen aber dennoch allgegenwärtigen Energiequellen in unserem Innern wahrnehmen zu können, ähnlich wie man den Untergang der gleißenden Sonne abwarten muß, um die Sterne der Nacht zu sehen. Gerade Meditation ist als bewußter Versuch zu betrachten, sich für eine kurze Zeit aus dem Fluß des lärmenden Lebens zurückzuziehen, mit dem Ziel, die Aktivität unseres normalen Verhaltens und gewöhnlichen Bewußtseins abzuschalten, um so in eine andere Welt der Dunkelheit und Empfänglichkeit eintreten zu können. Das gleiche gilt ähnlich für Muskelentspannung und Autogenes Training. Wenn wir unsere Muskeln entspannen wollen, müssen wir uns intensiv auf den Körper konzentrieren, um die feinen Unterschiede im Muskeltonus bemerken zu können. Ebenso stellen sich die vegetativen Veränderungen im Autogenen Training nur dann ein, wenn es dem Übenden gelingt, diese sehr subtilen Körpervorgänge mit seinen ungeschulten »inneren Augen« wahrzunehmen. Einschränkung und gleichzeitige Fixierung der Aufmerksamkeit und Wahrnehmung sind also die Voraussetzung für jegliche körperliche und geistige Entspannung.

Weitere Gemeinsamkeiten stellen die physiologischen Veränderungen dar, die als Folge von Muskelentspannung, Autogenem Training und Meditation in gleicher Weise auftreten. Bei allen drei Methoden haben die Übenden am Anfang mehr oder weniger die subjektiven Empfindungen von Schwere, Wärme, Prickeln und andere Erscheinungen, die noch ausführlicher beschrieben werden (S. 174). Diese vegetativen Veränderungen lassen sich ebenfalls bei allen drei Entspannungsverfahren mit Hilfe physiologischer Messungen nachweisen und können als Ruhigstellung des autonomen Nervensystems sowie der geistigen Tätigkeit des Gehirns erklärt werden.

So sehr also im methodischen Vorgehen Unterschiede bestehen, die von Verfechtern einer bestimmten Methode je nach deren psychologischer, medizinischer oder religiöser Ausrichtung betont werden – es lassen sich wohl alle Verfahren zur geistig-körperlichen Entspannung letztlich auf einige wenige Prozesse reduzieren, die allen gemeinsam sind.

Hier stellt sich nun die Frage, warum man nicht gleich nur eine Form der Entspannung erlernen soll, wenn alle drei bisher aufgezeigten Verfahren mehr oder weniger den gleichen Effekt haben, den sie nur mit verschiedenen Methoden zu erreichen versuchen.

78   Wenn auch das eben Gesagte einen solchen Ein-

druck hervorrufen könnte, so bestehen dennoch Unterschiede, die sich aus der Zielsetzung dieser drei Verfahren ergeben:

> Hauptziel der Muskelentspannung ist die Lockerung verkrampfter Skelettmuskulatur
>
> Hauptziel der Unterstufe des Autogenen Trainings die (Wieder-)Herstellung eines vegetativen Gleichgewichtszustandes
>
> Hauptziel der Meditation ist die Beeinflussung des Bewußtseins.

Wird jedes der drei Verfahren gründlich und lange genug geübt, so ergeben sich tatsächlich ähnliche Auswirkungen, insbesondere auf dem Gebiet der körperlichen Entspannung. Der Grund hierfür liegt in der dargestellten interaktionären Verbindung zwischen der motorischen, der vegetativen und der kognitiven Ebene menschlichen Verhaltens. Diese Verbindung muß aber in der praktischen Einübung entsprechend berücksichtigt werden. Reine Muskelentspannung scheitert oft an der weiterbestehenden »inneren« Unruhe, und wirkliche Meditation wird meist durch fehlende muskuläre und vegetative Entspannung verunmöglicht. Ebenso steigen viele Personen aus dem Autogenen Training wieder aus, weil ihnen die autosuggestive Ruhigstellung ihres Körpers nur schwer gelingt. Es gibt also gute Gründe, diese drei Methoden sinnvoll zu kombinieren und in ein einziges Entspannungsverfahren zu integrieren. Bevor wir ausführlicher auf diese Integration von Muskelentspannung, Autogenem Training und Meditation, besonders unter pragmatischen und logischen Aspekten, eingehen, wollen wir uns kurz mit der Entstehung und Methodik dieser drei Verfahren beschäftigen.

## *Entstehung und Methode der Muskelentspannung*

Die Methode der Muskelentspannung, die den ersten Teil des Integrierten Entspannungstrainings bildet, heißt genaugenommen »Progressive Muskelentspannung«. In einem Buch mit eben diesem Titel stellte *Edmund Jacobson* sie 1938 der amerikanischen Öffentlichkeit vor, zu einer Zeit also, in der auch in Deutschland gerade »Das Autogene Training – konzentrative Selbstentspannung« (1932) von dem Arzt *J. H. Schultz* erschienen war. Lange Zeit schien Europa ausschließlich eine Domäne des Autogenen Trainings zu sein, da die Progressive Muskelentspannung hier relativ spät bekannt wurde. Über die Verhaltenstherapie, die im Vergleich zur Psychoanalyse bei uns ebenfalls noch relativ jung ist, fand sie jedoch Anfang der 60er Jahre Eingang in die Universitäten und psychotherapeutischen Praxen, insbesondere aufgrund ihrer schnelleren Wirksamkeit dem Autogenen Training gegenüber.

*Edmund Jacobson,* der Begründer der Muskelentspannung, begann mit seinen Untersuchungen über physiologische Spannungszustände 1908 an der Harvard Universität. Er fand bald heraus, daß mit allen Gefühlen von Unruhe und Erregung eine deutliche Erhöhung der Muskelspannung einhergeht. Muskelspannung trat auf, wenn jemand von Angst berichtete, und umgekehrt konnte Angst verringert werden, wenn die sie begleitende Muskelspannung reduziert wurde. Jacobson entwickelte daraufhin ein umfangreiches Programm zur Muskelentspannung und wandte es erfolgreich bei vorwiegend erregten und ängstlichen Patienten an. Er entdeckte, daß es eine sehr einfache Methode gibt, die Muskeln schnell und effektiv zu entspannen. (Diese Methode unterscheidet sich ganz wesentlich von dem autosuggestiven Vorgehen des Autogenen Trainings, dessen erste Übung, die »Schwereübung«, ebenfalls der Entspannung der Skelettmuskulatur dient.)

Ein wesentliches Prinzip dieser Methode der progressiven Muskelentspannung ist das vorherige intensive *Anspannen der Muskeln.* Jeder Muskel hat die Tendenz zu ermüden, wenn er vorher starker Belastung ausgesetzt war. Wir spüren dies sehr deutlich, wenn wir körperlich schwer gearbeitet haben und abends dann unsere »schweren«, das heißt müden und relativ entspannten Glieder fühlen. Die Methode der Muskelentspannung macht sich diesen Ermüdungseffekt dadurch zunutze, daß die Muskeln zuerst immer angespannt werden. Das Anspannen hat aber noch einen anderen Zweck. Es dient der Wahrnehmungsschulung für kleinere Spannungsunterschiede. Wir haben gesehen, daß es zum Erreichen einer tiefen Entspannung nötig ist, daß die einzelnen Spannungszustände im Körper erkannt und unterschieden werden können. Wenn wir nun willentlich die Muskelkontraktion erhöhen und bewußt die dabei auftretenden Spannungsänderungen beobachten, so sollte es möglich sein, im Laufe der Übung auch jene feinen Änderungen im Muskeltonus wahrzunehmen, die uns normalerweise verborgen bleiben. Mit dieser Methode des Anspannens und Entspannens wird deshalb gleichzeitig eine Art Sensitivierung für körperliche Spannungszustände erzielt, die es möglich macht, daß wir Anspannungen und beginnende Verspannungen frühzeitig wahrnehmen und dann entsprechend mit Entspannung darauf reagieren können. Das Anspannen der »willkürlich« innervierbaren Muskeln erleichtert zudem die Konzentration, da es sich hierbei um Wahrnehmungen handelt, die (im Unterschied zur Wahrnehmung der »unwillkürlichen« vegetativen Funktionsänderungen im Autogenen Training) ganz konkret und deutlich beobachtbar sind.

Ein weiteres Prinzip dieser Methode für muskuläre Entspannung stellt das *schrittweise Vorgehen* dar. In den Grundübungen (S. 121 ff) dieses Entspannungstrainings werden alle Muskeln und Muskelgruppen nacheinander Schritt für Schritt geübt. Dieses Vorgehen hat dem ganzen Verfahren auch die Bezeichnung »progressiv« (fortschreitend) gegeben. Aus dem täglichen Leben wissen wir, daß es sich leichter und schneller lernen läßt, wenn wir den Lernstoff in kleine Portionen aufteilen und diese dann einzeln und hintereinander zu bewältigen versuchen. Die Lernpsychologie drückt dies in einem Lehrsatz aus: Verteiltes Lernen ist (in vielen Fällen) besser als 81

massiertes Lernen. So ist es auch bei der Muskelentspannung wesentlich einfacher, die Aufmerksamkeit auf jeweils nur eine Muskelgruppe zu konzentrieren, als den gesamten Körper unter gleichmäßiger
Beobachtung zu haben. Sowohl Autogenes Training
wie auch Meditation bedienen sich des gleichen
Prinzips. Im Autogenen Training konzentriert sich der
Übende ebenfalls auf nur ein Gefühl in einem klar
umgrenzten Körperbereich (rechter Arm, Plexus solaris, Stirn etc.), und bei der Meditation wird zunächst
unverwandt der Meditationsgegenstand betrachtet
oder ständig das Mantra wiederholt.

Die Aufeinanderfolge der einzelnen Muskelgruppen,
die nacheinander geübt werden, ist anfangs danach
geordnet, wie leicht sie anzuspannen und zu entspannen sind. Am leichtesten ist dies wohl bei der
dominanten Hand. Deshalb steht diese auch am Anfang der Übungen, wie übrigens auch beim Autogenen Training (rechter Hand-Arm-Bereich). Jede einzelne Muskelgruppe wird so lange geübt, bis sie hinreichend tief entspannt werden kann. Erst danach
geht man zur nächsten Muskelgruppe weiter. Insge-
samt benötigte Jacobson damals 56 Übungssitzungen, was in ungefähr auch den Umfang eines aus-
führlichen Autogenen Trainings ausmacht. Die Anzahl
der Trainingssitzungen kann reduziert werden, wenn
man mehrere Muskelgruppen zu größeren Kom-
plexen zusammenfaßt. Bei regelmäßigem Üben, zwei-
bis dreimal am Tag, und für den Fall, daß keine stär-
keren chronischen Verspannungen und/oder psychischen Belastungen vorliegen, können die in diesem
Buch beschriebenen Grundübungen der Muskelentspannung in zwei bis vier Wochen durchgeführt
werden.

Nachdem in den Grundübungen mit Hilfe von Anspannen und Entspannen schrittweise alle Muskeln
des Körpers tief gelockert werden können, folgt der
zweite Schritt des Trainings, das sogenannte *Vergegenwärtigungsverfahren*«. Dieses bildet sozusagen die »Oberstufe« der progressiven Muskelentspannung. Hier werden die einzelne Muskel-

gruppen nicht mehr vorher angespannt, sondern gleich entspannt. Der Übende hat bis dahin erfahren, was Entspannung ist. An den verschiedenen auftretenden Empfindungen kann er den Entspannungszustand der Muskeln unmittelbar ablesen. Seine Wahrnehmung für den Muskeltonus und den vegetativen Zustand seines Körpers ist inzwischen so geschärft, daß er auch feine Spannungen und Spannungsänderungen feststellen kann. Er braucht sich nur an die Gefühle zu erinnern, die mit dem Lockern der Spannung gekoppelt sind, und erzielt dann durch bloße Konzentration auf diese Gefühle die Entspannung.

Will man die Muskelentspannung mit Hilfe des vorherigen Anspannens als *aktive* Entspannung bezeichnen, so könnte man dieses eben beschriebene Vorgehen der Oberstufe als *autogene,* das heißt durch Konzentration selbst erzeugte Entspannung bezeichnen. Nichts anderes geschieht jedoch in der sogenannten Unterstufe des Autogenen Trainings: Entspannung durch Konzentration auf die Gefühle von Schwere und Wärme, die ganz natürlich entstehen, wenn die Muskeln entspannt werden und das vegetative System ruhiggestellt wird.

## *Entstehung und Methode des Autogenen Trainings*

Das Autogene Training entstand aus Beobachtungen, die *J. H. Schultz* an hypnotisierten Patienten machte. Durchweg berichteten diese von Gefühlen der Schwere und Wärme. Eine wohlige Behaglichkeit überströmte sie, und nach der Sitzung fühlten sie sich körperlich erholt und entspannt.

Weil das Autogene Training sehr viel mit Hypnose gemein hat, wollen wir zunächst kurz auf die Methode und Wirkung der Hypnose eingehen. Das Wort Hypnose kommt aus dem Griechischen und bedeutet Schlaf. Jedoch ist der hypnotische Bewußtseinszustand, das Hypnoid, durchaus kein Schlafen, auch wenn dies äußerlich so erscheinen mag. Vielmehr ist das Erregungsniveau des Hypnotisierten weitgehend gesenkt und das Bewußtsein eingeengt. Die Aufmerksamkeit und Wahrnehmung für äußere Reize ist abgeschaltet und allein auf das innere Erleben und die Anleitungen des Hypnotiseurs gerichtet.

Im vorausgegangenen Kapitel (S. 77) haben wir schon den Effekt besprochen, den Konzentrierung und Fixierung der Aufmerksamkeit hervorrufen. Bei der Hypnose scheinen sich ähnliche Vorgänge abzuspielen, wie die anfangs auftretenden vegetativen Veränderungen (Schwere, Wärme) auch zeigen. Um das Hypnoid hervorzurufen, läßt der Hypnotiseur (bei der häufig benutzten Fixationsmethode) die Person einen ca. 10 cm von den Augen entfernten kleinen Gegenstand, wie beispielsweise seinen Finger, fixieren. Dieses Fixieren kann man gleichsetzen mit der Konzentration auf einen Meditationsgegenstand oder auf eigene Körperprozesse, wie wir es bei Meditation, Muskelentspannung und Autogenem Training beschrieben haben. Intensive Konzentration auf einen isolierten Wahrnehmungsgegenstand ruft geistige und körperliche Entspannung hervor. Der Hypnotiseur unterstützt nun diesen Entspannungsprozeß dadurch, daß er gleichsam als lebendes Biofeedbackgerät (S. 30) die dabei auftretenden körperlichen Veränderungen der zu hypnotisierenden Person rückmeldet. Aus ihrem Pupillenspiel kann er zum Beispiel Veränderung der Wahrnehmung feststellen. Beginnt der Blick zu »schwimmen«, so meldet er zurück: »Sie sehen jetzt den Finger verschwommen«. Beginnen sich die Augenlider leicht zu senken: »Ihre Augenlider sind schwer ..., sehr schwer ... Sie sind sehr müde ... die Lider fallen Ihnen zu ...«. Der Hypnotiseur benutzt also zur Suggestion lediglich feinste körperliche Veränderungen, die die hypnotisierte Person selber kaum oder gar nicht wahrnimmt, und meldet sie zurück. Nichts anderes geschieht auch beim Biofeedback. Hypnotisieren erfordert also keine besonderen »magischen« oder »magnetischen« Kräfte, wie früher vermutet wurde. Bei der

Hypnose wird die Aufmerksamkeit des Hypnotisierten kanalisiert und konzentriert. Mit Ausnahme der Stimme und des Fixationspunktes nimmt die Person kaum noch oder in tieferen Hypnosezuständen überhaupt nicht mehr wahr, was um sie herum geschieht. Damit wird auch gleichzeitig die *Suggestibilität,* das heißt die Beeinflußbarkeit des Hypnotisierten zum Teil so weit erhöht, daß er in die Lage kommt, Dinge zu tun, die ihm im normalen Wachzustand schwerfallen würden. Interessant ist, daß in sehr tiefen Hypnosezuständen eine Person dazu veranlaßt werden kann, beispielsweise den Muskeltonus so weit zu erhöhen, daß der Körper steif wie ein Brett wird und sich, abgestützt nur durch Fersen und Hals, über zwei Stühle legen läßt (Kataleptische Starre). Natürlich kann auch der umgekehrte Körperzustand völliger Ruhe und Entspannung hervorgerufen werden. Aus diesem Grunde wurde Hypnose früher von Ärzten als wichtige Entspannungsmethode eingesetzt. Auch heute noch wird dieses Verfahren von wenigen, dafür speziell ausgebildeten Psychotherapeuten benützt. In modernen Formen der Kurzpsychotherapie nach Erickson und Watzlawick finden weiterentwickelte Formen dieser Technik Verwendung.

Hypnose ist zunächst eine Fremdbeeinflussung, die allerdings auf der Bereitschaft des Hypnotisierten beruht, sich beeinflussen zu lassen. Niemand kann gegen seinen Willen hypnotisiert werden. Er braucht nur die Anweisung des Hypnotiseurs nicht befolgen, seine ganze Aufmerksamkeit auf den Fixationsgegenstand zu konzentrieren. Wenn also ein Mensch dazu bereit ist, auf fremde Anweisung sich völlig auf nur einen Wahrnehmungsgegenstand zu konzentrieren, warum soll er dies nicht auch auf eigene Anweisung hin tun können? In Begriffe der modernen Wahrnehmungspsychologie übersetzt waren dies wohl die Gedanken von *Schultz,* als er das Autogene Training entwickelte. Als »Fixationsgegenstand« wurde allerdings nicht mehr der Finger verwendet, sondern körperliche Vorgänge, wie sie sich bei der Entspannung automatisch einstellen: Schwere und Wärme. Vegetative Veränderungen sollten über den Weg einer Selbstrückmeldung ohne die »lebendige« Stimme des Hypnotiseurs oder die »tote« Stimme der heutigen Biofeedbackgeräte wahrgenommen werden. Als Voraussetzung dazu dient die Konzentration.

Bevor Veränderungen wahrgenommen werden können, müssen sie jedoch erst passieren. Jemand muß sich also erst vorher entspannen, bevor er bemerken kann, daß er sich entspannt. Autogenes Training wie auch Biofeedback setzt also zumindest in minimalem Umfang die Fähigkeit, sich zu entspannen, voraus. Wir könnten nun zunächst behaupten, daß jeder Mensch diese Fähigkeit in mehr oder weniger großem Ausmaß besitzt. Auch bei stark angespannten Menschen, die anscheinend nicht in der Lage sind, sich zu entspannen, treten Schwankungen in ihrer Anspannung auf. Diese vielleicht kaum wahrnehmbaren und meist automatisch ablaufenden Veränderungen in der körperlichen und geistigen Gespanntheit gilt es zu unterstützen.

Durch (Auto)-Suggestion scheint dies auch möglich zu sein. Mit Hilfe des »Pendelversuches« wollen wir kurz dieses Phänomen verdeutlichen: Ein Schlüssel oder ein Ring wird an einem ca. 20 cm langen Faden befestigt. Wenn wir nun versuchen, mit Daumen und Zeigefinger dieses Pendel ruhig vor uns zu halten, werden wir sehen, daß es nicht vollkommen ruhig steht. Schwankungen im Muskeltonus (»unruhige Hand«) werden es ständig mehr oder weniger stark in Bewegung halten. Stellen wir uns dann möglichst intensiv vor, das Pendel schwingt vor und zurück... vor ... zurück ... vor ... zurück ..., und wir werden sehen, daß es in der vorgestellten Richtung zu schwingen beginnt, ohne daß wir dabei willentlich unsere Hand bewegt haben. Hier begegnen wir wieder dem gleichen Phänomen, das wir früher schon als »sich selbst erfüllende Prophezeihung« (S. 40 ff) kennengelernt haben. Wenn wir uns selber (Autosuggestion) oder anderen (Fremdsuggestion) eine bestimmte Vorstellung nur fest genug »einreden«, besteht die Tendenz, daß sich diese Vorstellung auch in der Realität verwirklicht. Für den Pendelversuch heißt dies, daß sich die suggerierte Vorstellung unwillkürlich in kleine Muskelbewegungen umsetzt und so das Pendel in der vorgestellten Richtung zum Schwingen bringt.

Bezogen auf das Autogene Training bedeutet dies, daß wir uns nur intensiv »einbilden« oder »einreden« müssen, unser rechter Arm würde schwer ... ganz schwer ... angenehm schwer ... immer schwerer ..., und diese Vorstellung von Schwere wird sich realisieren, wenn wir uns dabei völlig nur diesem einen Gedanken hingeben. Das bedeutet aber, daß wir uns, so gut es geht, ausschließlich auf dieses Gefühl konzentrieren müssen.

Zur Erleichterung der Konzentration hat der Übende im Autogenen Training bestimmte formelhafte Sätze, wie beispielsweise »... rechter Arm ganz schwer...« öfters zu wiederholen. Ähnlich verfährt auch der Hypnotiseur zu Beginn der Hypnose. Mit eher monotoner Stimme wiederholt er immer wieder die gleichen Sätze, um die Aufmerksamkeit des Hypnotisierten einzuschränken und auf nur einen Punkt zu fixieren. Im Autogenen Training werden durch das mehrmalige Wiederholen beispielsweise des einen Satzes »... rechter Arm ganz schwer ...« alle Gedanken in eine einzige Richtung gelenkt, nämlich auf das Gefühl der Schwere im rechten Arm. Damit erhält ein solcher formelhafter Satz gleichzeitig einen suggestiven Charakter und fördert so aktiv (ähnlich wie bei dem Pendelversuch) die Verwirklichung des Gefühls der Schwere.

Mit zunehmender Übung lassen sich die suggerierten Gefühle mit Hilfe der formelhaften Sätze immer leichter und schneller hervorrufen. Durch die wiederholte assoziative Verknüpfung mit den entsprechenden Gefühlen sind diese Formeln zu »konditionierten Reizen« geworden und lösen gleichsam reflexhaft die intendierte vegetative Reaktion aus.

Dieser Vorgang der Konditionierung von Reiz und Reaktion wurde von dem russischen Physiologen

*Pawlow* entdeckt und bislang in unzähligen Lern-experimenten nachgewiesen: Immer dann, wenn ein bestimmter Reiz (in unserem Fall die formelhaften Sätze des Autogenen Trainings) öfters mit einer bestimmten körperlichen Reaktion, wie beispielsweise Schwere, Wärme etc. gekopppelt wird, gewinnt er im Laufe der Zeit den Wert eines »konditionierten Reizes« und damit die Fähigkeit, die Reaktion allein durch sein Vorhandensein (Aussprechen oder Denken) auszulösen. Um diesen konditionalen Wert der Formel herzustellen, ist kontinuierliches Üben erforderlich.

Regelmäßiges Üben sowie ein gewisses Maß an Konzentrationsfähigkeit und Suggestibilität sind also Voraussetzungen für das Erlernen des Autogenen Trainings. *Konzentrationsfähigkeit und Suggestibilität scheinen aber für viele Menschen in unserer heutigen Zeit schwierige Hürden darzustellen, insbesondere für jene, die Entspannung am nötigsten hätten.*

An der Stanford Universität haben mehrere Forscher unter dem Lernpsychologen *E. Hilgard* die Suggestibilität von Menschen untersucht. Dabei fanden sie, daß Menschen, die sehr suggestibel und damit auch leicht hypnotisierbar sind, im allgemeinen durch folgende Eigenschaften gekennzeichnet sind: *lebhafte Phantasie, Interesse an eigenen inneren Vorgängen* (im Gegensatz zu Leistungsorientiertheit und Konkurrenzdenken), *große innere Unabhängigkeit, reiche subjektive Erfahrung und keine Angst, vorübergehend sich anderen auszuliefern oder die Kontrolle zu verlieren.*

Autogenes Training stößt spätestens dann an seine Grenzen, wenn *Angst* auftritt, die Kontrolle über sich und über sein Verhalten zu verlieren (Angst vor Realitätsverlust). Dies gilt noch mehr für die Meditation, da dort das normale Bewußtsein in viel stärkerem Maße ausgeschaltet werden soll. Angst geht jedoch mit körperlicher Erregung einher und verhindert dadurch eine weitergehende Entspannung. Dies scheint einer der Gründe zu sein, warum das gründliche Erlernen des Autogenen Trainings durchschnittlich relativ lange dauert (ca. ein Jahr) und manche Menschen bis zu fünf und mehr Jahre meditieren müssen, um endlich jene »reinen« Bewußtseinszustände erleben zu können, die sie anstreben. Ein anderer Grund liegt in der nötigen *Konzentrationsfähigkeit,* die Menschen in unterschiedlich starkem Ausmaße für das Autogene Training oder die Meditation mitbringen. Und einen letzten Faktor für die Schnelligkeit im Erlernen autogener oder meditativer Entspannung stellt natürlich der *Spannungszustand* dar, mit dem das Üben begonnen wird.

Die Grundstufe des Autogenen Trainings besteht aus sechs Übungen, die nacheinander durchzuführen sind. Die beiden ersten, Schwere- und Wärmeübung, haben wir schon mehrfach erwähnt. Zusammen mit der dritten und vierten Übung, die Atmung und Herz betreffen, haben sie im wesentlichen die Funktion, das vegetative Nervensystem auf eher parasympathische Aktivität umzuschalten. *Schultz* spricht in diesem Zusammenhang von »organismischer Umschaltung«. Die fünfte Übung betrifft das Sonnengeflecht und dient der (Wieder-)Herstellung eines vegetativen Gleichgewichtszustandes im Bauchraum. Lediglich die sechste Übung fällt etwas aus dem Rahmen. Durch sie soll eine Gefäßverengung im Kopfbereich erzielt werden. Statt Wärme soll hier eher Kühle erzeugt werden. Autoren des Autogenen Trainings führen dafür des öfteren als Begründung an, daß einen »kühlen Kopf behalten« eher zu einer Gesamtentspannung passe als ein warmer Kopf.

In diese Grundübungen können je nach Bedarf »formelhafte Vorsatzbildungen« oder »organspezifische Formeln« eingestreut werden. Letztere können gegen bestimmte Krankheiten eingesetzt werden, wie beispielsweise bestimmte Allergien (Heuschnupfen), Asthma, Grüner Star, Schielen, Warzen etc. Die formelhaften Vorsatzbildungen sind ähnlich den posthypnotischen Aufträgen als länger wirkende Suggestionen anzusehen mit dem Ziel, das eigene Verhalten in bestimmte gewünschte Bahnen zu lenken. Wir werden in diesem Buch jedoch weder auf organspezifische Formeln noch auf formelhafte Vorsatzbildungen näher eingehen, da sie, wenn überhaupt, nur in intensiver Zusammenarbeit mit einem Psychotherapeuten oder einem Arzt symptomspezifisch ausgearbeitet und angewandt werden sollten. Die bisher aufgeführten Übungen ergeben die »Grund- oder Unterstufe« des Autogenen Trainings. Auf diese baut die sogenannte »Oberstufe« mit ihrem ganz anders gearteten Trainingsprogramm auf. Zur Einführung in die Oberstufe schreibt Schultz: »Als ersten Schritt zur gehobenen Stufe des Trainings veranlassen wir unsere Versuchspersonen, durch willkürliche Innervation beide Augäpfel nach innen-oben zu drehen, nach der Stirnmitte zu sehen. Dieses Verfahren ist bekanntlich uralter Bestandteil aller Versenkungs- und Hypnotisierungstraditionen.« Diese Anleitung ist bezeichnend für die gesamte meditative Ausrichtung der Oberstufe des Autogenen Trainings. Sie beschreibt nämlich exakt eine visuelle Meditationstechnik des Yoga. Zum Vergleich wollen wir den Originaltext von Tammamusti Mishra wiedergeben:»Fixiere die Kraft deiner Aufmerksamkeit im Zentrum zwischen den Augenbrauen, richte deine halb geschlossenen Augen auf den Platz zwischen den Augenbrauen; ebenso wie der Nasenblick ist der frontale Blick eine machtvolle Übung, Gedankenabschweifungen und den Geist zu kontrollieren...«. Der kanadische Arzt *Luthe,* der sich wohl am intensivsten mit Forschungen auf dem Gebiet des Autogenen Trainings beschäftigt hat, bezeichnet die Übungen der Oberstufe auch ausdrücklich als meditative Übungen (»meditative exercises«). Und der deutsche Psychotherapeut und Spezialist für Hypnosetherapie *Langen* sieht eine genaue Entsprechung der Oberstufe mit dem fortgeschrittenen, sogenannten »königlichen Yoga« (Raja Yoga). *Langen* bemerkt auch große Ähnlichkeit der Unterstufe des Autogenen Trainings mit den ersten Stufen des praktischen Yoga (z. B. Hatha Yoga). In beiden liegt der Schwerpunkt der Konzentration auf körperlichen Vorgängen. Entsprechend der psychoanalytischen Tradition seiner Zeit schien es *Schultz* jedoch mehr auf einen psychotherapeutischen Effekt der Oberstufenübungen anzukommen. Er spricht in diesem Zusammenhang von »Autopsychokatharsis« und »Autopsychoanalyse«.

Psychotherapie und Meditation widersprechen sich jedoch in keiner Weise. Erst kürzlich haben *Schwäbisch* und *Siems* in ihrem Buch » Selbstentfaltung durch Meditation« die therapeutischen Effekte der Meditation plausibel dargestellt.

Da wir in dem Kapitel »Meditative Entspannung« nicht alle Oberstufenübungen des Autogenen Trainings zur praktischen Durchführung aufzeigen werden, wollen wir hier kurz einige erwähnen. In der ersten Übung soll man sich ganz intensiv eine beliebige Farbe vor dem geistigen Auge vorstellen. Gelingt dies, so folgt die Schau »konkreter Objekte«. Hier soll sich der Übende ganz konkrete Gegenstände aus dem alltäglichen Leben vorstellen, die von einem psychoanalytisch geschulten Therapeuten dann entsprechend gedeutet werden können. Als dritte Übung gibt Schultz die Konzentration auf »abstrakte Werte und Begriffe« an, wie beispielsweise Ruhe, Glück, Hoffnung etc. Das ganze Bewußtsein soll während der Versenkung einzig und allein mit diesem Begriff ausgefüllt sein. Die vierte Übung dient der Einstimmung auf das »Eigengefühl«. Man soll sich hierbei ausschließlich auf jenes Gefühl konzentrieren, das man am sehnlichsten und intensivsten wünscht. In einer weiteren Übung soll der Übende »das Bild eines bestimmten Menschen ganz konkret und plastisch vor sich erscheinen und in sich auswirken« lassen. Interessant ist dabei, daß dies mit Menschen, die dem Übenden sehr nahestehen, viel schwerer gelingt, als mit Personen, denen der Übende gleichgültig oder feindselig gegenübersteht.

Schultz führt noch eine Reihe anderer Übungen an, die wir hier aber übergehen wollen. Entsprechend seiner psychoanalytischen Ausrichtung haben sie alle mehr oder weniger das gleiche Ziel, die »Tiefenperson« des Menschen, also dessen mehr unbewuß- 91 te und verdrängte Schichten und Materialien zu erforschen. Alle Übungen haben aber darüber hinaus konzentrativ meditativen Charakter und erinnern zum Teil sehr stark an Konzentrationstechniken verschiedenster Meditationsformen. *Man kann deshalb mit gutem Grund sagen, daß die Oberstufe des Autogenen Trainings von ihrem Wesen her ein Meditationsverfahren ist.*

## Entstehung und Methoden der Meditation

Meditationstechniken gibt es offensichtlich, seit es Menschen gibt. Vorläufer der heute gebräuchlichen Meditationsverfahren lassen sich bis in die Jungsteinzeit zurückverfolgen und finden sich während der gesamten Menschheitsgeschichte in allen Kulturen. Die heute bei uns und insbesondere in den USA verbreiteten Meditationsformen stammen alle mehr oder weniger direkt aus östlichen Kulturen. Dies hatte bis vor noch nicht allzu langer Zeit die weitverbreitete Meinung zur Folge, daß Meditation ausschließlich eine fernöstliche und eher obskure Technik zur Selbstversenkung sei. Geschäftstüchtige Praktiken verschiedener selbsternannter Yogis taten ihr übriges, um Meditation dem aufgeklärten Mitteleuropäer suspekt werden zu lassen.

Es war weniger bekannt, daß Meditation auch eine abendländische Tradition hat. Schon *Meister Eckhart* (um 1260 bis 1326) beschreibt exakt jenes Stillewerden und Anhalten jeder körperlichen und geistigen Tätigkeit, das wir bereits als Voraussetzung für höhere Bewußtseinszustände kennengelernt haben. In seiner Predigt »über die Selbstentäußerung« sagt er: »Ein Mensch, nehmen wir an, ziehe sich in sich zurück mit allen seinen Kräften, inneren und äußeren. Damit befindet er sich in einer Verfassung, wo es in ihm kein Vorstellen noch sonst eine Einengung mehr gibt. Zugleich aber steht er ohne jede

Betätigung innerlich wie äußerlich..., so daß eher die Bezeichnung paßt, er werde getan, als er tue.« In christlichen Ordensgemeinschaften werden heute noch mehrmals im Jahr für mehrere Tage bis Wochen sogenannte Exerzitien, also geistige Versenkungsübungen durchgeführt. Sie stellen die Reste jener christlichen Meditationsübungen dar, welche bis zum 16. Jahrhundert in Mitteleuropa weit verbreitet waren, aber durch Reformation und Aufklärung bald an Bedeutung verloren. Die »Exerzitien« gehen im wesentlichen auf *Ignatius von Loyola* zurück. In seinen eigenen Versenkungen kam er zu Bewußtseinszuständen, wie sie auch in der östlichen Tradition als höchste Stufen des Meditierens beschrieben werden. Ignatius berichtet, er habe mit einem völlig neuen Bewußtsein »alles in Einem« gesehen. Dabei sei er gleichsam ein neuer Mensch geworden.

Aus diesem Erlebnis erwuchs dann 1534 jenes Exerzitien-Buch, welches eine methodisch exakte Anleitung zum Meditieren gibt. Insbesondere die »drei Wege« sind von Form und Wirkung her mit östlichen Meditationsanleitungen fast identisch: Was für den Yoga- und Zen-Mönch die Entleerung des Bewußtseins von äußeren und inneren Reizen darstellt, ist hier als »Weg der Reinigung« (via purgativa) beschrieben. In der ersten Woche der Exerzitien soll sich dabei der Mensch von allen Sünden und weltlichen Gedanken und Neigungen lösen. Ignatius will durch strenge Übungen erreichen, daß »der Mensch sich selbst überwinde und sein Leben ordne, ohne sich dabei durch irgendeine Gemütsneigung, welche unordentlich wäre, bestimmen zu lassen.« Wenn wir »Sünden« und »unordentliche Gemütsbewegungen« mit wenig integrierten affektiven Zuständen gleichsetzen, so können wir das Ziel dieser ersten Woche auch physiologisch definieren: Es gilt, alle desynchronisierte und überaktivierte Gehirntätigkeit zu reduzieren, insbesondere die kortikale Aktivität der Großhirnrinde (Gedanken und Neigungen) wie auch die subkortikale Aktivität des Zwischen- und Mittelhirns, also des Limbischen Systems und der thalamischen Zonen (Emotionen). In der zweiten und dritten Woche geht es auf dem »Weg der Erleuchtung« (via illuminativa) darum, sich der Liebe und Güte Gottes in zunehmendem Maße bewußt zu werden und gleichsam in das Licht Gottes hinein zu wachsen. Man kann dies vergleichen mit der zunehmenden Wachheit und »reinen Bewußtheit« in der östlichen Meditation, die physiologisch gesehen, vermutlich auf eine gleichmäßige Aktivierung der Formatio reticularis bei gleichzeitiger kortikaler Ruhe zurückzuführen ist. Die vierte Woche schließlich soll auf dem dritten Weg dem Exerzitanten die Einigung mit Gott bringen. Auch Zen- und Yoga-Mönche streben diese Einheitserfahrung als Endzustand ihrer Meditation an: das Aufgehen des Meditierenden im Nirwana, dem absoluten Nichts, das aber gleichzeitig Anfang und Ende allen Seins in sich vereinigt. Traditionelle östliche Beschreibungen des Nirwanas erinnern in vielen Passagen an Umschreibungen, wie sie gerade im Mittelalter von Gott gegeben wurden.

Die drei bekanntesten Meditationstraditionen östlicher Länder sind die »Zen-Meditation« (Ferner Osten und Japan), der Yoga (Indien) und der Sufismus (islamische Länder). Ähnlich wie bei der christlichen Meditation sind sie in ihrer ursprünglichen Bedeutung nicht so sehr bestimmte Übungen zur Körperentspannung und geistigen Konzentration. Vielmehr sind die verschiedenen Meditationstechniken eingebettet in komplexe philosophische oder religiöse Systeme (Buddhismus, Hinduismus und Islam). Auch heute noch bedeutet eine bestimmte meditative Haltung für viele Menschen in diesen Ländern und einige wenige bei uns in Europa eher Religion oder Weltanschauung. Diese gesellschaftlichen und religiösen Aspekte der Meditation wollen wir hier jedoch außer acht lassen und zunächst nur versuchen, Gemeinsamkeiten und Ähnlichkeiten aller konzentrativen Meditationstechniken darzustellen, um sie dann in Hinblick auf ihre Wirkung auf die körperliche und geistige Entspannung zu betrachten. Wir verzichten

dabei ebenfalls darauf, die einzelnen Traditionen als

geschlossene Systeme darzustellen. Für interessierte Leser sei in diesem Zusammenhang insbesondere auf das Buch von *Udo Reiter* »Meditation/Wege zum Selbst« verwiesen, das diese Aufgabe in gelungener Weise erfüllt. Wir selbst wollen im folgenden mehr von der Betrachtungsweise *Robert E. Ornsteins* ausgehen, der in seinen beiden Büchern »Psychologie der Meditation« und »Psychologie des Bewußtseins« versucht hat, die esoterischen Techniken traditioneller Meditationsanweisungen auf ihre Wirkung für das menschliche Bewußtsein zu untersuchen. Er kommt dabei zu folgendem Schluß: »Gleich, wie die Form oder Technik aussieht, das Entscheidende an der Meditation scheint der Versuch zu sein, das Bewußtsein für eine bestimmte Zeitspanne auf eine einzelne, unveränderliche Reizquelle zu beschränken.... Geht es bei der Übung um das Sehen, starrt der Meditierende fortwährend auf den Meditationsgegenstand. Geht es bei der Meditation um das Hören, wird der Ton, der Gesang oder das Gebet ständig wiederholt. In allen Fällen wird das Bewußtsein vollkommen auf die Bewegung, den Sehgegenstand oder den Ton gerichtet.«

Die meisten Meditationsübungen verlangen, daß sich der Übende zumindest für die Zeit der Übungen vom Alltagsgeschehen isoliert. In der Klostertradition sowohl des Ostens wie des Westens geht dies sogar so weit, daß die Mönche jeglicher weltlichen Aktivität entsagen. Östliche Mönche setzen sich zur Meditation an einen Wasserfall, in eine Höhle oder in einen Tempel. Auch westliche Klostermönche gehen zum Gebet in eine eigene Kapelle oder Kirche. Wer schon an sich selbst die »mächtige Stille« solcher Kirchen oder Dome verspürt hat, weiß, welchen beruhigenden und entspannenden Effekt gerade die älteren von diesen Gebäuden ausüben können. Durch dieses Sichzurückziehen wird versucht, alle äußeren Reizquellen weitgehend auszuschließen, um den Meditierenden nicht vom Gegenstand seiner Meditation abzulenken. Sowohl bei der christlichen Meditation wie auch im Yoga und im Zen soll der Übende eine be-  95 stimmte Körperhaltung einnehmen. Dies dürfte den Sinn haben, körperliche Bewegungen einzuschränken und gleichzeitig ein Schläfrigwerden in der reizreduzierten Umgebung zu verhindern. Gerade bestimmte Übungen des Hatha-Yoga haben darüber hinaus den Zweck, einen eutonischen Zustand des Muskeltonus hervorzurufen, also einen Spannungszustand, der optimal auf die jeweilige Körperstellung abgestimmt ist. Eutonie heißt wörtlich übersetzt »gute Spannung«. Dabei soll nicht die völlige Muskelentspannung erzielt werden, sondern ein der jeweiligen Situation angepaßter Gleichgewichtszustand zwischen Anspannung (im Extrem Verkrampftheit) und Entspannung (im Extrem Schlaffheit). In östlichen Klöstern werden zur Meditation Räucherstäbchen angezündet, in westlichen Kirchen entsprechend Weihrauchharze, um einen lang anhaltenden Hintergrundgeruch zu erzeugen und damit auch für den Geruchssinn eine gleichbleibende Reizvorlage zu schaffen.

Zur weiteren Einschränkung der Wahrnehmung wird eine intensive und andauernde Konzentration auf das Meditationsobjekt verlangt. Diese Meditationsobjekte sind vielfältigster Natur und können äußere (sichtbare und hörbare) oder auch innere (gedankliche oder gefühlsmäßige) Objekte betreffen. Der christliche Mönch betrachtet etwa unverwandt ein Bildnis des gekreuzigten Jesus, während sich der östliche Mönch in eine Lotusblüte, einen Stein, eine Vase oder eine Kerze versenkt. Diese visuelle Meditationstechnik verlangt ein »gleichbleibendes Schauen«, das im Yoga Tratakam genannt wird und lediglich einen Anhaltspunkt für die visuelle Konzentration schaffen will. Aus diesem äußeren Meditationsobjekt kann sich dann ein inneres Meditationsbild entwickeln. Wie der westliche Mönch ein Gebet (»Herzensgebet«) oder das »Bild Jesu im Herzen« mit sich herumtragen sollte, so kann der östliche Yogi in der sogenannten Tantra-Praxis sein Meditationsbild auch ohne äußere Vorlage willentlich in seinem

Bewußtsein hervorrufen. Diese aktive Visualisierung

hat offenkundig den Vorteil, daß Meditation auch unabhängig von Situation und Ort durchgeführt werden kann. Jakob Böhme, der christliche Mystiker, behielt sein Kontemplationsobjekt sogar in Form einer organischen Veränderung immer bei sich. Er fixierte der Überlieferung nach während des ganzen Tages seinen Blick auf einen Sonnenstrahl, der von seinem Schuhmacherkristall reflektiert wurde und auf die Dauer so einen Teil seiner Retina verbrannte.

Eine weitere verbreitete Meditationsweise ist die *Mantra-Technik.* Mantren sind klangvolle Worte, die sich leicht wiederholen lassen. Eines der bekanntesten ist das heilige OM, das entweder allein oder in Zusammenhang mit anderen (OM MANI PADME HUM) ständig entweder laut, leise oder nur innerlich wiederholt wird. Mantren können, wenn mehrere Personen gemeinsam meditieren, den Charakter eines Chor-Sprechgesangs annehmen. Beispiele sind das melodiöse Hare Krishna-Mantra, aber auch in der christlichen Tradition die gregorianischen Chöräle und ebenso der Rosenkranz. Wer selbst einmal eine etwa halbstündige Rosenkranzandacht oder einen Gottesdienst mit gregorianischen Chrogesängen miterlebt hat, wird sich der Wirkung, die von diesen »Meditationsübungen« ausgeht, wohl kaum ganz entziehen können.

Es gibt noch eine Vielzahl anderer Methoden und Techniken. Leser, die sich gerade für Meditation näher interessieren, verweisen wir auf den Literaturanhang.

Allgemein können wir zu den mannigfaltigen Techniken konzentrativer Meditation sagen, daß es ziemlich egal zu sein scheint, welche speziellen Übungen jemand bevorzugt. Die hauptsächliche Wirkung aller Übungen scheint darin zu bestehen, daß ein Mensch sich in den Zustand der Leere und des Nicht-Reagierens auf die Außenwelt begibt. Dadurch werden bestimmte Prozesse in seinem vegetativen und zentralen Nervensystem hervorgerufen, die er – je nachdem, was er mit *seiner* Meditation erreichen will – dann als religiöse Gottesschau, als Aufgehen in alles

Seiende, als »reines« Bewußtsein, als psychothera-
peutisches Erleben oder einfach (»nur«) als ein
Ruhigwerden und Stillewerden erlebt wird. Wenn
wir sagen, alle Techniken scheinen die gleichen Wirkungen zu haben, so schließt dies nicht aus, daß bestimmte Übungen von einer bestimmten Person leichter und einfacher durchgeführt werden können als
andere. Jeder einzelne sollte für sich seine ganz
eigene Art des Meditierens entwickeln. Er sollte
herauszufinden versuchen, welcher Weg für ihn der
richtige ist.

Die einzige Ausnahme hiervon stellen jedoch die
Atemübungen dar. Sie stehen bei fast allen Medi-
tationsrichtungen am Anfang der Übungen. Eine
Atemübung der christlichen Tradition wird wie folgt
beschrieben:

> »Du weißt, Bruder, wie wir atmen: wir atmen die
> Luft ein und aus. Darauf beruht das Leben des
> Körpers, und davon hängt seine Wärme ab.
> Sammle also deinen Geist, nachdem du dich in
> deiner Zelle hingesetzt hast, führe ihn auf den
> Weg des Atems, auf dem die Luft in deinen Kör-
> per gelangt; zwinge ihn, zusammen mit der ein-
> geatmeten Luft das Herz zu betreten, und be-
> halte ihn dort. Behalte ihn dort, doch laß ihn
> nicht stumm und still bleiben; gib ihm statt des-
> sen das folgende Gebet: »Herr Jesu Christ, Sohn
> Gottes, hab Erbarmen mit mir.« Laß das seine
> ständige Beschäftigung sein, die nie mehr auf-
> gegeben werden darf. Denn auf diese Weise
> werden alle Träume vom Geist ferngehalten,
> so daß er gefeit ist gegen alle Einflüsterungen
> des Feindes und zu göttlichem Verlangen und
> zu göttlicher Liebe geführt wird.«

Ähnliche Anweisungen zur Atemkontrolle werden in
der östlichen Zen- und Yoga-Tradition gegeben:

> »Du atmest Tag und Nacht ein und aus, aber du
> machst es dir nie bewußt, du konzentrierst dei-
> nen Geist nicht einmal eine Sekunde darauf.
> Jetzt machst du eben das. Atme ohne Bemü-

hung oder Anspannung wie gewöhnlich ein und aus. Nun veranlasse deinen Geist dazu, sich auf das Ein- und Ausatmen zu konzentrieren, veranlasse deinen Geist, dein Ein- und Ausatmen zu überwachen und zu beobachten; veranlasse deinen Geist zur Wahrnehmung und zum Wachsamsein gegenüber dem Ein- und Ausatmen. Wenn du atmest, machst du manchmal tiefe und manchmal weniger tiefe Atemzüge. Es spielt keine Rolle. Atme normal und natürlich. Wichtig ist nur, daß du wahrnimmst, wenn du tief einatmest usw. Anders gesagt, es sollte dein Geist so vollständig auf den Atemvorgang konzentriert sein, daß du dessen Bewegungen und Wandlungen wahrnimmst. Vergiß alles andere, deine Umgebung, deine Umwelt; halte die Augen gesenkt und blicke nichts an. Versuche dies fünf oder zehn Minuten lang zu machen.«

Allerdings besteht dennoch ein wesentlicher Unterschied in diesen beiden Texten, der es wert erscheint, hervorgehoben zu werden, da er möglicherweise ein ganz entscheidendes Unterscheidungsmerkmal zwischen östlichem und westlichem Meditationsverständnis deutlich macht. Während in der östlichen Atemanweisung Wert auf *passive* Atembeobachtung gelegt wird (... »Es spielt keine Rolle ...«) scheint die westliche Anweisung eher *aktive* Atemkontrolle zu fordern (»... zwinge ihn, ...«). Auch wenn wir aufgrund dieser beiden isolierten Ausschnitte keine schlüssigen Verallgemeinerungen treffen können, so macht sich dennoch in ihnen eine Tendenz bemerkbar, die wir früher schon als Einseitigkeit und Ungleichgewichtigkeit in Denkweise und Einstellung aufgezeigt haben: die aktive, »zwanghafte« und besitzergreifende Art des Westens im Vergleich zu der passiven, »laissez faire« und empfangenden Art des Ostens.
Ganz bewußt wollen wir in diesem Buch zunächst den Schwerpunkt bei allen Übungen mit Ausnahme der aktiven Muskelanspannung auf die passive beob- 99

achtende Art des Vorgehens legen. Es geht in den folgenden Übungen überhaupt nicht darum, bestimmte Leistungen in Entspannung und Meditation zu vollbringen. Im Gegenteil. Der »Erfolg« wird sich umso schneller einstellen, je weniger Druck und je weniger Absicht hinter den Übungen liegt. Wir wissen, daß jede Anstrengung das Aktivierungsniveau und damit die Gesamtspannung des Körpers erhöht und damit dem Ziel, das wir erreichen wollen, eher abträglich ist.

## Die Integration dieser drei Entspannungsmethoden

Es gibt vor allem zwei Gesichtspunkte, welche es sinnvoll erscheinen lassen, Muskelentspannung, Autogenes Training und Meditation miteinander zu kombinieren und in ein einziges Verfahren zur körperlichen und geistigen Entspannung zu integrieren.
Der *logische* Aspekt dieser Integration ergibt sich aus dem Aufbau und den Ansatzpunkten dieser drei Techniken. Sowohl Muskelentspannung wie auch das Autogene Training bestehen aus zwei unterschiedlichen Übungsstufen, die jeweils auf einer anderen Ebene der körperlich-geistigen Entspannung ansetzen. Muskelentspannung beginnt in seiner »Unterstufe« auf der motorischen Ebene und hat ausdrücklich eine Entspannung der Körpermuskulatur zum Ziel. Mit dieser muskulären Lockerung geht eine allgemeine Entspannung auf der vegetativen Ebene einher, die sich in entsprechenden Körpergefühlen wie beispielsweise Schwere und Wärme bemerkbar macht. Diese vegetative oder »organismische« Umschaltung wird sowohl in der »Oberstufe« der Muskelentspannung mit Hilfe des sogenannten »Vergegenwärtigungsverfahrens« wie auch in der »Unterstufe« des Autogenen Trainings durch Autosuggestion erzielt. Würde man nun die »Oberstufe« der Muskelentspannung weiterführen und intensivieren, so hätte dies automatisch auch eine tiefere geistige

Entspannung zur Folge, da hierbei die Bedingungen für meditative Bewußtseinszustände erfüllt würden: Beruhigung und Entspannung körperlicher Aktivität sowie Konzentration und Einschränkung der Wahrnehmung (auf den Entspannungszustand des Körpers), was eine Beruhigung der geistigen (kortikalen und subkortikalen) Aktivität bewirkt. Genau auf dieser geistigen Ebene setzen nun sowohl das Autogene Training mit seiner Oberstufe wie auch die verschiedenen (nichtkörperlichen) Techniken der Meditation an. Das Gemeinsame an ihnen ist die Ausrichtung der Aufmerksamkeit auf ein einziges und unveränderliches Meditationsobjekt, gleich welcher Natur.

*Allgemein ausgedrückt heißt dies, daß sich die scheinbar unterschiedlichen Techniken zur muskulären, vegetativen und geistigen Entspannung, wie sie in der Muskelentspannung, im Autogenen Training und in der Meditation verwirklicht werden, sinnvoll zu einer körperlichen und geistigen Entspannung ergänzen.* Werden diese drei Verfahren einzeln und isoliert angewandt, so hängt der Erfolg wesentlich davon ab, inwieweit die anderen, nicht unmittelbar angesprochenen Ebenen in die Entspannung mit einbezogen werden können. Wir haben gesehen, daß diese drei Ebenen – die muskuläre, die vegetative und die kognitive – nur künstlich, begrifflich voneinander getrennt werden können. Tatsächlich sind sie durch verschiedene nervöse Bahnen miteinander verbunden und stellen so jene leib-seelische Gesamtheit dar, die den »ganzen« Menschen ausmacht.

Der Erfolg einer bestimmten Technik wird auch davon beeinflußt, auf welcher Ebene die Entspannung primär beginnt. So zeigt die Praxis – und hier kommen wir zu den *pragmatischen* Aspekten der Integration –, daß nur wenige Menschen auf Anhieb eine hinreichende geistige oder meditative Entspannung erzielen können. Die anderen gelangen meist erst nach einer längeren Zeit intensiven Übens dazu, falls sie nicht schon nach kurzer Zeit resigniert aufgehört haben. Denn genau das, was sie mit der Meditation oft erreichen wollen, nämlich Konzentrationsfähigkeit und körperliche Entspannung, stellt schon die Voraussetzung für gelungenes Meditieren dar. Für den westlichen, in einer hochtechnisierten Zivilisation lebenden Menschen scheinen diese Voraussetzungen jedoch häufig nicht gegeben zu sein. Nicht umsonst schreiben viele Meditationstraditionen des Ostens, wie beispielsweise der Yoga, umfangreiche körperliche Übungen als Vorbereitung auf die höheren Stufen der geistigen Meditation vor. Unglücklicherweise ging aber bei der Übertragung östlicher Meditationsformen auf westliche Verhältnisse gerade diese Kontinuität von körperlichen zu geistigen Übungen oft verloren. Der Hatha-Yoga beispielsweise wird nicht selten als reines Gymnastikprogramm ausgeschlachtet, und bei der weit verbreiteten Transzendentalen Meditation ist der gesamte Meditationsvorgang einzig und allein auf den Gebrauch eines einzigen Mantras reduziert, das dem Anfänger in einer Einführung mit auf den Weg gegeben wird. Nicht zu Unrecht wird deshalb die Transzendentale Meditation von vielen Hindu-Gurus für eine viel zu oberflächliche Form wirklicher Meditation gehalten.

Auch das Autogene Training bereitet trotz seiner großen Bekanntheit gerade in der praktischen Ausübung sehr vielen Menschen Schwierigkeiten. Hier spielt nicht nur die mangelnde Konzentrationsfähigkeit eine Rolle, sondern ebenso die Unfähigkeit der meisten, geringe Veränderungen im muskulären und vegetativen Erregungszustand des eigenen Körpers wahrnehmen zu können. Ferner dürften die Persönlichkeitsmerkmale, die *Hilgard* als Voraussetzung für Suggestibilität festgestellt hat, ebenfalls nicht immer bei all jenen Menschen gegeben sein, die gerade das Autogene Training erlernen wollen. Autogenes Training verlangt autosuggestive und konzentrative Beeinflussung des Körpers und damit eine minimale Fertigkeit, die eigenen Körpergefühle wahrnehmen und mit ihnen umgehen zu können. Es wird deshalb zumindest all jenen Menschen schwerfallen, die diese Fertigkeit verloren oder nur in ungenügendem Maße gelernt haben (»Alexithymie«). Natürlich setzt auch die Muskelentspannung eine gewisse Konzentrationsfähigkeit voraus, erleichert aber die Konzentration, da die Aufmerksamkeit auf spürbar vorhandene Empfindungen gelenkt wird. Durch das vorherige Anspannen der Muskeln wird ganz nebenbei die Sensibilität gegenüber muskulären Spannungszuständen erhöht. Beim Loslassen der Spannung treten die Empfindungen der Entspannung in den Vordergrund. Dies hat sehr bald die vegetativen Begleiterscheinungen einer verminderten Erregung zur Folge. Üblicherweise erreichen fast alle Teilnehmer an Kursen in Muskelentspannung bereits in der ersten Sitzung jene Gefühle von Schwere und Wärme, die Auswirkungen und Anzeichen der vegetativen Funktionsänderungen darstellen. Immerhin erscheint es paradox, Entspannung durch Anspannung fördern zu wollen. Dieses Vorgehen erinnert an eine gerade in letzter Zeit durch *Paul Watzlawick* wieder bekannt gewordene Technik: die sogenannte paradoxe Intention oder Symptomverschreibung. Der Patient bekommt vom Therapeuten den ausdrücklichen Auftrag, genau jenes Verhalten bewußt auszuführen, wegen dessen Beseitigung er um Hilfe ersucht hat. Zunächst wird er sehr verwundert sein, sich möglicherweise weigern, einen solchen Auftrag durchzuführen, und den Therapeuten für verrückt erklären. Erfüllt er jedoch diese Aufgabe, so wird er bald voller Verwunderung feststellen, daß es ihm sehr schwerfallen wird. Genau jenes Verhalten, das er früher lästigerweise immer gegen seinen Willen durchführen mußte, kann er nun willentlich nicht mehr durchführen. Die psychologische Erklärung dieses Phänomens wollen wir uns hier ersparen. Sie kann in dem Buch »Lösungen« von Paul Watzlawick nachgelesen werden. Wir wollen hier nur auf die Ähnlichkeit mit der Anspannungstechnik bei der Muskelentspannung verweisen. Auch dort wird der Übende veranlaßt, die einzelnen Muskelgruppen zur Entspannung vorher anzuspannen, also genau das Gegenteil von dem zu tun, was er eigentlich erreichen will. Es scheint so, als sei dieser »trickreiche« Weg gleichsam durch die Hintertür für uns westliche Menschen günstiger als der geradlinige Weg direkt zur Entspannung.

Aus allen diesen aufgeführten Gründen scheint es sehr sinnvoll zu sein, ein umfassendes Training zur Selbstentspannung mit der Methode der Muskelentspannung auf der motorischen Ebene beginnen zu lassen. Man könnte auch sagen, daß wir im Umgang mit unserer Skelettmuskulatur die meiste Erfahrung haben und sie deshalb am geeignetsten scheint, einen schnellen Einstieg in die Entspannung zu ermöglichen. Die bei guter muskulärer Lockerung automatisch auftretenden vegetativen Veränderungen legen es nahe, mit Übungen aus dem Autogenen Training fortzufahren und diese dann später mit meditativen Übungen zu ergänzen.

# Die praktische Einübung

## Muskelentspannung

### Praktische Hinweise zur Durchführung

Die Einübung der Muskelentspannung steht am Anfang des Integrierten Entspannungstrainings. Bevor Sie jedoch mit dem Einüben beginnen, möchten wir noch ein paar praktische Hinweise geben, wie Sie am besten vorgehen und welche Punkte Sie beim Üben beachten sollten.

Diese Hinweise sind ebenso wichtig wie die Übungen selbst. Vor allem dann, wenn Sie alleine üben, sollten Sie dieses Kapitel gründlich durchlesen. Wann, wo und wie Sie vorgehen, entscheidet wesentlich darüber, welchen Erfolg Sie in diesem Training haben werden. Die Erfahrung zeigt, daß die meisten Schwierigkeiten im Erlernen eines Entspannungstrainings allein auf ungünstiges oder falsches Vorgehen beim Üben zurückzuführen sind.

In einem Kurs kann der Leiter solche Fehler oft leicht erkennen und dann korrigierend eingreifen. Diese Kontrolle durch einen ausgebildeten Leiter haben Sie nicht. Sie können sich aber zu ihrem eigenen Fachmann ausbilden und steuern dann Ihr eigenes Training selbständig und selbstverantwortlich. Wie Sie gleich sehen werden, bedarf es dazu keiner außerordentlichen Befähigung.

### 1. Voraussetzungen

Bei der Muskelentspannung handelt es sich um das Einüben bestimmter Fertigkeiten, und dabei besteht 105 keine Gefahr, daß Sie sich in irgendeiner Form schaden könnten. Es könnte lediglich der Fall eintreten, daß Sie diese Fertigkeit nur ungenügend erlernen. Das schrittweise Vorgehen beim Üben ermöglicht Ihnen eine ständige und genaue Kontrolle des Geschehens.

Eine *medizinische Abklärung* vor Beginn des Trainings ist wohl nur in wenigen Einzelfällen erforderlich. Ein solcher Fall könnte gegeben sein, wenn Sie unter Kreislaufschwächen leiden oder Ihr Arzt Ihnen geraten hat, bestimmte Muskelgruppen nur mit Vorsicht zu belasten. Falls Sie *Beruhigungsmittel* einnehmen, ist es ratsam, deren Dosierung für die Zeit des Trainings herabzusetzen oder vielleicht ganz darauf zu verzichten. Die meisten Tranquilizer dienen ohnehin der Muskelentspannung. Durch solche Medikamente lassen Sie sich entspannen. Ziel dieses Trainings ist es jedoch, daß Sie sich ohne chemische Hilfe zu entspannen lernen. Zudem ist das Entspannen ohne solche Beruhigungsdrogen wohltuender und befriedigender. Wie bei jedem anderen Training können Sie hier Ihren Erfolg aus eigener Kraft und mit eigenen Mitteln erreichen.

Einem guten Übungsfortschritt ist es sicherlich förderlich, sich relativ gut auf den eigenen Körper und die Vorgänge beim An- und Entspannen *konzentrieren zu können.* Möglicherweise ist dies für Sie nicht sehr einfach. Jedoch bietet gerade die Muskelentspannung eine Möglichkeit, Ihr Konzentrationsvermögen schrittweise zu steigern.

Die Fähigkeit, *bestimmte Muskelgruppen anspannen* zu können, ist eine weitere Voraussetzung. Für Personen mit körperlichen Behinderungen, wie zum Beispiel teilweisen Lähmungen, scheint demnach dieses Training weniger geeignet zu sein. Dennoch besteht auch hier die Möglichkeit, zunächst alle jene Muskeln zu üben, die willkürlich angespannt werden können. Die übrigen, willkürlich nicht innervierbaren Muskelgruppen können meist ohne größeren Nachteil für die Gesamtentspannung ausgelassen werden.

106 Sollte es aus anderen Gründen schwierig werden,

verschiedene Muskeln so anzuspannen, wie es in den Grundübungen dargestellt ist, so können Sie auch andere Wege der autogenen oder meditativen Entspannung wählen.

Es ist sicherlich überflüssig darauf hinzuweisen, daß *regelmäßiges und systematisches Üben* die Hauptvoraussetzung für das Erlernen der Entspannung darstellt. Die mit diesem Training erzielte Entspannung ist keine Fähigkeit, die jemand einfach besitzt oder nicht besitzt, sondern eine Fertigkeit, wie Schreibmaschineschreiben oder Radfahren, die man erlernen kann. Unter diesen genannten Voraussetzungen gibt es keine obere Altersgrenze für das Erlernen der Entspannung.


## 2. Übungssituation

Die äußere Umgebung und die Situation, in der Sie die Übungen durchführen, haben am Anfang des Trainings großen Einfluß darauf, wie schnell Sie sich zu entspannen lernen. Erst später, wenn Sie die Entspannung schon gut beherrschen, sollte die Umgebung keine Rolle mehr spielen. Unabhängig von äußeren Faktoren werden Sie dann diese Fertigkeit anwenden können. Um dieses Ziel zu erreichen, sollten Sie jedoch in der ersten Zeit des Trainings sorgfältig darauf achten, daß keine ungünstige Umgebung Ihnen das Lernen unnötig erschwert.

Aus Erfahrung wissen Sie sicherlich, daß es Ihnen in einer hektischen und lärmenden Umgebung nur schwer gelingt, ruhig und ausgeglichen zu sein. Zu viele Reize stürmen auf Sie ein, und Ihre Aufmerksamkeit ist zu gereizt, als daß Sie hier abschalten und entspannen könnten. Ebenso schwierig dürfte es sein, in einer solchen Umgebung gerade Entspannung lernen zu wollen. Auf der anderen Seite fühlen Sie sich automatisch ruhiger, wenn auch Ihre Umgebung ruhig und entspannend ist. Hier wird es sehr viel leichter sein, mit Erfolg die Übungen durchzuführen.

Die folgenden Hinweise für eine günstige Umgebung während des Übens sind jedoch nur als Vorschläge anzusehen, nicht als Bedingungen. Sie beschreiben sozusagen den Idealzustand einer Umgebung und Situation, in der Sie optimal üben könnten. Wahrscheinlich werden Ihre tatsächlichen Möglichkeiten nur annähernd solchen idealen Bedingungen entsprechen, wie sie in den Praxisräumen darauf spezialisierter Therapeuten zu finden sind. Probieren Sie deshalb im Rahmen Ihrer Möglichkeiten selbst aus, was günstig für Sie ist und was Ihnen helfen könnte.

*Zimmer*

Das Zimmer, in dem Sie üben, sollte ein für Sie angenehmer, normal temperierter Raum sein und möglichst wenig störende Reize aufweisen. Am besten schließen Sie Fenster und Türen, ziehen die Vorhänge vor und dunkeln das Licht so ab, daß der Raum nur spärlich erleuchtet ist. Damit erleichtern Sie es sich, Ihre Aufmerksamkeit von der Umgebung weg und auf sich selbst zu lenken.

Auch andere mögliche Reize, wie beispielsweise ein Telefon, ein lautes Radio im Nebenzimmer, klappernde Schreibmaschinen oder sich unterhaltende Leute können Ihre Entspannungsbemühungen stören. Vielleicht können Sie Familienmitglieder oder andere Personen darauf aufmerksam machen, daß Sie während der nächsten 15 bis 30 Minuten unter keinen Umständen gestört werden wollen. Möglicherweise hilft auch ein Schild »Bitte Ruhe« an der Tür. Wichtig ist, daß Sie versuchen, alle Störfaktoren auf ein Minimum zu begrenzen, um sich während der Übungszeit ganz auf sich konzentrieren zu können.

*Sessel, Couch oder Stuhl*

Für die Entspannung aller Muskeln ist es anfangs nötig, sich während des Übens so hinzusetzen oder

hinzulegen, daß möglichst wenig Muskeln zur Stützung des Körpers benötigt werden. Stützende Muskeln können einerseits nicht voll entspannt werden
und lenken andererseits auch von dem Anspannungs-
Entspannungszyklus ab.
Es wäre demnach günstig, wenn Sie für die Entspannungsübungen eine Liege- oder Sitzgelegenheit
wählen, die eine volle Stützung des gesamten Körpers ermöglicht.
Diesen Zweck erfüllt am besten ein Sessel mit Kopf-
und Armstützen oder aber auch eine Matratze oder
Couch. Natürlich sollten diese möglichst bequem
sein, um keine unangenehmen Druckempfindungen
oder andere störende Gefühle, wie beispielsweise
ein »Einschlafen« der Glieder, hervorzurufen.

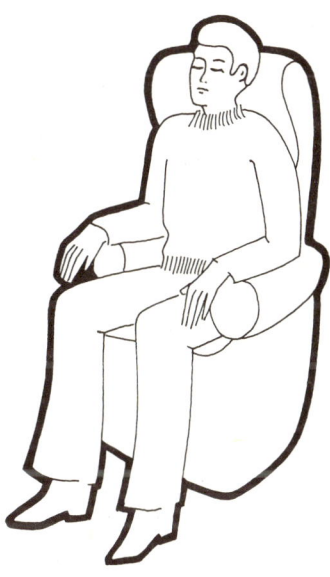

Bevor Sie mit dem Üben beginnen, prüfen Sie in
jedem Fall, ob Sie eine entspannte und bequeme
Lage auf Ihrem Sessel oder der Couch gefunden
haben. Während der Übungen sollten Sie Ihre Körperhaltung nicht mehr verändern müssen, da dadurch
notgedrungen einige Muskeln wieder angespannt
werden. Auf dem Sessel lehnen Sie sich zurück, so          109

daß auch der Kopf bequem an der Kopfstütze anliegt. Die Rücken- und Halspartie sollte dabei in einem spannungsfreien Zustand sein. Notfalls können Sie sich mit einem weichen Kissen im Nacken etwas abstützen. Die Arme liegen auf den Armlehnen so auf, daß die Schultern nicht angehoben sind. Wenn die Beine nicht ohnehin auf einer ausklappbaren oder zusätzlichen Beinauflage liegen können, sollten sie leicht gespreizt und in den Knien nur wenig gebeugt sein. Die Füße liegen bequem am Boden auf.

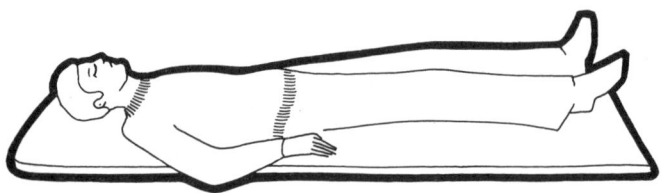

Wenn Sie flach auf einer Couch oder einem Bett liegen, so legen Sie Ihre Arme leicht vom Körper abgewinkelt neben sich. Die Beine sollten auch hier nicht ganz parallel nebeneinander liegen, sondern locker vom Körper weggestreckt, so daß Knie und Füße wiederum etwas auseinanderkippen.

Sollte jedoch weder ein Sessel noch eine Couch zur Verfügung stehen, so genügt zum Üben auch ein einfacher Stuhl. Hier ist es günstig, wenn Sie die sogenannte Droschkenkutscher-Haltung einnehmen, die auch im Autogenen Training sehr häufig verwendet wird.

Sie richten sich sitzend kurz auf, strecken Ihre Wirbelsäule und lassen dann den Oberkörper in sich zusammensacken. Den Rücken können Sie dabei durchaus an der Stuhllehne abstützen. Wichtig ist nur, daß Sie sich nicht zu sehr vorne überbeugen, um den Bauch nicht zu pressen, da dies die Atmung sehr behindern würde. Bei dieser Haltung hängt der Kopf locker nach vorn, ohne jedoch mit dem Kinn die Brust zu berühren. Sie spreizen die Beine leicht auseinander und legen Ihre Unterarme bei leicht angewinkelten Ellbogen auf die Oberschenkel. Die Hände sollten leicht und spannungslos zwischen den Schenkeln nach unten hängen, ohne sich dabei zu berühren.

*Geschlossene Augen*

Über unseren Gesichtssinn erhalten wir mehr als 90 Prozent aller Informationen aus der Umwelt. Mit anderen Worten, wir erfahren unsere Umwelt zum allergrößten Teil über unsere Augen. Diese sind unser wichtigstes Wahrnehmungsorgan. Auch wenn wir uns dessen nicht bewußt sind, gelangen bei offenen Augen ständig Reize aus der Umwelt in unseren Wahrnehmungsapparat und werden dort ständig ausgearbeitet und verwertet.
Bei der Entspannung ist es jedoch wichtig, daß alle äußeren Reize so gut wie möglich ausgeschaltet werden. Aus diesem Grunde ist es günstiger, wenn Sie während der Entspannungsübungen die Augen geschlossen halten, um Ihre ganze Aufmerksamkeit auf die Vorgänge während der Entspannung richten zu können.

## Kleidung

An unsere Kleidung sind wir so gewöhnt, daß es uns
über viele Zeit des Tages hinweg gar nicht bewußt
ist, daß wir Kleidung tragen. Das könnte sich jedoch
ändern, wenn wir uns auf unseren Körper konzentrieren. Vor allem sehr eng sitzende Kleidung, Gürtel,
Reifen, Uhren oder Brillen und Schuhe können die
Entspannung ganz erheblich stören. So berichten oft
Teilnehmer in Kursen, daß sie ab einem bestimmten
Entspannungsgrad das Gefühl hätten, ihre Brille oder
ihre Uhr drückten wie mit einer Zentnerlast auf Nase
oder Armgelenk. Versuchen Sie deshalb, soweit es
geht, auch solche Störungen auszuschalten, wenn
Sie bemerken, daß Sie dadurch in Ihrer Entspannung
behindert werden.

## Innere Einstellung

Wenn Sie sich entscheiden, mal kurz für 10 oder 20 Minuten zu üben, sollten Sie sich voll und ganz dafür
entscheiden. Sie sollten sich dann in diesen 10 Minuten ausschließlich auf sich selbst konzentrieren und
alle anderen Tätigkeiten, Gedanken oder Probleme
während dieser Zeit beiseite lassen. Nichts anderes
als Ihre Entspannung sollte Ihnen hier wichtig sein.
Möglicherweise werden Sie Schwierigkeiten haben,
dreimal 10 Minuten am Tag nur für sich selbst in Anspruch zu nehmen. Viele Menschen haben es ver-
lernt, auch nur kurze Zeit ausschließlich für sich da-
zusein, sich ganz mit sich selbst zu beschäftigen und
ihre Wahrnehmung voll auf den eigenen Körper zu
konzentrieren.
Sich selbst beobachten, den eigenen Körper fühlen
und wahrnehmen ist jedoch nicht nur eine Sache der
Übung, sondern auch der inneren Einstellung. Fragen
Sie sich deshalb vielleicht vor jeder Übungssitzung:
»Bin ich mir wichtig genug, um mich während der
nächsten 15 Minuten ganz mit mir selbst beschäftigen
112  zu dürfen?« Machen Sie sich klar, daß Sie ein Recht

auf Zeit haben, die Sie nur für sich verwenden – und *nehmen* Sie sich *Ihre* Zeit (Sie brauchen sie nicht zu stehlen, denn sie gehört Ihnen).

## Übungszeit

Die Gesamtdauer, die jeder einzelne bis zur vollständigen Tiefenentspannung benötigt, wird sehr unterschiedlich sein. Die vielfältigen Unterschiede zwischen den Menschen kommen auch hier zum Ausdruck. So wird beispielsweise Ihr Lernfortschritt auch davon abhängen, wie gut Sie sich ohnehin schon entspannen können. Gerade weil jedoch die Entspannung eine erlernbare Fertigkeit darstellt, können Sie selbst sehr wesentlich mitbestimmen, wie lange Sie brauchen werden, um sich voll und tief entspannen zu können.

Zur Durchführung aller Grundübungen bis zu einer guten allgemeinen Entspannung benötigt man in der Regel nicht länger als 4 Wochen. Das setzt jedoch voraus, daß Sie regelmäßig jeden Tag ungefähr dreimal für 15 bis 20 Minuten üben. Später wird es Ihnen möglich sein, sich mal kurz zwischen Tür und Angel zu entspannen. Um dies zu erreichen, sollten Sie sich jedoch gerade am Anfang des Trainings sehr sorgfältig an die von Ihnen bestimmten Übungszeiten halten.

Es ist günstig, diese Übungszeiten gleichmäßig über den Tag zu verteilen. So könnten Sie sich beispielsweise am Morgen nach dem Frühstück 5 Minuten Zeit nehmen und in der Mittagspause oder irgendwann am Nachmittag vielleicht wieder 10 Minuten. Abends nach der Arbeit oder spätabends vor dem Schlafengehen üben Sie wiederum, diesmal gründlicher und länger, vielleicht 15 bis 20 Minuten.

Gerade zu Beginn des Trainings ist es sicherlich am besten, Sie suchen sich zum Üben jene Minuten während des Tages aus, in denen Sie nicht auf vollen Touren laufen. Ihre Entspannungsfertigkeit ist ja noch nicht so gut, als daß sie mit der Erregung und Anspannung fertigwerden könnte, die ein normaler Arbeitsstreß mit sich bringt.

Zu Beginn wird es Ihnen manchmal so vorkommen, als müßten Sie sich Ihre Entspannungsminuten von der Zeit abzwacken, die Sie eigentlich für andere Tätigkeiten bräuchten. Erst später merken Sie, daß Sie gar keine Zeit verlieren, sondern eher Zeit gewinnen, da Sie nach ein paar Entspannungsminuten konzentrierter und besser arbeiten können.

Sollten Sie beim besten Willen während des Tages keine Übungszeiten für sich finden können, in denen Sie ungestört von Telefonanrufen, Kollegen oder Kindern mal 5 Minuten entspannen können, so verlegen Sie Ihr gesamtes Übungsprogramm auf den Abend. Je ruhiger Sie sind, desto besser und schneller werden Sie die Entspannungsübungen durchführen können.

Die Zeiten und Situationen während des Tages, in denen Sie üben, sind auch aus anderen Gründen von Bedeutung. Je nachdem, *wann* Sie üben, können Sie mitbestimmen, *wofür* Sie üben. Sie können die Entspannung einsetzen, um besser einschlafen zu können, aber auch um wieder munter und konzentrationsfähig zu werden. Betrachten Sie die ersten Wochen des Trainings aber grundsätzlich als eine Phase des Einübens und Lernens. Geben Sie sich Gelegenheit, einfach mal zu üben. Setzen Sie sich nicht gleich wieder unter Druck und erwarten Sie nicht von sich, daß das gerade Gelernte sich in schwierigen Situationen gleich bewährt. In Kursen beklagen sich manchmal Teilnehmer darüber, während des Tages unter dem Entspannen eingeschlafen zu sein. Bei genauerem Nachfragen läßt sich die Ursache dafür oft sehr leicht finden: in den meisten Fällen haben solche Teilnehmer immer nur im Bett vor dem Einschlafen geübt und schliefen dann auch tatsächlich während des Entspannens ein. Dadurch wurde die Entspannung immer mit Einschlafen gekoppelt, und was wundert es, daß sie dann auch weiterhin ein Einschlafen bewirkte. Diesen Teilnehmern des Kurses wurde nun geraten, sich nur noch tagsüber zu entspannen. Schon nach kurzer Zeit hatten sie neu gelernt und fühlten sich nach den Entspannungs-übungen während des Tages wieder ausgeruht und kräftig. Entspannung sollte aber nicht als Ersatz für Schlaf angesehen werden. Wenn jemand also unter Schlafmangel leidet, so ist es ganz natürlich, daß er während der Entspannung einschläft.

Die wichtigsten Punkte kurz zusammengefaßt:
- Üben Sie ca. dreimal am Tag 10 bis 20 Minuten
- Üben Sie anfangs in einem ruhigen Zimmer
- Versuchen Sie, alle möglichen Störquellen – so gut es geht – auszuschalten
- Üben Sie gerade am Anfang des Trainings beson-ders sorgfältig
- Verteilen Sie die Übungen – so gut es geht – regel-mäßig über den ganzen Tag
- Üben Sie dann, wenn Sie ohnehin schon etwas ruhiger und entspannt sind.


**Der Anspannungs-Entspannungszyklus**

Wir haben schon darauf hingewiesen, welche Be-deutung das Anspannen der Muskeln bei diesem Training hat. Genaugenommen wird die Entspannung jeder Muskelgruppe in drei Phasen durchgeführt:

1. Phase: Anspannen der Muskelgruppe
2. Phase: Halten der Spannung
3. Phase: Entspannen

Bei der 1. Phase achten Sie bitte darauf, daß Sie die betreffende Muskelgruppe jeder Übung langsam und kontinuierlich immer stärker anspannen. Versuchen Sie, sowohl ruckartige Steigerungen wie auch ein Nachlassen der Spannung zu vermeiden. Versuchen Sie dabei, den langsamen Spannungsanstieg in den Muskeln zu beobachten, wie die Spannung immer stärker wird und letztlich einen Punkt erreicht, an dem eine weitere Steigerung nicht mehr gut möglich ist.

*Wichtig:*
Vermeiden Sie hierbei Schmerzen oder Verkrampfungen in den Muskeln. Spannen Sie nur so weit an, wie es für Sie angenehm ist.

Sollten bestimmte Muskelgruppen bei dieser Anspannung besonders leicht zu Verkrampfungen neigen, so lassen Sie diese zunächst aus und gehen zur nächsten Übung weiter.

Bei der 2. Phase, wenn Sie ein Maximum an Muskelspannung 5 bis 7 Sekunden lang anhalten, achten Sie darauf, daß die Spannung gegen Ende dieser 2. Phase nicht nachläßt. Wenn Ihre Muskeln sehr schnell ermüden sollten, entspannen Sie lieber gleich, als daß Sie die Anspannung langsam absinken lassen.

*Wichtig:*
Vermeiden Sie auch hier Schmerzen und Verkrampfungen.

*Count-down:* Es ist günstig, wenn sie einen count-down innerlich herunterzählen, während Sie die Spannung halten: »5–4–3–2–1–Entspannen!«

Die 3. Phase beginnt unmittelbar mit dem bewußten Aussprechen oder Denken des Wortes »Entspannen!«. Dieses Wort sollte für Sie im Laufe der Übungen gleichsam zu einem *Signal* für Entspannen werden. Unmittelbar mit diesem Entspannungssignal lassen Sie schlagartig und ohne zu zögern alle Spannung aus den Muskeln heraus. Achten Sie darauf, was nunmehr mit Ihren Muskeln geschieht. Verfolgen Sie den Spannungsabfall und nehmen Sie den Unterschied zur vorherigen Anspannung ganz bewußt wahr. Lassen Sie Ihren Muskeln nun Zeit, sich mehr und mehr zu lockern, sich immer tiefer zu entspannen. Haben Sie Geduld, diesen Vorgang ganz passiv zu beobachten, ohne ihn verstärken oder beschleunigen zu wollen. Mischen Sie sich nicht ein. Ihre Muskeln entspannen sich nun von selbst. Das einzige, was Sie dabei tun können, ist zuschauen.

*Wichtig:*
Versuchen Sie, die sich entspannenden Muskelgruppen nicht mehr willentlich zu bewegen. Sollten diese von alleine sich bewegen oder zu
zucken anfangen, so lassen Sie auch dies geschehen. Es ist ganz natürlich. Ihre einzige Betätigung in dieser 3. Entspannungsphase besteht darin, ganz passiv zu sein und zu beobachten, alles geschehen zu lassen und keinen
Einfluß mehr zu nehmen.

Nur für den Fall, daß Sie nach vielleicht 5 Minuten
noch gar keinen Unterschied zu dem normalen Spannungszustand Ihrer gerade geübten Muskelgruppe
feststellen können, wiederholen Sie den Anspannungs-Entspannungszyklus.

## Einteilung der Übungen

Führen Sie die folgenden Übungen zur Entspannung
der einzelnen Muskelgruppen in der Reihenfolge
durch, in der sie beschrieben werden. Wieviele Muskeln Sie in jeweils einer Sitzung von 10 bis 20 Minuten
Dauer entspannen können, hängt von nur einem
einzigen Kriterium ab: die Muskelgruppe der vorausgegangenen Übung muß zufriedenstellend gelockert
werden können. Das heißt, Sie beginnen in jedem
Fall mit Ihrer rechten Hand und üben so lange und
so oft, bis sie hinreichend gut und schnell entspannt
werden kann. Der Muskeltonus sollte also deutlich
spürbar unter dem normalen Spannungsniveau liegen. Erst dann gehen Sie zur nächsten Übung für die
linke Hand weiter und entspannen diese wiederum
so oft, bis Sie auch mit deren Entspannungszustand
zufrieden sind.
Als einzige Ausnahme von dieser grundsätzlichen
Regel gelten Muskeln, die auch bei vorsichtiger Anspannung zu schmerzen oder zu verkrampfen beginnen. Nur dann, wenn Sie hierbei geduldig immer
und immer wieder deren Lockerung versucht haben,

lassen Sie solche Muskeln aus und gehen zur nächsten Übung weiter. Üben Sie diese Muskelgruppen erst ganz am Schluß. Die letztlich erzielte Gesamtentspannung wird sich inzwischen auf sie übertragen haben und nun auch ihre Lockerung möglich machen. Geben Sie jedoch nicht zu schnell auf. Bei stärker verspannten Muskelgruppen ist es denkbar, daß Sie unter Umständen zwei oder mehrere Tage nur bei einer einzigen Übung verweilen müssen. Lassen Sie sich also genügend Zeit, bis Sie auch diese »kritischen« Muskeln für Ihr Empfinden tief genug lockern können. Haben Sie dazu die nötige Geduld und Ausdauer. Gerade dann, wenn sich einzelne Muskeln nicht so einfach entspannen lassen, haben sie die Entspannung am nötigsten.

Denken Sie auch daran, daß Sie keinen Rekord brechen müssen. Sie werden immer wieder an Punkte kommen, wo Ihre Entspannungsfertigkeit ins Stocken gerät. Solche Phasen des scheinbaren Nichtweiterkommens ergeben sich ganz natürlich bei jedem Lernvorgang. Sie werden von allen möglichen Faktoren hervorgerufen, indirekt sogar auch vom Wetter. Ihre Ungeduld mit sich selbst wird jedoch meistens der ausschlaggebende Faktor dafür sein.

Entspannung bedeutet das Gegenteil von Leistung und Zwang. Entspannung geschieht durch Geschehenlassen.

**Zurücknehmen**

Auch wenn Sie nur kurze Zeit in einem tieferen Entspannungszustand versunken waren, sollten Sie diese Entspannung zurücknehmen, bevor Sie sich wieder dem normalen Alltagsleben zuwenden. Ihr gesamter Organismus war in einem Zustand verminderter Aktivität und muß nun durch die Zurücknahme wieder auf das normale Erregungsniveau gebracht werden. Insbesondere dann, wenn Sie nach der Entspannung wieder frisch und aktiv sein wollen, empfiehlt sich eine energische Zurücknahme, wie sie auch im Autogenen Training durchgeführt wird:

1. »Arme fest«:    Sie ballen die Hände kräftig zur Faust und drücken gleichzeitig beide Unterarme kraftvoll gegen die Oberarme.
2. »Atmung tief«:  Sie atmen zwei- oder dreimal ganz tief ein und wieder aus.
3. »Augen auf«:    Erst jetzt machen Sie die geschlossenen Augen wieder auf und versuchen, ganz bewußt Ihre Umgebung wahrzunehmen.

Unter Umständen ist es jedoch wohltuender für Sie, wenn Sie langsamer in die Realität zurückfinden:

1. Wenden Sie hierbei ganz langsam die Wahrnehmung von der Innenwelt wieder auf die Außenwelt. Hören Sie immer bewußter und deutlicher auf die Geräusche um Sie herum.
2. Nun strecken und dehnen Sie sich wohlig, wie wenn Sie aus einem tiefen Schlaf erwachten.
3. Erst jetzt öffnen Sie Ihre Augen und schauen ganz bewußt Ihre Umgebung an.

Wenn Sie abends kurz vor dem Einschlafen üben, so verzichten Sie natürlich auf diese Zurücknahme und lassen die Entspannung in den Schlaf übergehen. Ansonsten sollten Sie nach jeder Entspannungssitzung zurücknehmen, sowohl bei der Muskelentspannung wie auch bei der autogenen und meditativen Entspannung.

**Das Spannungsthermometer**

Um exakt beurteilen zu können, wie tief die jeweils geübte Muskelgruppe entspannt ist, könnten Sie sich eines Elektromyogramms (EMG) bedienen. Mit Hilfe eines solchen Meßgerätes lassen sich die elektrischen Impulse eines angespannten Muskels direkt messen.

Besser ist es aber, wenn Sie Ihre eigene Wahrnehmung schulen, um die Vorgänge in Ihrem Körper immer präziser erkennen zu können. Ein sehr einfaches Hilfsmittel dafür stellt das sogenannte »Spannungsthermometer« dar. Dieses Spannungsthermometer ist kein wirkliches Meßgerät, sondern eine Schätzskala, mit der Sie jederzeit den körperlichen Spannungszustand subjektiv beurteilen können. Um eine solche Skala zu erstellen, bestimmen Sie zunächst die beiden Extreme: 0 Grad und 100 Grad.

0° heißt: Sie sind absolut ruhig und entspannt. Dieser Zustand ist normalerweise nur während des Schlafes oder in tiefster meditativer Versenkung zu erreichen. Er bedeutet absolute Ruhe und Spannungsfreiheit.

100° dagegen stellt den Zustand höchster Erregung dar. Für Ihre Muskeln bedeutet er die maximale Anspannung, die Sie durch Muskelkontraktion überhaupt erreichen können.

Der durchschnittliche Spannungs- und Erregungsgrad während eines normalen Arbeitstages liegt wohl bei den meisten Menschen zwischen 30° und 60°, bei wenigen sogar darüber. Er ist von vielen Faktoren abhängig, wie beispielsweise von der momentanen Situation oder Tätigkeit, aber auch von dem allgemeinen Spannungsniveau jedes einzelnen Menschen. So haben ängstliche oder unruhige Menschen generell ein höheres Spannungsniveau als eher ruhige und ausgeglichene.

Anfangs wird es für Sie möglicherweise nur sehr schwer möglich sein, exakt festzustellen, wie angespannt oder entspannt Ihre Muskeln in der jeweiligen Übungssituation sind. Da Sie den Nullzustand sicherlich noch nicht bewußt erlebt haben, können Sie eine nur sehr grobe Schätzung treffen. Versuchen Sie es aber dennoch. Sie sollten bei jeder Übung den Zustand der betreffenden Muskulatur einschätzen, auch wenn Ihnen dieser Wert nur ungenau und subjektiv vorkommt. Es geht überhaupt nicht darum, objektive Maßzahlen zu erhalten, sondern es geht um die Schulung Ihrer »inneren Sinne«. Anfangs ist es lediglich wichtig, daß Sie langsam lernen, Ihre momentane Anspannung nur annähernd festzustellen und Unterschiede in der Spannung zu bemerken. Erst im Laufe der Übungen werden Sie in Ihren Einschätzungen immer sicherer und präziser werden. Und später werden Sie in der Lage sein, mit ziemlicher Sicherheit Ihren körperlichen Spannungszustand in jeder Situation beurteilen zu können.

**Zielsetzung der Übungen zur Muskelentspannung**

Mit Hilfe der Übungen zur Muskelentspannung sollten Sie Ihre Aufmerksamkeit zunächst auf folgende Punkte richten:

1. Versuchen Sie langsam zu lernen, den jeweiligen Spannungszustand Ihrer Muskeln wahrzunehmen. Das heißt, Sie sollen am Ende dieses Trainingsteils in der Lage sein, unterschiedlich starke muskuläre Spannungen klar zu erkennen und zu unterscheiden.
2. Sie sollen ferner die Grundspannung der Skelettmuskulatur weit unter den normalen Tonus erniedrigen können bis hin zu einer völligen Lockerung dieser Muskeln.
3. Zusätzlich werden Sie damit Ihr gesamtes körperliches Aktivierungsniveau erniedrigen.
4. Im Verlauf der Übungen werden Sie auch lernen, schrittweise immer mehr Empfindungen zuzulassen, die Ihnen vorher vielleicht ungewohnt oder eher bedrohlich erschienen waren.
5. Allmählich werden Sie auch Ihre Konzentrationsfähigkeit steigern.

## *Die Übungen zur Muskelentspannung*

Im folgenden sind für ein und dieselbe Muskelgruppe oft mehrere Möglichkeiten des Anspannens aufgeführt. Diese müssen Sie natürlich nicht alle durchüben. Es genügt, wenn Sie sich jeweils nur eine Möglichkeit aussuchen, die Ihnen am besten liegt, mit der Sie also diese Muskelgruppe leicht und dennoch effektiv anspannen können.

Den Übungstext für Ihre jeweiligen Anspannungsmöglichkeiten können Sie sich dann auch von einer vertrauten Person vorlesen lassen, oder Sie selbst sprechen ihn einfach auf ein Band, das Sie während der Übungssitzungen dann ablaufen lassen. Dies kann anfangs vielleicht eine entscheidende Hilfe für Sie sein.

*Einstimmung:* Sie setzen sich bequem in Ihren Stuhl und lassen die Arme locker auf den Lehnen oder auf Ihren Oberschenkeln liegen. Wenn Sie sich für die Übung flach hingelegt haben, spreizen Sie Ihre Arme leicht vom Oberkörper ab.

Schließen Sie nun die Augen und versuchen Sie, Ihre Wahrnehmung von außen weg nach innen auf Ihren Körper zu richten. Die nächsten 10 bis 15 Minuten gehören ganz alleine Ihnen und Ihrem Körper. Machen Sie in Ihrer Vorstellung gleichsam eine Inspektionsfahrt durch Ihren Körper. Wenn Sie an eine Stelle gelangen, an der Sie noch deutliche Zeichen von starker muskulärer Anspannung verspüren, so versuchen Sie, diese Spannung loszulassen. Vielleicht kann Ihnen dabei auch eine leichte Veränderung Ihrer Körperhaltung dabei behilflich sein. Vergewissern Sie sich nochmals, daß keine Kleidungsstücke Sie einengen.

Diese allgemeine Einstimmung auf die nun folgenden Entspannungsminuten sollten Sie am Anfang jeder Übungssitzung durchführen. Sie hat den Zweck, Ihre Aufmerksamkeit von den täglichen Vorgängen weg und – so gut es geht – ausschließlich auf Sie selbst und Ihren Körper hinzulenken. Sie stellt damit schon einen Einstellungswechsel dar: Ihre gewöhnlichen Aktivitäten sind jetzt nebensächlich; wichtig dagegen sollen jetzt Entspannungsvorgänge werden, die für Sie bisher möglicherweise eher ungewöhnlich waren.

## Entspannung der Arme

### 1. rechte Hand

*Anspannen*

*1. Möglichkeit:* Lenken Sie jetzt Ihre Aufmerksamkeit auf Ihre rechte Hand und spannen Sie diese langsam an. Schließen Sie sie ganz langsam zu einer Faust. Achten Sie dabei auf die Gefühle bei dem stetigen Übergang vom Ruhezustand zu einer immer stärker werdenden Anspannung der Muskeln.
Drücken Sie die Faust noch stärker zusammen und fühlen Sie, wie die Spannung weiter wächst, wie Ihre Muskeln härter und fester werden. Die Anspannung ist nun bald an dem Punkt, wo Ihre Kraft zu einem weiteren Zusammenpressen der Faust nicht mehr ausreicht. Wahrscheinlich fängt Ihre Hand nun leicht zu zittern an, und sie können nicht weiter anspannen.

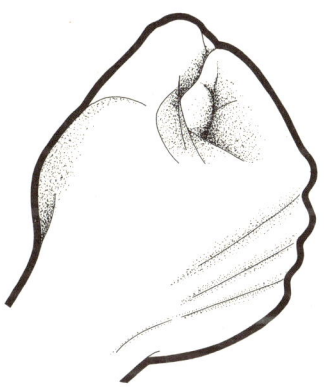

*2. Möglichkeit:* Während bei der ersten Möglichkeit der Anspannung die Beugemuskulatur betätigt wurde, werden hier die Streckmuskeln angespannt. Nur wenn Sie mit dem Entspannungseffekt nach dem Zusammenballen der Hand nicht ganz zufrieden sein sollten, können Sie alternativ diese zweite Möglichkeit zum Anspannen wählen:

123

Sie spreizen Ihre Finger und den Daumen langsam und immer stärker nach außen. Fühlen Sie, wie der Zug der Muskeln und Sehnen auf Ihrem Handrücken wächst... Achten Sie auf den Druck in den Fingergelenken... Ziehen Sie die Finger so weit nach außen, wie es Ihnen möglich ist...

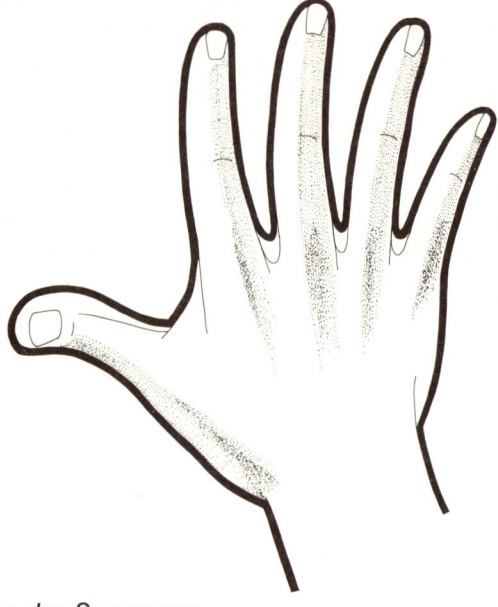

*Halten der Spannung*

Halten Sie nun diese Anspannung ca. 5 Sekunden lang aufrecht. Fühlen Sie während dieser Zeit, wie jeder einzelne Finger Ihrer Hand verspannt ist. Machen Sie sich diese Anspannung bewußt. Nehmen Sie sie ganz deutlich wahr und achten Sie darauf, wie sie in den Muskeln und den belasteten Gelenken zum Ausdruck kommt. Zählen Sie dabei den countdown: »5–4–3–2–1–...«.


*Entspannen*

»Entspannen!« Sprechen Sie dieses Wort innerlich
ganz bewußt aus und lassen Sie damit schlagartig

die Spannung in der Hand los. Einfach loslassen, ganz plötzlich alle Anspannung aus den Muskeln herauslassen.

Ihre Hand hängt jetzt leicht und locker am Handgelenk. Mit einem Schlag sind alle Gefühle der Anspannung weg. Die Finger sind etwas gekrümmt, und langsam beginnt Entspannung sich in der Hand auszubreiten. Achten Sie dabei auf die Gefühle, die damit in den Muskeln auftreten. Diese Gefühle können sehr vielfältiger Art sein (siehe S. 173). Lassen Sie alles zu, auch wenn es vielleicht neu und ungewohnt ist. Versetzen Sie sich in die Rolle eines passiven Beobachters, der alles geschehen läßt, was sich in der Hand abspielt. Tun auch Sie nichts anderes als nur beobachten und fühlen ... bloß fühlen ... ganz passiv sein ... nur beobachten und fühlen ...

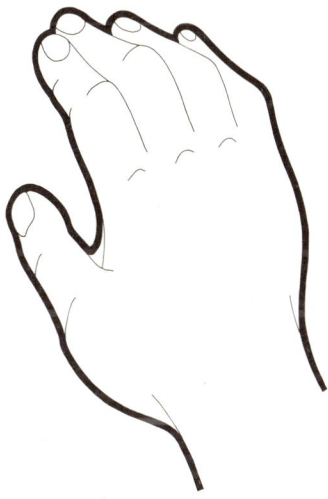

*Wichtig:*
1. Lassen Sie die Spannung nicht langsam und allmählich los, sondern plötzlich und schlagartig. Es sollte so sein, wie wenn Sie ein zur Seite gezogenes Pendel mit einem Male loslassen, so daß es ganz frei zur anderen Seite schwingen kann.

2. Ihre Faust soll sich lediglich durch das Loslassen der Spannung öffnen. Achten Sie deshalb
darauf, daß Sie dabei nicht aktiv die Streckmuskeln anspannen und somit die Finger nach
außen ziehen. Das Öffnen der Hand geschieht
ganz von allein. Einfach loslassen.
3. Versuchen Sie, während der Entspannungsphase Ihre Finger und die Hand nicht mehr willkürlich zu bewegen. Lassen Sie sie in der Lage,
in der sie nach dem Rauslassen der Spannung
hängen- oder liegenbleibt. Durch irgendwelche
Bewegungen würden Sie wiederum bestimmte
Muskeln anspannen und somit den Entspan-
nungsvorgang verzögern.
Sollten sich ihre Finger jedoch unwillkürlich bewegen oder leicht zu zucken anfangen, so lassen
Sie dies zu. Diese unwillkürlichen Muskelkon-
traktionen sind bei vielen Menschen im Anfangs-
stadium der Entspannung ganz normal.

*Nochmaliges Anspannen*

Sollten Sie nach etwa 2 bis 4 Minuten des Entspannens noch nicht mit dem erreichten Zustand der
Entspannung zufrieden sein, so warten Sie vielleicht
einfach noch ein wenig. Sie können jedoch auch noch
einmal anspannen, um dann erneut alle Spannung
aus den Muskeln herauszulassen. Versuchen Sie, die
Hand noch mehr als beim ersten Mal zu lockern, noch
weiter loszulassen und immer tiefer in die Entspannung hineinzugehen.

2. linke Hand

*Anspannen:*

Während Ihre rechte Hand tief entspannt ist, lenken
Sie nun Ihre ganze Aufmerksamkeit auf Ihre linke
126  Hand und beobachten Sie sie zunächst ganz passiv.

Versuchen Sie, die ganze linke Hand mit Ihrer inneren Wahrnehmung auszuleuchten und zu erfüllen.

Erst dann krümmen Sie die Finger und schließen sie langsam zur Faust. Ballen Sie die Faust fester und stärker. Der Druck wächst immer weiter, und die Spannung nähert sich wieder dem Punkt, wo die Hand zu zittern anfängt.

*Halten der Spannung:*

Nehmen Sie diesen Zustand stärkster Anspannung ganz bewußt wahr, so als ob Sie ihn fotografieren würden. Spüren Sie, wie sich die Spannung anfühlt in den Muskeln ... den Gelenken ...

Count-down: »5 – 4 – 3 – 2 – 1 – ...«.

*Entspannen:*

Auf Ihr inneres Signal »Entspannen« hin lassen Sie wieder ganz plötzlich los. Einfach alles lockerlassen, alle Anspannung herauslassen. Sie fühlen abermals, wie das Pendel von der einen Seite stärkster Spannung hinüberschwingt zur anderen Seite. Die Muskelfasern in Ihrer Hand scheinen sich wohlig zu dehnen und zu lockern. Verhalten Sie sich ganz passiv und beobachtend und lassen Sie die Gefühle der Entspannung kommen und gehen, ohne irgendeinen Einfluß nehmen zu wollen. Fühlen ... bloß wahrnehmen und fühlen ...

## 3. beide Hände zusammen

Erst dann, wenn Sie die rechte und die linke Hand einzeln in einen befriedigenden entspannten Zustand versinken lassen können, gehen Sie zu dieser Übung weiter.

Hier spannen Sie wiederum in der gleichen Art an, wie es in den beiden ersten Übungen beschrieben wurde, nur diesmal beide Hände gleichzeitig. Gleichzeitig lassen Sie auch die Anspannung in beiden Händen wieder los und fühlen, wie beide langsam in die Entspannung versinken.

Es ist möglich, daß eine Hand vielleicht für die gleiche Entspannungstiefe etwas länger braucht als die andere. Das soll Sie nicht beunruhigen. Lassen Sie dem Nachzügler Zeit und warten Sie, bis beide gleich locker sind. Nur wenn Sie nach 5 Minuten noch keinen Unterschied zur normal angespannten Hand feststellen, beginnen Sie nochmals mit der Anspannungsübung.

## 4. rechter Unterarm

*Anspannen*

Sie haben wahrscheinlich schon beim Anspannen der Hände bemerkt, daß auch die Muskeln des Unterarms mehr oder weniger in diese Spannung miteinbezogen wurden. Ballen Sie deshalb auch hier wieder Ihre rechte Hand zu einer Faust und fühlen Sie, wie die Spannung im rechten Unterarm wächst, während Sie die Faust immer fester zusammendrücken. Zusätzlich drücken Sie nun Ihre Faust im Handgelenk nach unten gegen den Unterarm. Sie spüren, wie dort die Spannung immer mehr wächst, bis zu dem Punkt, wo Ihre Kraft nicht mehr weiterreicht.

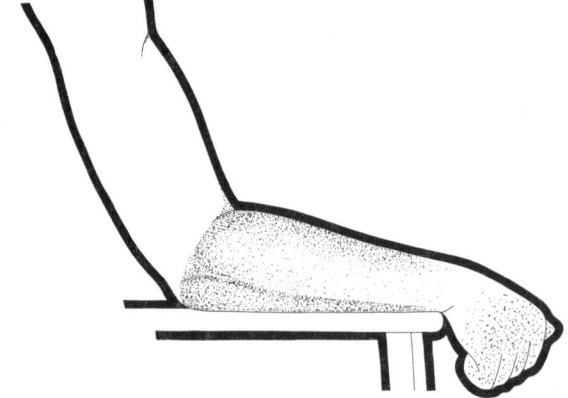

*Halten der Spannung:*

Während Sie die Spannung wieder 5 bis 7 Sekunden lang anhalten, konzentrieren Sie sich ausschließlich auf die dabei entstehenden Gefühle im Unterarm, so als ob Sie sich diese Gefühle einprägen müßten, um sich ihrer später wieder erinnern zu können.
»5 – 4 – 3 – 2 – 1 – ...«.

*Entspannen:*

Auf Ihr Signal »Entspannen« lassen Sie mit einem Male wieder alle Anspannung aus den Muskeln heraus. Achten Sie auch hier auf die Gefühle, die mit zunehmender Lockerung der Muskeln in den Unterarm einfließen. Lassen Sie alles zu ..., seien Sie ganz passiv ...

*Wichtig:*
Es ist für manche Menschen nicht ganz einfach, funktional nicht zusammenhängende Muskelgruppen einzeln anzuspannen. Insbesondere bei chronischen Muskelverspannungen kommt es häufiger vor, daß beispielsweise beim Anspannen der Hand auch die Muskeln des Oberarms und sogar die des Nackens unwillkürlich mitbetätigt werden. Sie sollten darauf achten, daß Sie die einzelnen zu übenden Muskelgruppen unabhängig voneinander anspannen.
Bei der Übung für die Unterarme sollten deshalb außer einem leichten Zug in den tieferen Muskelschichten die Oberarmmuskeln völlig locker und entspannt sein. Falls Sie hierbei Schwierigkeiten haben, üben Sie das Anspannen vorher.

## 5. linker Unterarm

Wenn Sie den rechten Unterarm für Ihr Gefühl gut entspannen können, gehen Sie zum linken Unterarm über. Hier gilt die gleiche Übung wie für den rechten.

## 6. beide Unterarme zusammen

Bevor Sie zu den Oberarmen weitergehen, üben Sie vorher noch beide Unterarme zusammen. Versuchen Sie, beide gleich stark anzuspannen und auch gleichzeitig auf das Signal »Entspannen« hin loszulassen.

## 7. rechter Oberarm

*Anspannen*

*1. Möglichkeit:* Sie winkeln Ihren Unterarm zum Oberarm hin ab und drücken mit dem Ellenbogen gegen die Armlehne. Ohne die Muskeln des Unterarmes und der Hand einzubeziehen, sollten Sie nun vor allem in den rückseitigen Muskeln Ihres Oberarms Spannung spüren. Drücken Sie wiederum so fest, daß Sie Ihre rechte Schulter leicht hochheben und die Muskeln Ihres Oberarmes zu zittern anfangen. Falls Sie auf einem Stuhl ohne Armlehnen sitzen, so pressen Sie Ihren Unterarm gegen den Oberschenkel. Hierbei werden zwangsläufig die Streckmuskeln im Unterarm mitangespannt. Alle übrigen Muskeln des Unterarms wie der Hand sollten jedoch ganz locker sein.

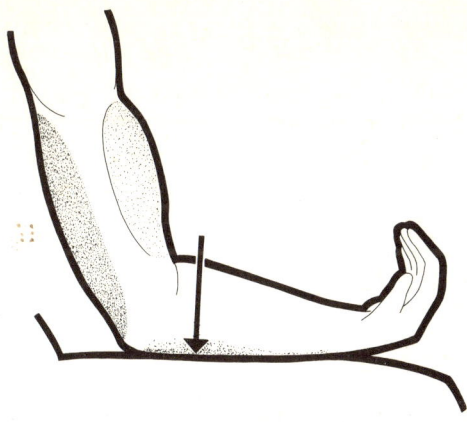

*2. Möglichkeit:* Während bei der ersten Möglichkeit für diese Übung hauptsächlich der Trizeps, also die Muskelgruppe auf der Rückseite des Oberarms ange-spannt wurde (was bei gutem Anspannen jedoch keinen mindernden Einfluß auf die Gesamtentspan-nung des Oberarms hat), besteht nun hier die Mög-lichkeit, auch den Bizeps, die vordere Muskelgruppe gleichzeitig mit anzuspannen. Dazu drücken Sie bei angewinkeltem Unterarm den Ellenbogen wieder ab-wärts und ziehen ihn gleichzeitig zum Rumpf heran. Dieses Gegenhalten der beiden Muskelgruppen kön-nen Sie auch »freihändig« durchführen, ohne den Ellenbogen auf eine Lehne aufstützen zu müssen.

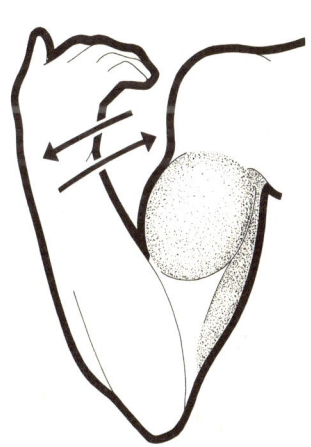

131

*Wichtig:*
Bei diesen beiden Möglichkeiten ist es wichtig,
daß Sie versuchen, die Muskeln des Unterarms
und der Hand möglichst nicht mit in die Spannung einzubeziehen.

*3. Möglichkeit:* Sie drehen Ihre Hand nach innen, ohne
sie jedoch zur Faust zu schließen, und winkeln dann
den Unterarm, so weit es geht, an den Oberarm an.
Hand, Unter- und Oberarm bilden ein Dreieck. Nun
ziehen Sie den Unterarm mehr und mehr an den
Oberarm heran, so daß Ihr Bizeps immer stärker
hervortritt und Sie in dem ganzen Oberarm die angespannten Muskeln deutlich fühlen können. Auch im
Unterarm spüren Sie Spannung, denn hier müssen
diese Muskeln mit angespannt werden.

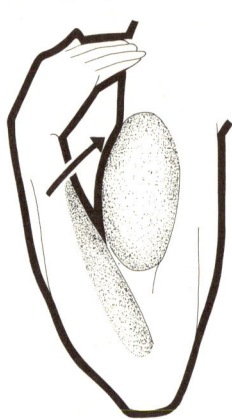

*Wichtig:*
Lassen Sie in jedem Fall die Muskeln Ihrer Hand
ganz locker und entspannt. Sie sollten die Hand
im Handgelenk ganz frei bewegen können, ohne
dadurch in irgendeiner Form die Spannung des
Oberarms verändern zu müssen.

*Halten der Spannung*

Der Oberarm ist meist nicht so leicht zu entspannen
132 wie die Hand und der Unterarm. Halten Sie hier des-

halb die Spannung etwas länger als bisher an. Versuchen Sie auch, ein Maximum an Anspannung zu erreichen, und nehmen Sie das Gefühl dieser Spannung wieder bis in alle Einzelheiten ganz bewußt wahr. »5–4–3–2–1–...«.

*Entspannen*

Es ist wichtig, daß Sie auch hier das Signal »Entspannen!« innerlich ganz bewußt aussprechen. Lassen Sie daraufhin ganz plötzlich die Anspannung los, so daß Ihr angewinkelter Unterarm locker nach unten fällt oder die hochgestemmte rechte Schulter in sich zusammenfällt. Beobachten Sie nun, wie die Muskeln locker und weich werden, wie immer mehr Entspannung in den Oberarm einfließt und sich dort wohltuend ausbreitet. Lassen Sie sich und den Gefühlen Zeit; nicht ungeduldig werden, sondern Gefühle zulassen... beobachten... ganz passiv wahrnehmen...

## 8. linker Oberarm

Für den linken Oberarm gelten natürlich die gleichen eben beschriebenen Möglichkeiten. Es wird vor allem für die nächste Übung günstig sein, wenn Sie für den linken Oberarm die gleiche Möglichkeit des Anspannens wählen wie für den rechten.

## 9. beide Oberarme zusammen

Wenn Sie jeden Oberarm einzeln hinreichend gut entspannen können, führen Sie diese Übung mit beiden Oberarmen gleichzeitig durch.
Von den Oberarmen aus lassen Sie nun den Strom der Entspannung auch in die Unterarme und Hände einfließen, ohne diese vorher nochmals anzuspannen. Am Schluß dieser Übung sollten beide Arme gleichmäßig tief entspannt sein.

133

## 10. Gesamtentspannung der Arme

Bis jetzt haben Sie die einzelnen Muskelgruppen der Arme einzeln geübt. Mit Hilfe der folgenden Übung können Sie schnell zu einer Gesamtentspannung beider Arme kommen, ohne wieder schrittweise die einzelnen Muskeln anspannen zu müssen. Voraussetzung für diese Übung ist jedoch, daß Sie bisher alle Muskelgruppen beider Arme sorgfältig geübt haben.

*Anspannen*

Ähnlich wie bei der 3. Möglichkeit für die Oberarme pressen Sie hier *beide* Unterarme (angewinkelt) gegen die Oberarme. Gleichzeitig drehen Sie wiederum die Hände nach innen und ballen sie dieses Mal allerdings fest zu Fäusten.

*Halten der Spannung*

Konzentrieren Sie sich nun auf die Spannungsgefühle in beiden Armen und Händen und zählen Sie dabei wiederum den count-down: »5 – 4 – 3 – 2 – 1 – ...«.

*Entspannen*

Mit dem Entspannungssignal »Entspannen« lassen Sie schlagartig alle Spannung heraus: die Hände öffnen sich wieder, und die Unterarme sinken auf die Armlehnen oder Ihre Oberschenkel zurück.
Nun bloß wieder beobachten ... alle Gefühle und Empfindungen zulassen ... immer mehr Spannung entweichen lassen ... ganz locker ... ganz entspannt ... bloß fühlen und beobachten ...
Lassen Sie alle Empfindungen der Entspannung sich gleichmäßig über beide Arme verteilen. Fassen Sie alle einzeln aufgetretenen Entspannungsgefühle zusammen, bis alle Muskeln der Arme sich in einem einzigen, gleichmäßig gelockerten Zustand befinden.

## Entspannung im Gesicht

### 1. Stirn

*Anspannen*

*1. Möglichkeit:* Ziehen Sie die Augenbrauen langsam hoch, so als wären Sie von irgendetwas sehr überrascht. Verstärken Sie diese Anspannung dann so lange, bis Ihre Stirn in tiefen Querfalten liegt. Achten Sie darauf, wie sich die Spannung in der Stirn- und Scheitelregion anfühlt. Beobachten Sie ganz bewußt den immer stärker werdenden Druck auf der Stirn.

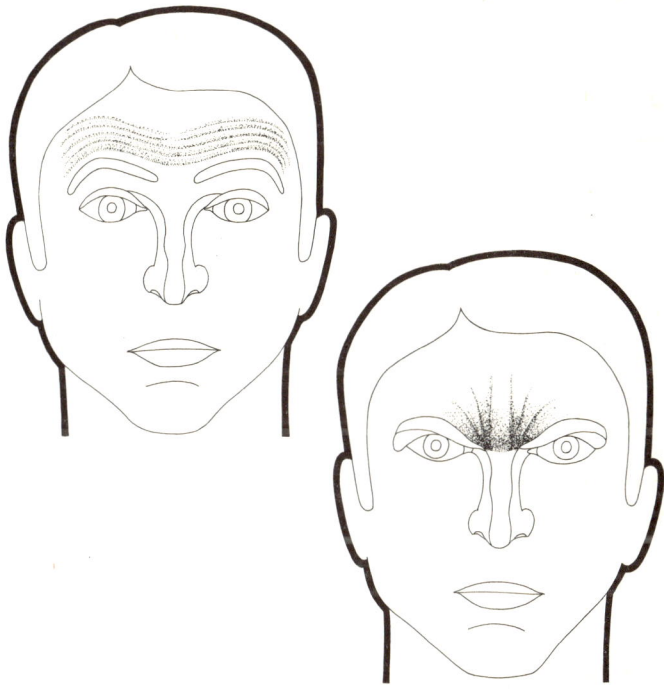

*2. Möglichkeit:* Hierbei ziehen Sie die Augenbrauen zur Nase hin zusammen und schieben die Stirn so weit wie möglich nach unten, daß steile Zornesfalten auf Ihrer Stirn entstehen. Achten Sie auch hier auf das Gefühl der Spannung und des Druckes.

135

*Wichtig:*

Falls Sie häufiger unter Kopfschmerzen in der Stirn- und Schläfenregion leiden, achten Sie besonders darauf, diese Muskeln beim Anspannen nicht zu verkrampfen. Bei dem geringsten Anzeichen von unangenehmem Druck oder Schmerz stoppen Sie sofort mit weiterer Anspannung.

Sollten sich dennoch die Ihnen bekannten Kopfschmerzen einstellen, so lassen Sie diese Übung aus und gehen zu der Entspannung der Augen und der übrigen Muskeln Ihres Gesichts über. Erst, wenn Sie diese gut entspannen können, lassen Sie das Gefühl der Entspannung auch in Ihre Stirn »einfließen«, ohne diese dazu anzuspannen.

*Halten der Spannung*

Während Sie die Spannung in der Stirn anhalten, beobachten Sie genau die dabei auftretenden Gefühle. Die Spannung wird sich wahrscheinlich über die gesamte Scheitelregion bis hinter die Ohren ziehen. Achten Sie aber unbedingt darauf, daß der Muskeldruck nicht unangenehm oder schmerzhaft wird. Es ist besser, nicht so stark, dafür aber längere Zeit anzuspannen als umgekehrt.

Count-down: »5 – 4 – 3 – 2 – 1 – …«.

*Entspannen*

Nach Ihrem Entspannungssignal wird die Stirn wieder glatt und locker. Stellen Sie sich bildlich vor, wie Ihre Stirn- und Kopfhaut sich mehr und mehr glätten, wie sich die darunter liegenden Muskeln strecken und weiten. Lassen Sie die ganze Stirnpartie nach unten über die Augenbrauen fallen … einfach lockerlassen

## 2. Augen

*Anspannen*

Bei den Augen werden sowohl die Muskeln der Lider wie auch die der Augäpfel getrennt geübt. Für die Anspannung der Lider können Sie zwischen den beiden letzten Möglichkeiten wählen oder diese auch abwechselnd anwenden. Die 1. Möglichkeit zur Anspannung der Bewegungsmuskeln der Augäpfel ist unabhängig von den beiden anderen.

*1. Möglichkeit:* Zur Anspannung der Bewegungsmuskulatur der Augäpfel in den Augenhöhlen richten Sie Ihren Blick steil nach oben, ohne den Kopf dabei zu bewegen, dann nach unten und ganz extrem nach rechts und nach links. Aus einer dieser Positionen heraus fangen Sie dann an, Ihre Augen langsam zu rollen. Versuchen Sie dabei den Radius so groß wie möglich zu halten. Dieses Augenrollen wird Ihnen bei geschlossenen Augen leichter fallen als bei geöffneten. Sie können es später auch mit dem Zusammenkneifen der Augen kombinieren.

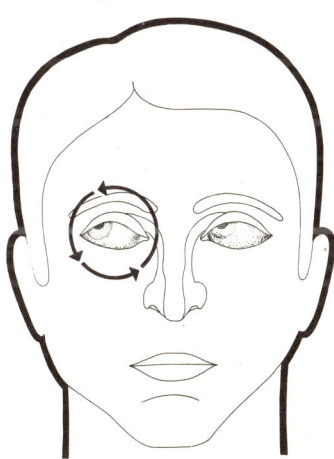

*2. Möglichkeit:* Schließen Sie die Augen. Pressen Sie langsam Ihre Augenlider immer stärker zusammen, bis beide Augen fest zusammengekniffen sind.          137

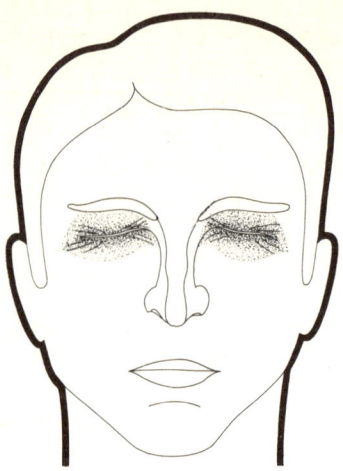

*3. Möglichkeit:* Hier machen Sie genau das Gegenteil: Reißen Sie Ihre Augen ganz groß auf. Versuchen Sie, Ihre Lider so weit wie möglich zu dehnen und zu runden. Die Spannung werden Sie hierbei bis in die Stirn- und Schläfengegend wahrnehmen. Möglicherweise spüren Sie auch einen Muskelzug oberhalb Ihrer Ohren zum Hinterhaupt hin.

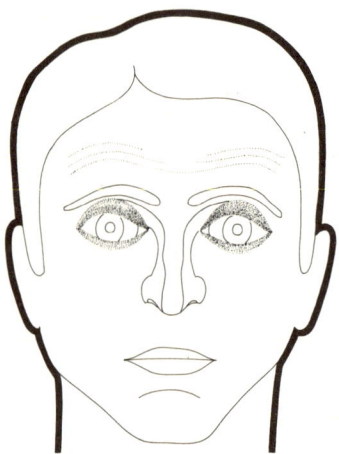

*Wichtig:*
Für Kopfschmerzgefährdete gilt bei der ersten und dritten Möglichkeit das gleiche wie bei der Stirn. Auch hier kann es bei diesen Personen

leicht zu schmerzauslösenden Verspannungen in der Stirn und Schläfengegend kommen.

Dagegen ist die zweite Möglichkeit – das Zusammenpressen der Augen – bei den meisten Menschen unproblematisch und kann deshalb fast immer als Alternative herangezogen werden.

*Halten der Spannung*

Wenn keine unangenehmen Empfindungen auftreten, spannen Sie so fest an wie Sie können und halten die Spannung wieder fünf bis sieben Sekunden lang, beziehungsweise rollen die Augen so lange, bis die Muskeln ermüden. Allerdings gilt auch hier der Grundsatz, daß es besser ist, längere Zeit die Spannung zu halten als allzu fest anzuspannen.

»5 – 4 – 3 – 2 – 1 – ...«.

*Entspannen*

Bei der Entspannung werden die Augenlider anfangs geschlossen sein. Später, wenn sich die Muskeln immer mehr lockern und ein immer tieferes Entspannungsstadium erreichen, werden sich die Lider vielleicht ganz von alleine leicht öffnen. Insbesondere dann, wenn die Muskeln der Augäpfel voll entspannt sind und damit die Konvergenzstellung zur Fixierung optischer Wahrnehmungsobjekte aufgehoben ist, werden Sie Gegenstände vor Ihrem Blickfeld doppelt sehen. Lassen Sie sich dadurch nicht beunruhigen. Sie können dieses Doppeltsehen jederzeit wieder rückgängig machen.

## 3. Nase

*Anspannen*

Sie haben vielleicht schon beim Zusammenkneifen der Augen bemerkt, wie sich ihre Nase an der Nasenwurzel ebenfalls angespannt hat. Um diese Spannung zu verstärken und auf die gesamte Nasenregion auszudehnen, brauchen Sie bloß im wörtlichen Sinne des Wortes die Nase zu rümpfen. Achten Sie darauf, wie sich Ihre Nase zur Stirn hin in Falten zieht und auch die Wangenmuskulatur über den Backenknochen in die Spannung miteinbezogen wird.

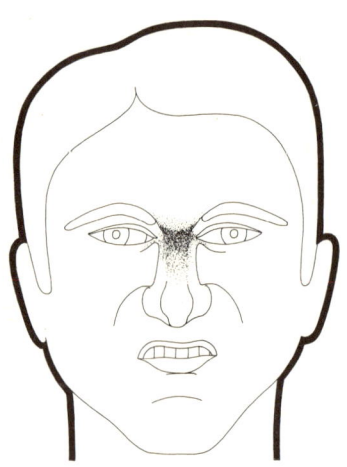

*Halten der Spannung*

Halten Sie nun wieder diese Spannung 5 bis 7 Sekunden an. Die Gefahr einer Verspannung ist hier kaum gegeben. »5 – 4 – 3 – 2 – 1 – ...«.

*Entspannen*

Neben den üblichen Entspannungsgefühlen der Schwere und Wärme können Sie hier einmal ganz bewußt wahrnehmen, wie sich ihre Nase anfühlt, wenn diese groß und schwer an Ihrem Gesicht zu

hängen scheint.

## 4. Lippen

*Anspannen*

*1. Möglichkeit:* Sie schieben Ihre Lippen nach vorne und pressen sie gleichzeitig zusammen; so als ob Sie jemandem mit gespitztem Mund einen Kuß auf die Wange drücken möchten.

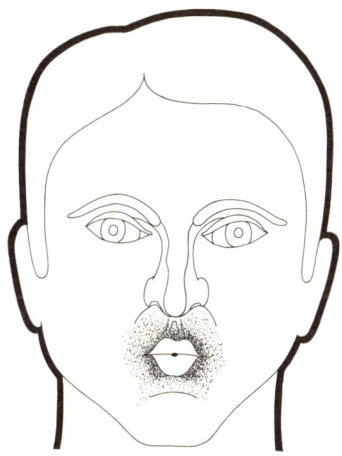

*2. Möglichkeit:* Hier ziehen Sie Ihre Mundwinkel auseinander. Dehnen Sie Ihre Lippen, so weit es Ihnen möglich ist. Die Spannung reicht dabei weit in Ihre Wangen hinein.

141

*Halten der Spannung*

»5 – 4 – 3 – 2 – 1 – ...«.

*Entspannen*

Mit zunehmender Entspannung werden sich Ihre Lippen möglicherweise leicht öffnen und fühlen sich vielleicht wie große dicke Wülste an.

## 5. Zunge

*Anspannen*

Hierbei pressen Sie Ihre Zunge gegen die vordere Wölbung des Gaumens. Fangen Sie zunächst mit ganz leichtem Druck an und steigern diesen dann langsam und gleichmäßig so weit, wie die Kraft Ihres Zungenmuskels reicht.

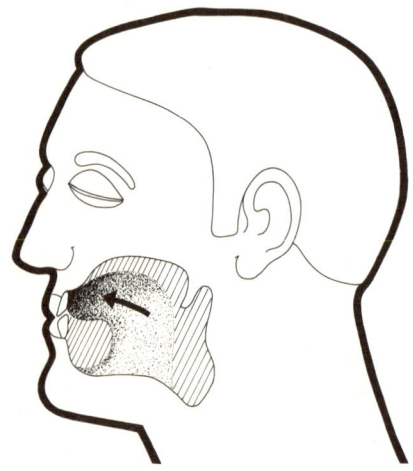

*Halten der Spannung*

Spüren Sie, welche Kraft in Ihrer Zunge sitzt. Sie werden wahrscheinlich überrascht sein, welchen

Druck Sie mit ihr ausüben können, auch wenn Sie diese ungewohnte Anspannung vermutlich nicht allzulange aushalten können. »5 – 4 – 3 – 2 – 1 – ...«.

*Entspannen*

Nun lassen Sie ganz plötzlich alle Spannung los und fühlen, wie Ihre Zunge zurückfällt. Lassen Sie sie bequem und locker liegen und spüren Sie den Gefühlen nach, die sich nun in ihr ausbreiten. Möglicherweise wird sie Ihnen zunächst ganz schwer vorkommen, später vielleicht riesengroß und den gesamten Mundraum ausfüllend.

## 6. Wangen

*Anspannen*

Bei dieser Übung sollen Sie buchstäblich die Zähne zusammenbeißen. Fühlen Sie dabei die Spannung in der Kaumuskulatur und den Druck auf den Zähnen, zuerst ganz leicht und dann immer stärker und kräftiger werdend.

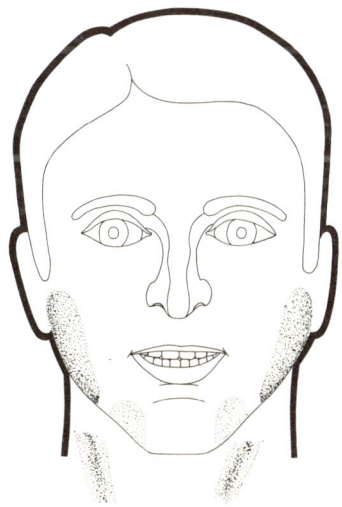

*Halten der Spannung*

»5 – 4 – 3 – 2 – 1 – …«.

*Entspannen*

Mit dem Loslassen der Spannung wird Ihr Unterkiefer nach unten sinken. Lassen Sie ihn einfach hängen. Wenn sie völlig locker lassen, wird er genau im toten Punkt der entspannten Muskulatur bleiben. Ihr Mund kann sich dabei etwas öffnen, muß es aber nicht.

> *Wichtig:*
> Für einige Menschen ist diese Kiefermuskulatur ein kritischer Punkt. Sollten Sie dazu neigen, nachts oder auch tagsüber die Zähne aufeinander zu reiben, so achten Sie ganz besonders darauf, nicht durch allzu starkes Anspannen diese Muskeln zu verkrampfen. Natürlich sollte der Druck auch nicht so stark sein, daß Ihnen die Zähne schmerzen.

## 7. Gesamtentspannung des Gesichtes

Nachdem Sie nun alle Muskelgruppen des Gesichts einzeln durchgegangen sind, fassen Sie sie wieder zusammen. Dazu können Sie – ausgehend oder im Anschluß an die letzte Übung (für die Wangen-Kiefermuskulatur) – die dort auftretenden Entspannungsempfindungen langsam sich über das ganze Gesicht ausdehnen lassen. Andererseits können Sie aber auch die folgende Übung zur Gesamtentspannung aller Gesichtsmuskeln durchführen:

*Anspannen*

Stellen Sie sich vor, Sie beißen in eine schön saure
Zitrone; es zieht Ihnen dabei das ganze Gesicht zu-

sammen. Mit anderen Worten: Sie beißen die Zähne zusammen, pressen die Lippen aufeinander, ziehen die Stirn bis zur Nasenwurzel hin in Falten und kneifen die Augen zu.

*Halten der Spannung*

Es gibt Personen, die ständig ein »verkniffenes« und »zusammengebissenes« Gesicht haben. Nehmen Sie nun deutlich die Empfindungen wahr, die ein solcher Gesichtsausdruck hervorruft. Währenddessen zählen Sie – wie immer – den count-down: »5 – 4 – 3 – 2 – 1 – ...«.

*Entspannen*

Lassen Sie nun alle aufkommenden Entspannungsempfindungen sich gleichmäßig über das ganze Gesicht verteilen ... ganz locker ... ganz entspannt ... Versuchen Sie, der Entspannung immer weiter nachzugeben, sie immer tiefer und umfassender werden zu lassen.

## Entspannung des Oberkörpers

### 1. Hals

*Anspannen*

Auch für den Hals gibt es mehrere Möglichkeiten zum Anspannen, aus denen Sie sich die Ihnen angenehmste heraussuchen können. Die rückseitigen Halsmuskeln (Nackenmuskulatur) sind gewöhnlich schwieriger zu entspannen. Für diese werden Sie deshalb eine gesonderte Übung durchführen. Bei der folgenden Übung konzentrieren Sie sich vorwiegend auf die vorderen und seitlichen Muskelstränge des Halses.

145

*1. Möglichkeit:* Drehen Sie Ihren Kopf langsam nach rechts, immer weiter und stärker, so weit es Ihnen möglich ist, ohne dabei unangenehme oder schmerzhafte Gefühle hervorzurufen. Achten Sie auf die Spannung, die dabei in den Halsmuskeln entsteht. Dann drehen Sie Ihren Kopf zurück zur Mitte und weiter zur linken Seite, langsam und gleichmäßig. Halten Sie die Spannung jeweils wieder fünf bis sieben Sekunden aufrecht.

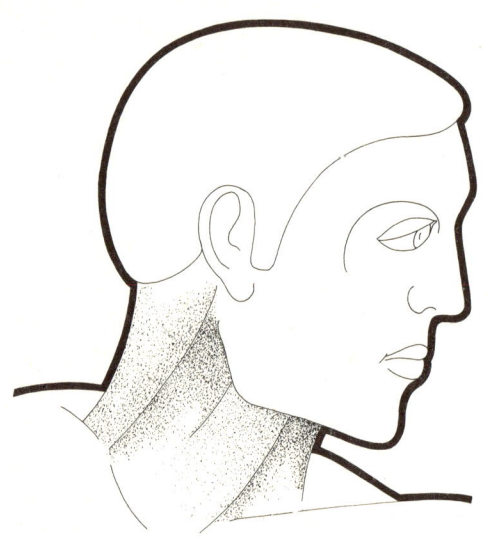

*Wichtig:*
Führen Sie diese Übung ganz langsam und gleichmäßig durch. Vermeiden Sie ruckartige Bewegungen und spannen Sie nur so weit an, daß Sie keine unangenehmen Empfindungen, beispielsweise in den Nackenmuskeln oder in den Nackenwirbeln spüren. Sollten Sie häufiger einen »steifen Hals« haben, so ist diese Übung als Gegenmittel geeignet, wenn Sie entsprechend vorsichtig vorgehen.

*2. Möglichkeit:* Drücken Sie Ihren Kopf, so weit es geht, nach hinten und achten Sie auf die Spannung, die hierbei im Nacken entsteht. Gleichzeitig schieben

146

Sie ihr Kinn nach vorn, wiederum so weit es irgendwie möglich ist. Nun spüren Sie auch in der vorderen Halspartie Spannung.

Halten Sie diese Spannung ein paar Sekunden lang aus und lassen Sie den Kopf dann in die Mittellage wieder zurückkehren. Beobachten Sie dabei das Nachlassen der Spannung vor allem im Nackenbereich.

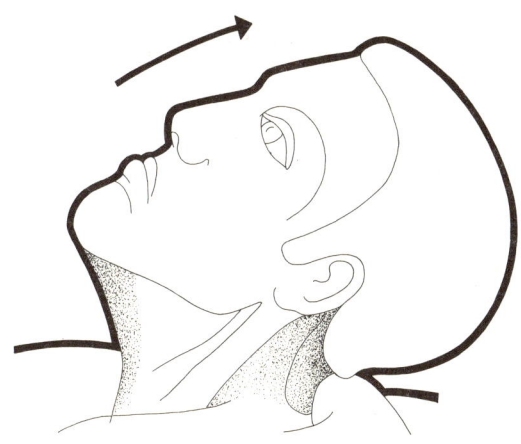

Achten Sie nun auf den Wechsel in der Spannung, wenn Sie gleich den Kopf nach vorne drücken und dabei das Kinn ganz fest gegen die Brust pressen. Sowohl in der vorderen wie in der hinteren Halspartie sollen Sie nun starke Spannung fühlen.

*Wichtig:*
Wenn Sie unter einer Überfunktion der Schilddrüse leiden, sollten Sie auf diese Übung eher verzichten.

Nach ein paar Sekunden kehren Sie wiederum in die entspannte Mittellage zurück und drücken den Kopf anschließend gegen Ihre rechte Schulter, so fest Sie können. Spüren Sie die Spannung auf der rechten Seite des Halses und das Ziehen in der linken Halsmuskulatur.

147

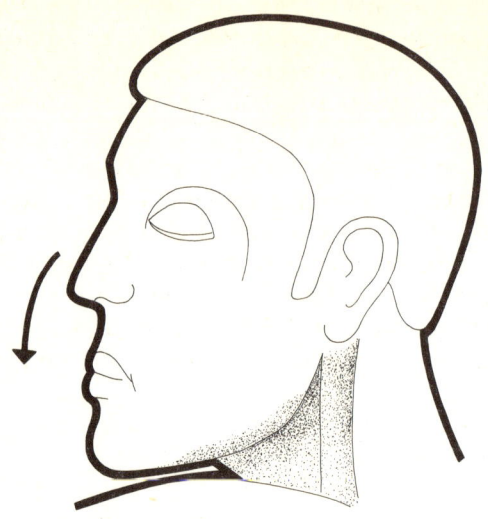

Danach legen Sie den Kopf nach links und pressen ihn, so weit es geht, nach unten auf die linke Schulter. Auch hier spüren Sie deutlich die angespannten und gedehnten Muskelstränge.

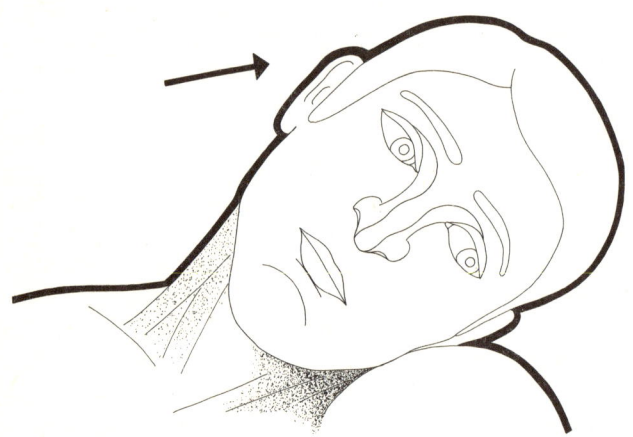

*3. Möglichkeit:* Diese dritte Möglichkeit unterscheidet sich von den beiden ersten vor allem dadurch, daß Sie hier die Spannung in den Muskeln nicht aktiv durch verstärkten Druck erzeugen. Der nötige Druck und die Anspannung wird hier allein durch das Gewicht Ihres Kopfes hervorgerufen.

Sie lassen zunächst den Kopf nach vorne auf die Brust sinken, indem Sie einfach die Nackenmuskeln locker lassen. Dann ziehen Sie den geneigten Kopf langsam nach rechts, immer weiter, bis er auf der rechten Schulter liegt. Langsam lassen Sie ihn nun weiter nach rückwärts rollen, bis er nach hinten hängt. Ihre vorderen Halsmuskeln sollten jetzt ganz locker sein. Gleichmäßig rollen Sie ihn nun über die linke Schulter wieder nach vorne.

Wichtig ist, daß der Kopf in jeder Stellung so weit wie möglich nach unten geneigt ist, ohne daß Sie jedoch dazu verstärkten Druck anwenden. Lassen Sie einfach die der jeweiligen Kopfneigung entgegengesetzten Muskeln ganz locker.

Auf diese Art rollen Sie Ihren Kopf ca. zehnmal nach rechts und ebenso oft nach links herum.

Fühlen Sie dabei den ständigen Spannungswechsel in den einzelnen Muskelsträngen und achten Sie darauf, an welchen Stellen das Rollen etwas holprig und unangenehm wird. Hier stoßen Sie auf Ihre chronisch verspannten Muskeln, die sich nur langsam und erst nach mehrmaligem Üben allmählich lockern werden.


*Entspannen*

Richten Sie Ihren Kopf jedesmal wieder auf und lassen sie ihn auspendeln, bis er ganz von allein in einer bequemen Mittellage seine Ruhestellung gefunden hat. Überlassen Sie sich den Entspannungsgefühlen, die jetzt allmählich in die Halsmuskeln einfließen. Lassen Sie diesen Gefühlen genügend Zeit.

Nach einer Weile können Sie diese Ruhestellung nochmal überprüfen, indem Sie versuchen, durch weitere, aber winzig kleine Kopfbewegungen den »toten Punkt« zu finden, an dem alle Muskeln Ihres Halses gleich locker und entspannt sind, wo kein Muskelstrang den Kopf stärker zu halten hat als andere.

Die eben beschriebene 3. Möglichkeit zur Anspannung der Halsmuskulatur ist sehr gut für die *Gesamt-* 149 *entspannung des Hals- und Nackenbereiches* geeignet, insbesondere auch für jene Personen, bei denen diese Muskeln stärker verspannt sind. Wenn dies bei Ihnen der Fall sein sollte, so führen Sie dieses Kopfrollen sehr langsam und vorsichtig durch. Fangen Sie unter Umständen mit sehr kleinen Kreisen an und lassen Sie erst nach und nach den Kopf immer tiefer sinken, so daß der Radius der Kreise langsam größer wird. Achten Sie darauf, daß während des Rollens keine Schmerzen im Hals und Nacken auftreten.

## 2. Nacken

*Anspannen*

*1. Möglichkeit:* Sie ziehen den Kopf so weit nach vorne, daß das Kinn beinahe die Brust berührt. Durch gleichzeitiges Anspannen der Nackenmuskulatur verhindern Sie dies jedoch. Mit anderen Worten, Sie versuchen den nach vorne geneigten Kopf mit aller Kraft Ihrer Nackenmuskeln wieder hoch und nach rückwärts zu ziehen, halten ihn gleichzeitig jedoch so fest in der geneigten Haltung, daß Ihnen dies trotz aller Kraftanstrengung nicht gelingt. Sie können dabei ein leichtes Zittern in den Muskeln spüren.

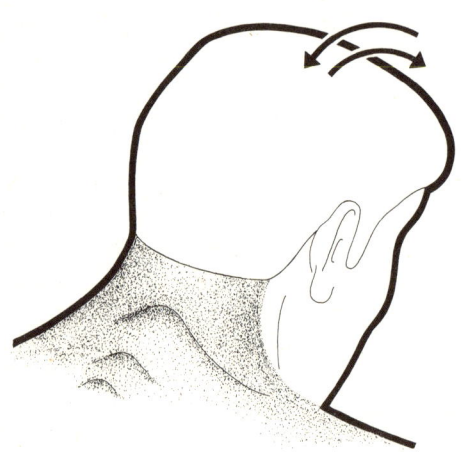

*2. Möglichkeit:* Sie ziehen Ihre Schultern so weit hoch, daß Sie fast an die Ohrläppchen anstoßen. Anschließend drücken Sie dann Ihren Kopf nach hinten gegen die angehobenen Schultern, so fest wie es Ihnen möglich ist.

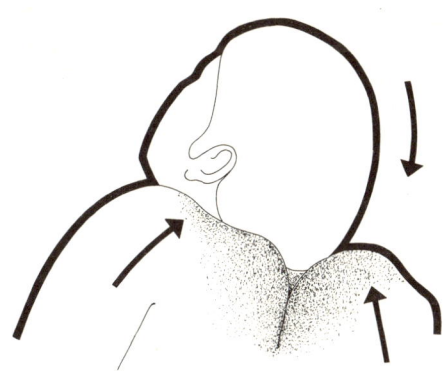

*Wichtig:*
Sollten Sie häufiger unter Kopfschmerzen leiden, die sich vorwiegend über das Hinterhaupt erstrecken, so achten Sie ganz besonders darauf, daß Sie die Nackenmuskeln nicht verspannen. Bei dem geringsten Anzeichen von Schmerzen in diesem Bereich sollten Sie die Anspannung stoppen und etwas zurücknehmen, dafür aber längere Zeit anhalten. Sollten sich dennoch – auch wenn Sie ganz sorgfältig und vorsichtig vorgehen – die Ihnen bekannten Spannungskopfschmerzen einstellen, so lassen Sie diese Übung aus und gehen zur Entspannung der Schultermuskulatur über. Erst wenn Sie dort eine tiefe und beständige Entspannung erzielen können, lassen Sie diese Gefühle langsam nach oben in den Nacken einfließen.

*Halten der Spannung*

*Entspannen*

### 3. Schultern

*Anspannen*

*1. Möglichkeit:* Diese Möglichkeit kennen Sie schon von der Anspannung der Nackenmuskeln. Sie heben beide Schultern langsam hoch und pressen sie immer fester nach oben gegen Ihre Ohren.

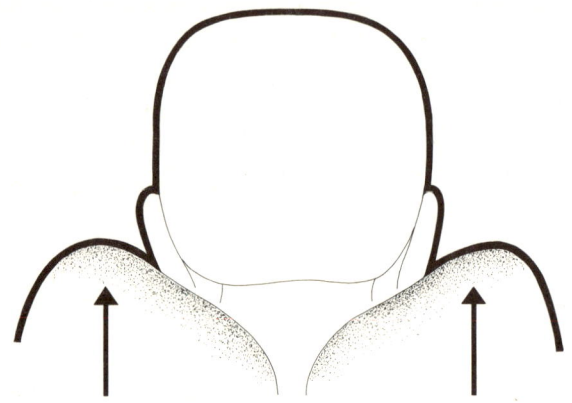

*2. Möglichkeit:* Hier ziehen Sie Ihre Schultern, so weit es geht, zurück, so daß sich vielleicht die Schulterblätter auf dem Rücken berühren. Sie sollten nun in der oberen Rückenpartie und auch leicht in der Brust die angespannten Muskeln spüren können.

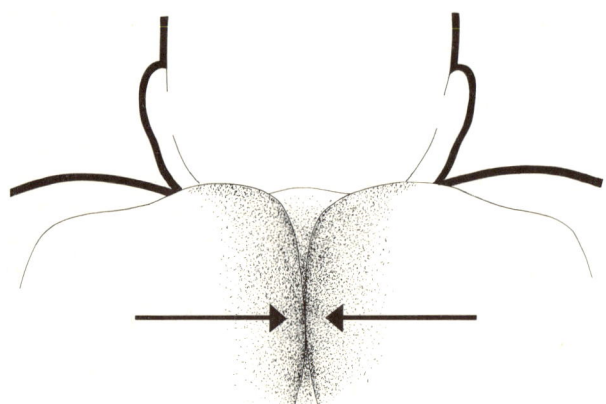

152

*3. Möglichkeit:* Diese Möglichkeit schließt die beiden ersten mit ein und stellt die *umfassende Anspannung* der Schultermuskeln dar.

Nachdem Sie wieder wie bei der ersten Möglichkeit die Schultern nach oben gegen die Ohren gepreßt haben, ziehen Sie sie nun langsam rückwärts nach unten, so weit es möglich ist, und pressen dort – wie bei der zweiten Möglichkeit – die Schulterblätter gegeneinander. Anschließend, ohne mit der Spannung abzusetzen, drehen Sie die Schultern wieder nach oben.

Führen Sie diese Auf- und Abwärtsbewegung drei- bis fünfmal durch und achten Sie dabei darauf, welche Muskelpartien abwechselnd angespannt werden.

*Halten der Spannung*

Führen Sie immer wieder den count-down durch, während Sie die Spannung in den Muskeln für ca. 5 Sekunden aufrechthalten: »5 – 4 – 3 – 2 – 1 –...«.

*Entspannen*

Vergessen Sie auch nicht das Signalwort »Entspannen!«, das den Endpunkt des count-down bildet.

> *Wichtig:*
> Für Kopfschmerzgefährdete gilt bei diesen Schulterübungen das gleiche, was schon bei den Nackenübungen gesagt wurde. Insbesondere immer dann, wenn Sie die Schultern in den Nacken, also zum Hinterkopf hochziehen, sollten Sie vorsichtig vorgehen. Auch hier gilt – wie immer – das Prinzip: Schmerzen und alle unangenehmen Empfindungen auf jeden Fall vermeiden!

153

## 4. Rücken

*Anspannen*

*1. Möglichkeit:* Von den vielfältigen Muskelschichten des Rückens sollen zunächst nur die langen Rückenstreckmuskeln angespannt werden. Dazu drücken Sie Ihren Rücken ganz fest durch und machen ein ausgesprochenes Hohlkreuz. Wenn Sie auf einem Bett liegen oder die Rückenlehne Ihres Sessels lang genug ist, so stemmen Sie sich mit dem Hinterkopf und dem Gesäß so fest gegen die Unterlage, daß sich Ihre Brust und der Bauch so weit wie möglich von dieser Unterlage abheben. Sie können diese Übung aber genausogut aufrechtsitzend und ohne Abstützen durchführen. Beobachten Sie dabei die Spannung in der Wirbelsäule und der unteren Rückenpartie.

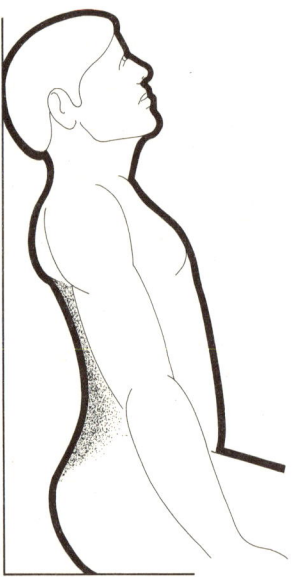

*Wichtig:*
Bei dieser und der folgenden Übung sollte der übrige Körper so gut wie möglich entspannt und locker sein. Falls Sie öfters unter Rückenschmerzen zu leiden haben, sollten Sie bei

beiden Anspannungsmöglichkeiten des Rük-
kens sehr langsam und achtsam vorgehen. Notfalls lassen Sie diese Übung aus und versuchen,
die Entspannungsgefühle aus den Schultern in
den Rücken hinunterfließen zu lassen.

*2. Möglichkeit:* Bei dieser zweiten Möglichkeit werden im wesentlichen die breiten Rückenmuskeln sowie die Trapezmuskeln der Schultern angespannt,
indem Sie abwechselnd die rechte und linke Schulter nach rückwärts und gleichzeitig schräg nach unten ziehen. Die angewinkelten Arme machen diese
Bewegung jeweils mit.
Auch hier ist es gleichgültig, ob Sie liegen oder frei
sitzen. Im Liegen drücken Sie zunächst ihren rechten
Ellbogen gegen die Unterlage, so daß sich der rechte
Oberkörper leicht anhebt. Je mehr Sie die Schulter
nun nach unten zum Körper hinziehen, desto mehr
werden Sie die Spannung in ihrer rechten Seite spüren. Gleich anschließend führen Sie diese Übung mit
der linken Schulter durch, um dann beide Rücken-
partien gleichzeitig entspannen zu lassen.

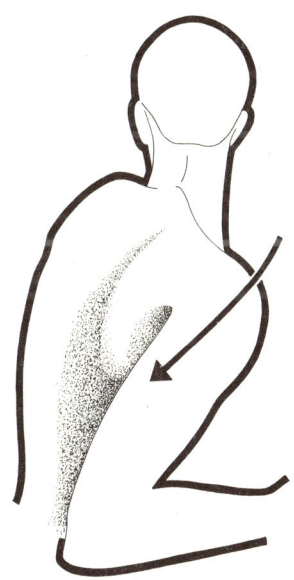

## 5. Brust

*Anspannen*

*1. Möglichkeit:* Zur Anspannung der beiden großen Brustmuskeln winkeln Sie Ihre Arme an und drücken in Höhe Ihrer Brust mit der ganzen Kraft Ihrer Arme die offenen Handflächen gegeneinander. Wenn Sie noch zusätzlich die Schultern leicht nach vorne neigen, sollten Sie in beiden Brustmuskeln (und natürlich auch in Ihren Armen) starke Spannung spüren.

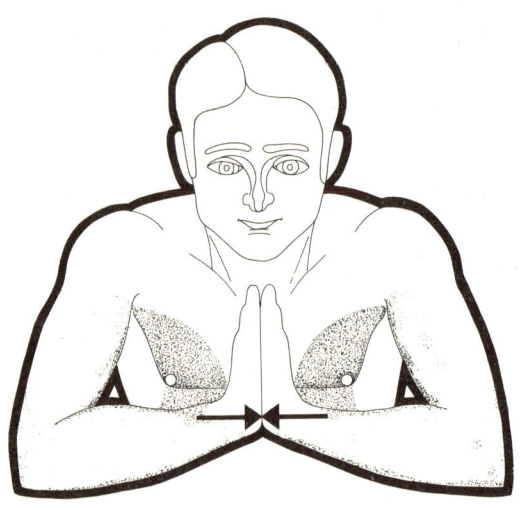

*2. Möglichkeit:* Ohne Ihre Hände und Unterarme allzu sehr belasten zu müssen, können Sie die großen Brustmuskeln auch auf folgende Weise anspannen: Ähnlich wie beim Tanz von Kosaken kreuzen Sie die Arme übereinander und drücken jeweils mit den Oberarmen, so fest Sie können, nach innen gegeneinander. Ihre Hände, die auf dem jeweiligen gegenseitigen Oberarm liegen, fangen diesen Druck auf. Konzentrieren Sie sich dabei aber ausschließlich auf die Spannung in den Brustmuskeln.

156

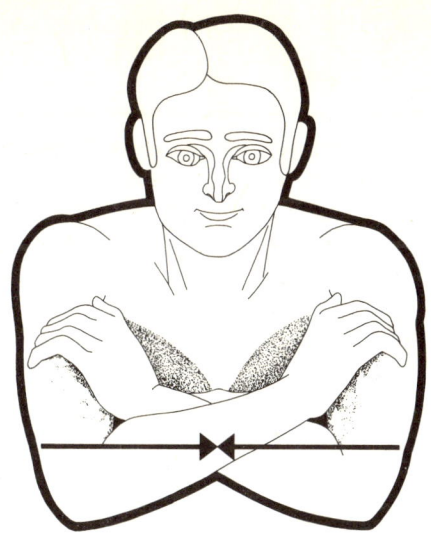

*Halten der Spannung*

»5 – 4 – 3 – 2 – 1 – ...«.

*Entspannen*

*3. Möglichkeit:* Diese dritte Möglichkeit richtet sich weniger auf die großen Brustmuskeln. Vielmehr sollen hierbei vor allem die Zwischenrippenmuskeln und die kleinen Brustmuskeln geübt werden.
Sie konzentrieren sich zunächst auf Ihre Atmung und beobachten, wie Sie langsam ein- und ausatmen. Die natürliche Atmung sollte durch Dehnung des Zwerchfelles und der Bauchdecke erfolgen.
Bei dieser Übung wird die Atmung jedoch ganz bewußt in den Brustkorb verlegt.
Versuchen Sie also zunächst, Ihren Brustkorb beim Einatmen zu heben und zu dehnen. Beobachten Sie dies eine kurze Zeit lang und fühlen Sie, wie sich die Spannungsverhältnisse in Ihrer Brust mit jedem Ein- und Ausatmen ändern.
Nun verstärken Sie diese Spannung, indem Sie kräftiger einatmen, so als ob Sie Ihre Lungen ganz voll-

157

pumpen möchten. Halten Sie dann, so lange Sie können, den Atem an und achten Sie dabei auf die Spannung in Ihrer Brust.
Ganz plötzlich lassen Sie darauf den Brustkorb wieder zusammensinken. Spüren Sie, wie mit dem Ausströmen der Luft aus Ihrer Lunge auch alle Spannung entweicht.
Atmen Sie jetzt ganz normal weiter. Lassen Sie die
Luft ganz gelassen ein- und ausströmen und beobachten Sie dabei, wie Ihre Brust immer lockerer und
freier wird.
Nach ein bis zwei Minuten wiederholen Sie das kräf-
tige Einatmen und überlassen sich dann wieder voll
den Gefühlen der Entspannung.
Je nachdem, wie sehr Sie mit der Lockerung Ihrer
Brustmuskulatur zufrieden sind, führen Sie diese
Übung fünf- bis zehnmal durch.

*Wichtig:*
Während der Entspannungsphasen dem Atem
ganz freien Lauf lassen. Es ist unwichtig, ob Sie
nun vorwiegend mit der Brust oder dem Bauch
atmen. Versuchen Sie bloß, keinen Einfluß mehr
darauf zu nehmen. Nicht Sie selbst atmen, sondern es atmet Sie, ganz automatisch und selbstverständlich.

### 6. Bauch

*Anspannen*

*1. Möglichkeit:* Ihre Bauchmuskeln werden am
besten dadurch entspannt, daß Sie Ihren Bauch hart
wie ein Brett machen. Spannen Sie die Muskeln so
stark an, als wollten Sie sich selbst in den Bauch
schlagen und diesen Schlag an dem Muskelpanzer
abprallen lassen.
Spüren Sie dabei, wie die Muskelkräfte am oberen
Beckenrand und am Brustbein ansetzen und Ihre
158 Bauchdecke flach und steif wird.

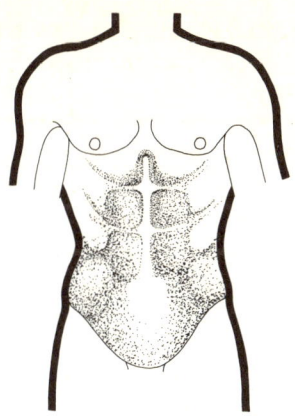

*Halten der Spannung*

»5 – 4 – 3 – 2 – 1 –...«.

*Entspannen*

Konzentrieren Sie sich zunächst nur auf die Empfindungen Ihrer Bauchdecke. Erst später, wenn sich die Entspannungsgefühle hier voll ausgebreitet haben, lassen Sie diese langsam tiefer in den Bauch einsinken. Sie sollten schließlich den ganzen Bauchraum ausfüllen, so daß Ihr ganzer Leib in eine wohlige Entspannung eingehüllt ist und sich im Rhythmus der Atmung ganz leicht und locker hebt und senkt.

*2. Möglichkeit:* Sollte Ihnen die erste Möglichkeit zum Anspannen der Bauchmuskulatur etwas schwerfallen, so strecken Sie einfach Ihren Bauch soweit wie möglich heraus, halten die Spannung wenige Sekunden und ziehen den Bauch danach ganz ein. Ihre Bauchdecke wölbt sich dabei abwechselnd nach außen und nach innen.
Verharren Sie dabei in jeder Lage einige Sekunden, um die Spannung deutlich spüren zu können. Günstig ist es auch, wenn Sie das Rausstrecken und Einziehen des Bauches mit der Atmung koppeln, indem Sie beim Rausstrecken tief Luft holen, beim Halten der Spannung dann die Luft anhalten, um

159

dann beim Einziehen wieder voll auszuatmen. Zusammen mit den eingezogenen Bauchmuskeln halten Sie dann abermals den Atem an. Zusätzlich zu der Spannung in den Bauchmuskeln werden Sie nun auch im unteren Bereich Ihres Brustkorbes Spannung verspüren, da durch diese Übung auch die Muskelplatte des Zwerchfells in die Anspannung miteinbezogen wird.

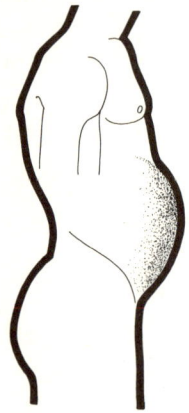 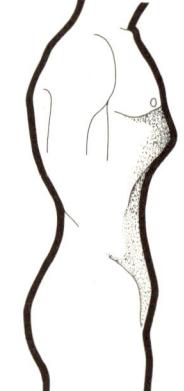

*Halten der Spannung*

*Entspannen*

### 7. Gesamtspannung des Oberkörpers

Die Gesamtentspannung des Hals- und Nackenbereiches haben wir schon beschrieben (S. 149), sie sollte separat durchgeführt werden. Bei der folgenden Übung werden deshalb nur Schultern, Brust und Bauch gleichzeitig angespannt.

Zunächst fassen Sie wieder – anschließend an die Bauchübung – alle Entspannungsgefühle des Oberkörpers zusammen. Ausgehend von der Bauchmuskulatur lassen Sie den »Strom der Entspannung« nach rückwärts in die Rückenmuskulatur und nach oben in die Brustmuskulatur einfließen. Ihr gesamter Oberkörper soll gleichmäßig tief entspannen.

Wenn Sie den ganzen Oberkörper auf einmal anspannen wollen, so können Sie die folgende Übung durchführen:

*Anspannen*

Sie atmen tief ein und halten die Luft an, ziehen die Schulterblätter nach hinten zusammen und machen gleichzeitig Ihren Bauch hart.

*Halten der Spannung*

Während Sie nun den count-down zählen, halten Sie weiter die Luft an, allerdings nur so lange, wie es nicht unangenehm für Sie wird. Auf jeden Fall lassen Sie mit dem Ausatmen auch alle Anspannung los. »5 – 4 – 3 – 2 – 1 –...«.

*Entspannen*

Lassen Sie nun Ihren Atem frei und locker ein- und ausströmen, so wie es Ihr Körper verlangt. Beobachten und fühlen Sie, wie mit jedem Ausatmen immer mehr Spannung aus dem Oberkörper herausgeht ... wie sich alle Muskeln mehr und mehr lockern und entspannen ...
Ihre Atmung geschieht ganz von alleine. Richten Sie nach einer Weile Ihre Aufmerksamkeit auf Ihren Bauch und beobachten Sie hier, wie die Bauchdecke sich im Rhythmus des Atems langsam hebt und senkt ...

**Entspannung der Beine**

Beim Anspannen der Beinmuskulatur ist es im allgemeinen nicht mehr nötig, daß Sie die einzelnen Muskeln für das rechte und linke Bein getrennt üben. 161

Deshalb gelten die folgenden Übungen jeweils für beide Beine gleichzeitig. Dennoch können Sie, falls Sie es für günstiger halten, die Übungen für jedes Bein einzeln durchführen, sollten aber zum Schluß auf jeden Fall die Übungen noch mit beiden Beinen gleichzeitig durchführen

### 1. Gesäß und Becken

*Anspannen*

Pressen Sie jetzt die großen Gesäßmuskeln so stark zusammen, daß Ihr Oberkörper leicht angehoben wird. Die Spannung wird bis in die rückseitigen Oberschenkelmuskeln spürbar sein. Sie sollte sich auch über die Beckenknochen nach vorne erstrecken und – so gut es geht – das gesamte Becken mitein-beziehen. Am wichtigsten ist jedoch die Spannung in den Gesäßmuskeln. Achten Sie wieder darauf, daß außer dem leichten Zug in den Oberschenkeln alle übrigen Muskeln des Körpers, insbesondere der Beine und Füße, ganz locker sind.

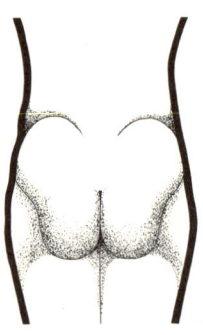

*Halten der Spannung*

*Entspannen*

## 2. Oberschenkel

*Anspannen*

*1. Möglichkeit:* Gewöhnlich lassen sich die vorderen und hinteren Oberschenkelmuskeln anspannen, ohne die Beine irgendwie zu bewegen. Die hinteren Muskelstränge werden dabei ganz hart, und die vorderen werden sich zusätzlich etwas nach oben wölben. Versuchen Sie also bei dieser Übung, die vordere und hintere Muskelgruppe beider Oberschenkel gleichzeitig anzuspannen, die Muskeln der Unterschenkel und Füße dabei aber ganz locker zu lassen.

*2. Möglichkeit:* Am einfachsten ist es wohl, wenn Sie bei durchgedrückten Knien Ihre langgestreckten Beine einfach hochheben.

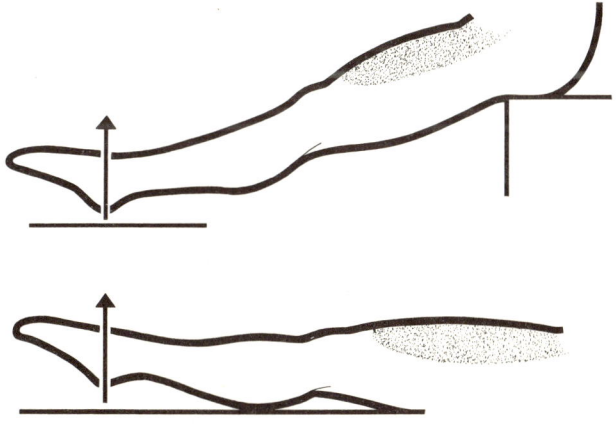

*3. Möglichkeit:* Hierbei pressen Sie die Fersen, so fest wie es Ihnen möglich ist, gegen den Boden, wenn Sie sitzen, oder gegen die Unterlage, auf der Sie liegen. Die Spannung in den Oberschenkeln, aber auch im Gesäß und den Unterschenkeln sollte nun deutlich fühlbar sein.

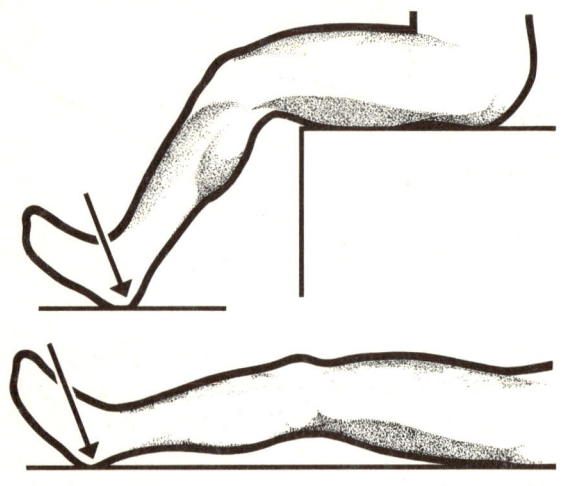

*Halten der Spannung*

*Entspannen*

### 3. Unterschenkel und Füße

Die Muskeln der Unterschenkel und Füße hängen eng miteinander zusammen, so daß sie leicht auch zusammen geübt werden können.

*Anspannen*

*1. Möglichkeit:* Wenn Sie Ihre Füße im Fußgelenk nach oben abwinkeln, so spüren Sie deutlich entlang des Schienbeins Spannung. Ziehen Sie nun zusätzlich auch noch die Zehen nach oben und verstärken Sie damit diese Spannung, soweit es möglich ist. Dabei werden Sie nun auch auf dem Fußrücken die Anspannung spüren.

*2. Möglichkeit:* Zum Anspannen der Wadenmuskulatur drücken Sie Ihre Füße und Zehen ganz nach unten. Je mehr Sie die Zehen beugen, desto stärker werden Sie auch in den Fußsohlen die Spannung fühlen.

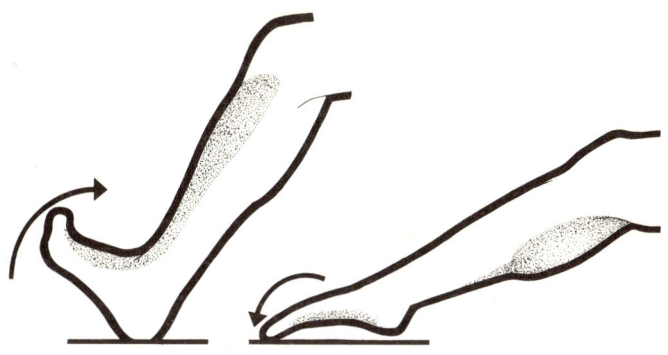

*Wichtig:*
Sollten Sie manchmal in den Wadenmuskeln Krämpfe haben, so führen Sie die letzte Möglichkeit sehr vorsichtig durch, um eine solche Verspannung zu vermeiden. Notfalls begnügen Sie sich mit der vorhergehenden Übung, die auch allein eine hinreichende Entspannung der Füße und Unterschenkel gewährleistet.

4. Gesamtentspannung der Beine

Zur Gesamtentspannung der Beine heben Sie diese bei durchgedrückten Knien von der Unterlage hoch (wie bei der 2. Möglichkeit zur Anspannung der Oberschenkel), strecken die Füße im Fußgelenk und beugen die Zehen (wie bei der 2. Möglichkeit zur Anspannung der Unterschenkel und Füße).

**Kurzentspannung**

*1. Möglichkeit:* Bis jetzt sollten Sie langsam, Schritt für Schritt, alle einzelnen Muskelgruppen Ihres Körpers durchgeübt haben. Am Ende größerer Abschnitte (Arme, Gesicht, Hals/Nacken, Oberkörper und Beine) wurden jeweils mehrere Muskelgruppen in einer einzigen Übung zusammengefaßt. Diese Übungen können Sie nun auch bei der sogenannten Kurzentspannung verwenden. Haben Sie bis jetzt alle einzelnen Muskelgruppen hinreichend entspannen können, so genügt es weiterhin, wenn Sie jeweils nur noch diese 5 Übungen zur Gesamtentspannung der einzelnen Bereiche durchführen.

*2. Möglichkeit:* Hier gehen Sie einen Schritt weiter und fassen noch mehr Muskeln bei der Anspannung zusammen. Letztlich soll hier der gesamte Körper auf einmal angespannt werden. Anschließend gehen Sie mit Ihren »inneren Sinnen« die einzelnen Muskeln in der bekannten Reihenfolge durch, um sie durch passive Konzentration noch mehr zu lockern.

*Anspannen*

- Sie krümmen den Rücken samt Ihrem Kopf nach vorne zu einem Halbkreis
- drücken das Kinn auf die Brust
- spannen die Gesichtsmuskulatur an (Zitrone!)
- drücken bei hochgezogenen Schultern die Unterarme gegen die Oberarme
- ballen die Fäuste
- machen Ihre Bauchdecke hart
- winkeln Ihre Beine an und ziehen die Knie unters Kinn
- winkeln auch die Füße in den Fußgelenken ab und drücken die Zehen zum Körper hin.

*Halten der Spannung*

Während Sie diese Gesamtspannung Ihres Körpers anhalten, achten Sie bewußt auf die in den einzelnen Muskelabschnitten auftretenden Gefühle der Anspannung und zählen den count-down: »5 – 4 – 3 – 2 – 1 – ...«.

*Entspannen*

Wie immer sprechen Sie auch hier das Signal »Entspannen« ganz bewußt aus und lassen damit alle Spannung aus dem gesamten Körper heraus. Lassen Sie sich wohlig zurücksinken und gehen Sie nun die einzelnen Abschnitte Ihres Körpers in der bekannten Reihenfolge durch, um diese mehr und mehr zu lokkern und zu entspannen.

Diese Übung eignet sich sehr gut dafür, am Morgen vor dem Aufstehen den gesamten Kreislauf zu aktivieren und die labile Phase nach dem Aufwachen zu vermeiden.

## Schwierigkeiten — Lösungsvorschläge

Wie bei jedem anderen Lernvorgang können auch bei der Muskelentspannung, aber auch bei den folgenden Übungen zur autogenen und meditativen Entspannung, kleinere oder größere Schwierigkeiten auftauchen. Es ist ganz natürlich, daß Sie immer wieder an Punkte stoßen werden, wo es nicht mehr weiter zu gehen scheint, wo Probleme entstehen, die nicht vorherzusehen waren. Manche wären vermeidbar gewesen, andere vielleicht nicht.

In Entspannungskursen kann der Leiter differenziert auf die ganz persönlichen Schwierigkeiten jedes einzelnen Teilnehmers eingehen und mit ihm gemeinsam nach einer Lösungsmöglichkeit suchen.

Wenn Sie die Übungen in eigener Regie durchführen, können Ihnen die folgende Checkliste und die sich anschließenden Hinweise dabei behilflich sein, eventuell auftretende Schwierigkeiten genauer zu erkennen und zu bewältigen. Voraussetzung ist, daß Sie nicht zu jenen Menschen gehören, die sich ihre Probleme grundsätzlich von anderen lösen lassen.

## Checkliste

Bevor Sie unsere Lösungsvorschläge durchlesen, gehen Sie in jedem Fall diese Checkliste durch, um zu überprüfen, ob Sie nicht wichtige Punkte aus den Hinweisen zur Durchführung übersehen haben.

1. Wie oft und wie lang üben Sie jeden Tag?
2. Haben Sie dabei mögliche äußere Störquellen abgestellt?
3. Ist der Raum, in dem Sie üben, dafür geeignet?
4. Haben Sie Ihre Übungszeiten günstig gewählt?
5. Werden Sie manchmal/oft beim Üben gestört?
6. Üben Sie manchmal/oft unter Zeitdruck?
7. Üben Sie manchmal/oft unter innerem Druck?
8. Können Sie sich »ruhigen Gewissens« die Zeit zum Üben nehmen?
9. Glauben Sie, daß andere dafür Verständnis haben, daß Sie Entspannung üben?
10. Haben auch Sie selbst Verständnis dafür, daß gerade Sie sich entspannen wollen?
11. Haben Sie die nötige Geduld und können Sie auf die Entspannung warten?
12. Setzen Sie sich vielleicht doch unter Leistungsdruck und Erfolgszwang?

Mit anderen Worten, überprüfen Sie, ob die äußeren und inneren Voraussetzungen gegeben sind, die Ihre Entspannung begünstigen und beschleunigen. Denken Sie auch daran, daß das *Entspannungsprinzip* im umgekehrten Verhältnis zu dem üblichen *Leistungsprinzip* steht, das den meisten von uns seit der Kindheit »eingetrichtert« worden ist und nach dem wir uns gewöhnlicherweise auch verhalten.

168

Im folgenden werden die erfahrungsgemäß am häufigsten auftretenden Schwierigkeiten kurz behandelt. *Dieses Kapitel gilt nicht allein nur für die Muskelentspannung, sondern vor allem in den letzten Punkten auch für die autogene und meditative Entspannung.*

## *Krämpfe und Schmerzen in den Muskeln*

Schmerzen und Verkrampfungen sind genau das Gegenteil von dem, was in der Muskelentspannung erreicht werden soll. Sie sind unter allen Umständen zu vermeiden. Beachten Sie deshalb unbedingt folgende Regeln:

1. Spannen Sie kritische Muskeln nur so weit an, daß diese nicht Gefahr laufen, zu verkrampfen. Am anfälligsten ist die Waden- und Fußmuskulatur.
2. Halten Sie lieber einen mittleren Spannungszustand längere Zeit an (mehr als 10 sec.).
3. Sollte einmal ein Muskelkrampf auftreten, so bleiben Sie mit geschlossenen Augen sitzen und bewegen Sie leicht den verkrampften Muskel.
4. Falls derselbe Muskel immer wieder verkrampft, obwohl Sie nur noch ganz gering anspannen, so lassen Sie diese Übung aus und gehen zur nächsten weiter. Versuchen Sie dann, die Entspannungsgefühle aus schon völlig gelockerten Muskelgruppen in diesen kritischen Muskel überfließen zu lassen. Stellen Sie sich diese Gefühle als einen Strom vor, der sich stetig ausbreitet und immer tiefer in den Muskel eindringt.
5. Spannen Sie Ihre Muskeln niemals so stark an, daß sie zu schmerzen beginnen. Halten Sie die Spannung lieber etwas länger an.
6. Falls Sie unter chronischen Schmerzen in einzelnen Muskelgruppen leiden sollten, so lassen Sie diese ebenfalls aus und üben zunächst alle jene Muskeln, die nicht schmerzen. Von diesen lassen Sie dann den Strom der Entspannung in die schmerzenden Muskeln überfließen.

Solche kritischen Muskeln werden auf jeden Fall viel mehr Übung und Geduld erfordern als andere. Lassen Sie ihnen die nötige Zeit zur Lockerung.

## Somatische Erinnerungsbeschwerden

Eine andere Form des Schmerzes kann an ehemaligen Wunden auftreten, die vielleicht schon seit Jahren verheilt sind. Man spricht hier von der »Erinnerungsfähigkeit des Gewebes«. Interessanterweise treten sie meist nur während der Entspannung auf und verschwinden nach der Zurücknahme auch wieder. Es kann vorkommen, daß Ihnen anhand dieser Beschwerden die damalige (schmerzhafte) Situation wieder voll bewußt wird. In einem solchen Fall wäre es gut, wenn Sie alles, was dabei in Ihrer Erinnerung zum Vorschein kommt, mit einem vertrauten Menschen durchsprechen würden. Diese Erinnerungsschmerzen werden von alleine wieder vergehen.

## Muskelzuckungen

Vielleicht kennen Sie die sehr kurzen unwillkürlichen Muskelzuckungen (Myoklonien) vom Einschlafen her. Solche Spasmen sind häufig immer dann zu beobachten, wenn die Körpermuskulatur von einem relativ hohen Spannungsniveau sehr schnell in einen tieferen Entspannungszustand übergeht. Diese reflexhaften motorischen Entladungen werden im Laufe des Übens immer weniger und verschwinden schließlich ganz. Sie brauchen Sie also nicht weiter zu beachten. Ähnlich verhält es sich mit Muskelzittern und anderen unwillkürlichen Bewegungen.

## Husten, Niesen, Schlucken, Jucken

Es kann gerade am Anfang des Entspannungstrainings vorkommen, daß Sie manchmal einen Husten-

oder Niesreiz verspüren. Diese Reize unterdrücken zu wollen, würde eine erhöhte Muskelspannung bewirken und so die Entspannung mehr stören, als wenn Sie diesen Reizen nachgeben. Nur wenn Sie infolge einer Grippe oder Erkältung allzuhäufig husten oder niesen müssen, sollten Sie das Training vielleicht unterbrechen.

Vermehrter Speichelfluß oder das Gefühl, schlucken zu müssen, stehen in Verbindung mit der eher trophotropen Funktionslage des Organismus und treten manchmal bevorzugt bei den Bauchübungen der Muskelentspannung oder der Solar plexus-Übung des Autogenen Trainings auf. Auch hierbei tut es Ihrer allgemeinen Entspannung keinen Abbruch, wenn Sie diese Gefühle akzeptieren und ruhig mal schlucken oder sich räuspern.

Ähnlich ist es mit einem eventuell auftretenden Juckreiz. Seine Unterdrückung würde erheblich mehr Spannung verursachen, als wenn Sie sich kurz kratzen. Es gehört zu der allgemeinen Entspannungshaltung des Nachgeben-könnens und Geschehenlassens, daß Sie auch solche Gefühle nicht zu unterdrücken versuchen. Sie sind selten so intensiv, daß Sie die Gesamtspannung wesentlich stören könnten und werden im Laufe der Übungen ohnehin verschwinden.

*Sich aufdrängende Gedanken und Gefühle*

Wir haben schon darauf hingewiesen, daß Muskelentspannung ebenso wie autogene und meditative Entspannung ein Mindestmaß an Konzentration der Aufmerksamkeit auf die körperlichen Vorgänge verlangt. Dies wird Ihnen vermutlich gerade am Anfang nicht sehr leicht fallen. Sie werden merken, daß immer wieder Störgedanken Ihre Konzentration durchkreuzen. Auch hier würden Sie genau das Gegenteil von dem erreichen, was Sie bezwecken wollen, wenn Sie sich mit allen Mitteln zur Konzentration zwingen wollten. Versuchen Sie zu lernen, diese Störungen

171

einfach zu registrieren, hinzunehmen und danach Ihre Wahrnehmung zu dem Konzentrationsgegenstand wieder zurückzulenken.

Versuchen Sie auch, solche Gedanken nicht analysieren, interpretieren oder werten zu wollen. Dies gilt insbesondere für Gedanken und Gefühle, die Ihnen vielleicht merkwürdig oder peinlich vorkommen. So treten unter Umständen beunruhigende und ängstigende, aber auch lustvolle und sexuelle Gefühle und Gedanken auf. Je tiefer Ihr allgemeiner Entspannungszustand ist, desto eher können Teile jener Bewußtseinsinhalte wieder locker gemacht werden, die im normalen Alltag gewöhnlich beiseite geschoben und verdrängt werden. Das therapeutische Verfahren des »katathymen Bild-Erlebens« nach Leuner bedient sich dieses Vorganges, um verschüttete Gefühle und Bewußtseinsinhalte wieder aufzudecken und sie damit einer bewußten Verarbeitung zugänglich zu mache. Fehlt jedoch der Beistand und die Führung eines ausgebildeten Psychotherapeuten, so rufen solche bisher verborgenen Gedanken eher Unruhe oder Angst hervor, gerade deshalb, weil sie meist nur schwer in das gewöhnliche Bild eingeordnet werden können, das jeder Mensch von sich hat. Jemand, der beispielsweise Schwierigkeiten im Umgang mit seinen sexuellen Gefühlen hat und deshalb eher geneigt ist, alle derartigen Empfindungen erst gar nicht bewußt zu erleben, wird natürlich in Bestürzung und Unruhe geraten, wenn er während der Entspannung eine Erektion bekommen sollte. Er wird darauf mit Angst reagieren, die sein allgemeines Erregungsniveau in die Höhe treibt mit der Folge, daß seine Erektion und damit auch die begleitenden Gefühle und Gedanken wieder verschwinden.

Auf ähnliche Weise können alle möglichen Gedanken und Gefühle die Entspannung stören, sofern sie als intensiv oder bedrohlich erlebt werden. Diese Bedrohung und die dadurch verursachte Störung der Entspannung wird jeweils von dem Maße abhängig sein, in dem jeder einzelne sich selbst mit *allen* seinen Empfindungen und Gefühlen zu akzeptieren vermag. Selbstakzeptierung kann jedoch nicht von heute auf morgen gleichsam per Beschluß verwirklicht werden, sondern stellt einen langsamen und kontinuierlichen Prozeß dar, der mit der zunehmenden Selbsterfahrung und Selbstverwirklichung jedes einzelnen einhergeht. Die Bedeutung, die Entspannung und Meditation gerade für diesen Selbsterfahrungs- und Selbstentfaltungsprozeß haben, werden gut in dem Buch von *Schwäbisch/Siems* »Selbstentfaltung durch Meditation« dargestellt und sollen deshalb hier nicht näher behandelt werden.

Wir wollen nur noch kurz darauf eingehen, wie Sie günstigerweise mit solchen störenden Gedanken umgehen können. Jeder aktive Versuch, sie aus dem Bewußtsein als lästige Störenfriede wegdrängen zu wollen, würde nicht nur die Entspannung stören, sondern ihnen eine Bedeutung beimessen, die ihnen vermutlich gar nicht zukommt. Durch dieses Verdrängen-wollen schenken Sie solchen Gedanken genau die gleiche (negative) Beachtung, wie wenn Sie sich intensiv mit ihnen auseinandersetzen. Der Weg, den Sie bei Ihrer Entspannung gehen sollten, ist eher ein Weg des kommentarlosen akzeptierenden Weitergehens. Versuchen Sie also, solche Gefühle und Gedanken (falls Sie überhaupt auftauchen sollten) zwar zu registrieren, danach aber immer wieder zu Ihrer Entspannung zurückzukehren und ihre Wahrnehmung von neuem auf Ihren körperlichen Entspannungszustand, auf die Entspannungsgefühle oder auf Ihren Meditationsgegenstand zu richten.

### Un – gewöhnliche Empfindungen

Während sich Ihr Körper immer tiefer entspannt, werden vermutlich verschiedene Gefühle auftreten, die Ihnen neu und ungewohnt erscheinen. Solche und ähnliche Gefühle, wie wir sie im folgenden zu beschreiben versuchen, stellen ganz natürliche Begleiterscheinungen der körperlichen Entspannung dar und treten sowohl bei der Muskelentspannung

173

wie auch bei der Meditation auf. Im Autogenen Training sollen einige dieser Gefühle sogar ganz gezielt hervorgerufen werden (Schwere, Wärme, Kälte).

Versuchen Sie *bei den Übungen zur Muskelentspannung,* diese Gefühle nicht kontrollieren zu wollen. Lassen Sie sie kommen und akzeptieren Sie es auch, wenn sie sich verwandeln oder wieder gehen. Versuchen Sie, keinen Einfluß auf sie zu nehmen und sie nur zu beobachten. Nach dem aktiven Anspannen der Muskeln bedeutet Entspannen hier vor allem passives Geschehen-Lassen und passives Wahrnehmen. Anders ist es *bei den Übungen zur autogenen Entspannung.* Hier geht es schon darum, daß Sie die Gefühle der Schwere, Wärme und Kälte ganz bewußt hervorrufen.

Auch *bei der Meditation* werden ähnliche Empfindungen auftreten. Ähnlich wie bei der Muskelentspannung ist es hier jedoch wieder völlig unwichtig, welchen Verlauf die Körpergefühle nehmen. Lassen Sie also auch hier wieder alles in Ihrem Körper geschehen, ohne irgendeine Kontrolle ausüben zu wollen. Anders ist es, wenn ein solches Gefühl selbst Gegenstand Ihrer Meditation sein soll. Dann werden Sie unweigerlich Einfluß auf dieses Gefühl nehmen, indem Sie Ihre ganze Aufmerksamkeit darauf konzentrieren. (Dies haben Sie während der autogenen Entspannung schon geübt.)

– *Schwere, Wärme, Prickeln*

Die Schwere- und Wärmegefühle, die Sie in tief entspannten Körperteilen wahrscheinlich spüren können, sind ganz natürliche Folgeerscheinungen körperlicher Entspannung. Sie stellen die subjektiven Empfindungen jener vegetativen Funktionsänderungen dar, die wir schon besprochen haben.

Auf die gleiche vegetative Umschaltung verweisen auch Gefühle wie Kribbeln oder Prickeln in der Haut. Sie sind Folge einer Erweiterung und Dehnung der Blutgefäße aufgrund eines vermehrten Blutstromes 174 in den Hautkapillaren.

*– Kälte*

Kältegefühle entstehen infolge einer verringerten Blutzirkulation und der damit einhergehenden Verengung der Hautblutgefäße. Im Autogenen Training sollen diese Kältegefühle in der Stirn gezielt hervorgerufen werden. Die entsprechende Formel dafür lautet bekanntlich »Stirn angenehm kühl«. Aber auch während der Muskelentspannung und der Meditation können solche Kälteempfindungen in tieferen Entspannungsstadien auftreten. Dies ist vermutlich damit zu erklären, daß sich bei sehr tiefer Entspannung die Blutversorgung des Bauchraumes und der Verdauungsorgane erhöht (siehe parasympathische Aktivität, Seite 51) und deshalb die Durchblutung der Haut wieder verringert wird.


*– »Wahrnehmungstäuschungen«*

In Stadien tiefster Entspannung werden Sie vielleicht von Empfindungen überrascht werden, die echte Wahrnehmungstäuschungen darstellen. Bei der Muskelentspannung kommen solche Empfindungen meist bei den Händen, Armen und im Gesicht vor und vermitteln Ihnen den Eindruck, als ob diese Körperteile überdimensional anschwellen oder auch einschrumpfen würden. Sie haben möglicherweise auch das Gefühl, als seien Sie ganz Hand, Arm oder Kopf, als existiere Ihr übriger Körper überhaupt nicht mehr. Solche Empfindungen stellen die Folge einer absoluten Konzentration auf diese Körperpartien dar. Für Ihre Wahrnehmung existiert in einem solchen Fall tatsächlich nur noch jener Körperteil, auf den Sie sich konzentrieren.

Auch in der Meditation können ähnliche Erscheinungen auftreten. Der Meditationsgegenstand wie beispielsweise eine Vase scheint nicht mehr unabhängig von Ihnen zu existieren, sondern beginnt vielleicht, langsam mit Ihnen eins zu werden und schließlich Ihr ganzes Bewußtsein auszufüllen. So berichtete eine

Versuchsperson des Meditationsforschers *Deikman:* »Ich fühlte, daß die Vase in meinem Kopf war, statt dort draußen. Ich wußte zwar, daß sie dort draußen war, aber sie schien fast ein Teil von mir selber ...«.

Im weiteren Verlauf der Entspannung können Sie vielleicht sogar jedes Gefühl für Ihren eigenen Körper verlieren. Schwerelos scheinen Sie zu schweben oder sich in »Nichts« aufzulösen. Die Versuchsperson von Deikman beschrieb dies so: »Ich fühlte den ganzen Raum, in dem ich gar nicht mehr war, ich meine, mein Körper war nichts, ich war mir seiner nicht mehr bewußt – wenn er nicht dagewesen wäre, hätte ich mich nicht gewundert ...«.

Solche Empfindungen, die ein Auflösen der eigenen Körpergrenzen und der gewöhnlichen Bewußtseinszustände erfahrbar machen, können im Entspannungszustand nur dann eintreten, wenn sie angstfrei erlebt werden. Angst, die Kontrolle über sich und seine Gefühle zu verlieren, wird infolge der mit ihr einhergehenden Erregung diese tiefen Entspannungsstadien verhindern und damit solche Empfindungen. Je nachdem, wie festgefügt Ihre Vorstellung von sich selbst und Ihren Möglichkeiten, wie eingefahren und verankert Ihr Bewußtsein von »Ihrer« Realität ist, werden Sie diese Empfindungen und damit auch die damit einhergehende tiefe Entspannung als bereichernd erleben oder als beängstigend ablehnen. Sie passen sicherlich nicht so recht in unser alltägliches rationales Weltbild und haben für viele Menschen deshalb auch den Anschein von obskuren oder mystischen Vorgängen, die sie als unerklärbar und deshalb unheimlich erleben. Wir haben daher ganz bewußt die neutrale Bezeichnung »Wahrnehmungstäuschungen« gewählt, um darauf hinzuweisen, daß es sich hierbei um erklärbare (wenn auch noch nicht völlig erforschte) hirnphysiologische Prozesse handelt, die in ähnlicher Weise auch unter der chemischen Einwirkung von bestimmten Drogen (LSD, Meskalin, Prilocybin etc.) entstehen können. Für Interessierte möchten wir auf die Bücher von *Castaneda* und *Lilly* im Literaturanhang verweisen.

Der Yogi *Pandit Gopi Krishna* schildert in seinem Buch »Kundalini/Erweckung der geistigen Kraft im Menschen« sein entscheidendes Meditationserlebnis nach 17 Jahren täglichen Meditierens, das wir im folgenden wiedergeben wollen, da es ebenfalls sehr plastisch jene überwältigenden Erlebnisse und tiefgreifenden Bewußtseinsveränderungen wiedergibt, die mit Hilfe langdauernder Entspannungs- und Meditationsübungen möglich sind:

> »Ich saß unbewegt und aufrecht. Ohne Unterbrechung strömten meine Gedanken zu dem leuchtenden Lotus hin in der festen Absicht, meine Aufmerksamkeit dort zu halten, vom Abschweifen zu bewahren und sie immer wieder zurückzubringen, wenn sie sich in einer anderen Richtung bewegten. Die Intensität der Konzentration unterbrach meinen Atem, langsam wurde er so still, daß er kaum mehr wahrnehmbar war. Mein ganzes Wesen war so sehr in den Lotus eingetaucht, daß ich für mehrere Minuten hintereinander die Berührung mit meinem Körper und meiner Umgebung verlor. Während einer solchen Unterbrechung – für einen Augenblick – war es mir, als ob ich mitten in der Luft ohne irgendein Körpergefühl schwebte. Das einzige, dessen ich gegenwärtig wurde, war ein Lotus im hellen Glanz, der Strahlen von Licht aussandte... Die Empfindung wuchs an Intensität, und ich fühlte, wie ich zu schwanken begann. Mit großer Mühe konzentrierte ich mich wieder auf den Lotus. Plötzlich fühlte ich einen Strom flüssigen Lichts, tosend wie ein Wasserfall, durch meine Wirbelsäule in mein Gehirn eindringen.
> Ganz unvorbereitet auf ein solches Geschehen, war ich völlig überrascht. Ich blieb in derselben Stellung sitzen und richtete meine Gedanken auf den Punkt der Konzentration. Immer strahlender wurde das Leuchten, immer lauter das Tosen. Ich hatte das Gefühl eines Erdbebens, dann spürte ich, wie ich aus meinem Körper schlüpfte, in eine Aura von Licht gehüllt. Es ist

unmöglich, dieses Erlebnis genau zu beschreiben ...

Ich war nicht mehr ich selbst, oder genauer: nicht mehr, wie ich mich selber kannte, ein kleiner Punkt der Wahrnehmung, in einen Körper eingeschlossen. Es war vielmehr ein unermeßlich großer Bewußtseinskreis vorhanden, in dem der Körper nur einen Punkt bildete, in Licht gebadet und in einem Zustand der Verzückung und Glückseligkeit, der unmöglich zu beschreiben ist.

Nach einer Weile – wie lange es gedauert hat, wüßte ich nicht zu sagen – begann der Kreis wieder enger zu werden. Ich fühlte, wie ich mich zusammenzog und immer kleiner wurde, bis ich der Grenzen meines Bewußtseins erst dumpf, dann klarer bewußt wurde. Als ich in meine alte Beschaffenheit zurückschlüpfte, nahm ich plötzlich wieder den Lärm auf der Straße wahr, fühlte ich wieder meine Arme, meine Beine und meinen Kopf und wurde wieder mein enges Selbst in Kontakt mit Körper und Umgebung. Als ich meine Augen öffnete und um mich blickte, fühlte ich mich ein wenig schwindelig und verwirrt, als ob ich aus einem seltsamen Land zurückkehrte, das mir ganz fremd gewesen war.«

# Autogene Entspannung

Die nun folgenden Übungen fassen wir in Anlehnung an das Autogene Training unter dem Begriff »Autogene Entspannung« zusammen. Bis jetzt haben Sie körperliche Entspannung über den »aktiven« Weg der Muskelentspannung erzielt. Nun aber tritt immer mehr der passive und konzentrative Weg der Entspannung in den Vordergrund. War bis jetzt das vorrangige Ziel Ihrer Bemühungen eine tiefe Entspannung und Lockerung der Skelettmuskulatur, in deren Folge sich ganz natürlich eine vegetative Umschaltung von sympathischer auf parasympathische Aktivität einstellte, so zielen die nun folgenden Übungen direkt auf diese »organismische Umschaltung«, wie *Schultz* sie nannte. Auch die muskuläre Lockerung, die damit gekoppelt ist, erfolgt nur noch indirekt mittels Konzentration und Autosuggestion.

Nicht alle Übungen dieser autogenen Entspannung stammen direkt aus dem Autogenen Training. Wir haben versucht, einen fließenden Übergang zwischen den Übungen zur Muskelentspannung und denen zur autogenen Entspannung zu ermöglichen. Eines dieser Bindeglieder sind die Übungen aus der »Oberstufe« der Muskelentspannung, dem sogenannten Vergegenwärtigungsverfahren. Erst danach folgen die Formelübungen aus dem Autogenen Training, die wir allerdings in einer Reihenfolge bringen, wie sie sich gerade für das *Integrierte Entspannungstraining* als sinnvoll erwiesen hat. So haben wir beispielsweise die Atemübungen an den Schluß gestellt, da sie einen leichten und logischen Übergang zur meditativen Entspannung bilden. Die Übung zur Beeinflussung der Herztätigkeit haben wir bewußt ausgelassen, da sich erfahrungsgemäß hier die meisten Komplikationen ergeben, wenn sie in eigener Regie durchgeführt wird. Durch die Übungen zur Atemregulierung wird die Herzaktivität jedoch automatisch mit beeinflußt, so daß Ihnen durch diese Auslassung kein Nachteil entstehen wird.

Die inneren und äußeren Voraussetzungen zur Durchführung dieser Übungen sind die gleichen wie zur Muskelentspannung. In den wichtigsten Punkten noch einmal zusammengefaßt lauten sie:

1. Regelmäßig üben
2. Zu einem günstigen Zeitpunkt üben
3. In einer Umgebung üben, in der äußere Störungen weitgehend abgestellt sind
4. Ohne inneren und äußeren Druck üben
5. Unter dem Leitgedanken üben: geschehen lassen beobachten, ohne Leistungszwang.

## Zielsetzung der Übungen zur Autogenen Entspannung

Mit Hilfe der Übungen zur Muskelentspannung haben Sie bisher vor allem gelernt, nicht nur Ihren muskulären, sondern auch den allgemeinen Spannungszustand Ihres Körpers weit unter das normale Erregungsniveau sinken zu lassen. Vermutlich haben Sie dabei auch verschiedene Empfindungen kennengelernt ähnlich denen, die wir auf Seite 173 ff beschrieben haben (Schwere, Wärme etc.).

Bei den nun folgenden Übungen zur autogenen Entspannung bleibt diese grundsätzliche Zielsetzung der allgemeinen körperlichen Entspannung natürlich bestehen. Zusätzlich sollten Sie hier jedoch noch einige weitere Ziele beachten:

1. Sie werden lernen, eine tiefe körperliche Entspannung ohne vorheriges Anspannen der Muskeln zu erreichen. Am Ende dieses Trainingsabschnittes sollten Sie fähig sein, sich allein dadurch zu entspannen, daß Sie sich auf die Entspannung und die dabei auftretenden Gefühle konzentrieren (»Vergegenwärtigungsmethode«).

2. Unabhängig davon sollten Sie ferner ganz gezielt nur bestimmte Körpergefühle wie beispielsweise Schwere, Wärme oder Kälte hervorrufen können.

3. Dies erfordert auch gleichzeitig eine weitere Steigerung Ihrer Konzentrationsfähigkeit, bezogen auch dieses Mal ausschließlich auf Ihren Körper.

## Die Übungen zur Autogenen Entspannung

### Sightseeing (Reise durch den Körper)

Diese erste Übung stellt insofern eine Fortsetzung der Muskelentspannung dar, als sie die passive Aufmerksamkeit und Wahrnehmung auf den Körper und insbesondere wieder auf den Spannungszustand

Ihrer Muskeln lenkt. Sie unterscheidet sich aber ganz wesentlich von der Muskelentspannung dadurch, daß hier das vorherige aktive Anspannen der Muskeln entfällt. Das einzige Ziel dieser Übung ist es, die Wahrnehmung passiv nach innen auf den Körper zu richten.

*Einstimmung:*
Setzen oder legen Sie sich wieder entspannt hin und schließen Sie die Augen. Versuchen Sie, nach innen zu blicken und einfach nur Ihren Körper wahrzunehmen ... ganz zwanglos und undifferenziert ... lassen Sie Ihre Wahrnehmung völlig ungerichtet und ziellos in Ihrem Körper umherschweifen ... es gibt nichts besonderes zu entdecken oder zu erforschen ... beobachten Sie bloß ... ganz passiv beobachten ... Es sollte vielleicht so sein, daß Sie sich zunächst einen allgemeinen und groben Überblick verschaffen.

*1. Station:*
Nun versuchen Sie, Ihre Wahrnehmung in Ihrer *rechten Hand* zu sammeln. Richten Sie Ihre Aufmerksamkeit immer stärker und konzentrierter nur noch auf die rechte Hand ... ausschließlich Ihre rechte Hand steht jetzt im Blickpunkt Ihrer Konzentration ... Sie brauchen nichts besonderes zu entdecken oder zu fühlen. Lassen Sie alles so wie es ist. Lassen Sie die Gefühle kommen und gehen ... beobachten Sie nur, was geschieht ... nichts verändern wollen ... keinen Einfluß nehmen ... bloß fühlen und beobachten. Bei dieser passiven Beobachtung sollten sie sich vielleicht so verhalten, als ob Sie ganz alleine im Zuschauerraum eines Theaters säßen und mit passivem Interesse das Geschehen auf der Bühne beobachten, ohne irgendwie eingreifen oder verändern zu wollen. Erst dann, wenn Sie das Gefühl haben, alles genau und intensiv wahrgenommen zu haben, gehen Sie zur nächsten Station weiter.

## 2. Station:

Lenken Sie nun Ihre gesamte Wahrnehmung auf die *linke Hand* und beobachten Sie nun auch hier wieder ganz passiv und teilnahmslos ... bloß wahrnehmen ... bloß fühlen ...

Verweilen Sie auch hier so lange, bis Sie alles genau zu sehen und zu fühlen glauben, dann gehen Sie weiter zur

## 3. Station:

*Rechter Unterarm.* Auch hier verändern Sie nichts, sondern lassen alles so sein, wie es ist. Versuchen Sie nicht einmal, irgendetwas entspannen oder lockern zu wollen. Es geht nur darum, daß Sie hinschauen, und fühlen ... ganz passiv ... nur beobachten ...

*Die übrigen Stationen* stellen, wie Sie wohl schon vermuten werden, alle anderen Körperteile dar, die Sie in den Übungen zur Muskelentspannung durchgegangen sind. Halten Sie auch bei dieser »Sightseeingtour« jene Reihenfolge der Muskeln und Körperpartien ein.

## Wichtig:

Versuchen Sie, Ihre gesamte Aufmerksamkeit ganz passiv auf den jeweiligen Körperteil zu lenken und solange dort zu konzentrieren, bis Sie glauben, ihn ganz deutlich und klar wahrnehmen zu können, unabhängig davon, wie lange Sie dazu brauchen.

Falls Ihre Wahrnehmung einmal abschweift, so lenken Sie sie einfach wieder zurück, immer wieder von neuem, ganz zwanglos und locker. Sie brauchen nicht in jeder Übungssitzung von vielleicht 10 bis 20 Minuten alle Muskeln und Körperpartien durchzugehen. Wenn Sie das Gefühl haben, daß Sie lange genug Ihre Wahrnehmung konzentriert haben, gehen Sie jeweils noch eine Station weiter und beenden dann mit der Zurücknahme die Übungssitzung.

Beginnen Sie bei jeder neuen Übungssitzung aber immer wieder von vorne mit der rechten Hand. Im Laufe der Zeit wird Ihnen diese passive Konzentration immer leichter und schneller gelingen, so daß Sie schließlich in einer einzigen Sitzung bei den Füßen ankommen.

**Vergegenwärtigung**

Diese zweite Übungsreihe der autogenen Entspannung stellt die eigentliche Oberstufe der Muskelentspannung dar. So, wie wir dieses Vergegenwärtigungsverfahren hier beschreiben, stellt es noch eine Vorstufe zu den Übungen des Autogenen Trainings dar, die in der nächsten Übungsreihe folgen. Sie müssen sich noch kein bestimmtes Entspannungsgefühl »einreden«, sondern lassen diese Gefühle noch unbeeinflußt und unkontrolliert einfach kommen, ähnlich wie sie auch bei der vorausgegangenen Sightseeingtour automatisch kamen und gingen. Erst dann, wenn Sie die ersten Ansätze eines solchen Entspannungsgefühls wie zum Beispiel Schwere oder Wärme spüren, beginnen Sie, dieses durch entsprechende Formeln zu unterstützen.

Um die Entspannung der einzelnen Körperteile einzuleiten, gehen Sie den gleichen Weg wie eben in der Sightseeingtour: passive Konzentration auf die jeweilige Muskelgruppe. Zusätzlich nützen Sie noch ein Phänomen aus, das Sie bei der Muskelentspannung ganz beiläufig mitgelernt haben, die sogenannte »konditionierte Entspannung«. Wie Sie sich erinnern, haben Sie dort jeweils einen count-down gezählt, während Sie die Muskelspannung angehalten haben: »5 – 4 – 3 – 2 – 1 – Entspannen!«. Mit diesem Signal »Entspannen« haben Sie dann alle Spannung auf einmal losgelassen. Den gleichen Count-down sprechen Sie sich auch jetzt vor, allerdings ohne die Muskeln dabei anzuspannen.

Die Reihenfolge der Muskelgruppen und Körperteile ist auch hier wieder die gleiche wie bei der Muskelentspannung. Fangen Sie wieder bei der rechten Hand an und beschäftigen Sie sich immer nur mit einer einzigen Muskelgruppe so lange, bis Sie dort das Gefühl völliger Entspannung verspüren. Erst dann gehen Sie zur nächsten Muskelgruppe weiter. Wir wollen nun dieses Vorgehen am Beispiel der rechten Hand ausführlich beschreiben:

*Einstimmung:*
Nachdem Sie die Augen geschlossen haben, wenden Sie wieder Ihren Blick nach innen und lassen ihn ziellos durch den Körper schweifen. Ohne zu werten oder zu beurteilen, verschaffen Sie sich bloß einen allgemeinen Überblick über den Zustand Ihres Körpers, ähnlich wie bei einer Bestandsaufnahme. Bloß beobachten ... bloß fühlen ... nur schauen und wahrnehmen ...

*1. Schritt:*
Konzentration der Wahrnehmung:
Nun sammeln Sie Ihre gesamte Wahrnehmung wieder und richten diese auf Ihre rechte Hand. Versuchen Sie, Ihre ganze Aufmerksamkeit ausschließlich in der rechten Hand zu konzentrieren, ganz passiv und zwanglos ...

*2. Schritt:*
Count-down:
Wenn Ihnen dies hinreichend gelungen ist, fangen Sie an, innerlich den count-down zu zählen. Versuchen Sie nicht so sehr, in Ihrem Kopf zu zählen, sondern verlegen Sie das Zählen – so gut es geht – direkt in die rechte Hand. Oder anders ausgedrückt: Sie versuchen, mit Ihrer gesamten Aufmerksamkeit in diese Hand zu gehen und in ihr zu zählen:
»5 – 4 – 3 – 2 – 1 – Entspannen!«

Mit dem Signal »Entspannen!« lassen Sie die Muskeln immer lockerer werden ... und tiefer ... immer tiefer entspannen ...

Während dieses Lockerungsvorgangs können Sie das Entspannungssignal manchmal noch wiederholen: »... entspannen ... immer tiefer entspannen ... mehr und mehr entspannen ...«.

*3. Schritt:*
Erinnerung an die Entspannungsgefühle:
Sie können den Lockerungsvorgang nun noch dadurch unterstützen, daß Sie sich an die Gefühle erinnern, die Sie bei der Muskelentspannung erlebt haben. Aber auch hier sollte es nicht so sein, daß Ihr Kopf nun krampfhaft sich zu erinnern versucht – lassen Sie eher Ihre Hand selbst sich erinnern, welche Gefühle während der Entspannung in ihr auftraten (Schwere, Wärme etc.).

*4. Schritt:*
Verstärkung der Entspannungsgefühle:
Immer dann, aber auch *nur* dann, wenn ein Entspannungsgefühl in Ihrer rechten Hand langsam sich bemerkbar macht, wie beispielsweise eine leichte Schwere oder Wärme, unterstützen Sie dieses Gefühl mit den Formeln: »... immer schwerer ... schwerer ... ganz schwer ... angenehm schwer ...« oder »... wärmer und wärmer ... angenehm warm ... immer wärmer ...«.
*Wichtig:*
Setzen Sie solche Formeln erst dann ein, wenn das entsprechende Gefühl schon im Ansatz vorhanden ist. Diese Formeln haben hier nur die eine Aufgabe, ein schon vorhandenes Gefühl zu verstärken, zu intensivieren und über längere Zeit aufrecht zu halten.

Gehen Sie auf diese Art und Weise von einer Muskelgruppe zur anderen in der Reihenfolge, die Sie von den Übungen zur Muskelentspannung und der »Sightseeingtour« her kennen.
Hier gilt aber wieder das gleiche Prinzip wie bei der Muskelentspannung: Sie sollten erst dann zur näch-

sten Muskelgruppe übergehen, wenn Sie das Gefühl haben, die eben geübte sei völlig entspannt.

Auch wenn Sie in einer Übungssitzung nicht alle Muskelgruppen durchgehen können, so fangen Sie auf jeden Fall bei jeder neuen Übungssitzung wieder von vorne mit der rechten Hand an. Gehen Sie erst dann zu den autosuggestiven Übungen weiter, wenn es Ihnen gelingt, in einer einzigen Übungssitzung von vielleicht 20 Minuten alle Muskelgruppen Ihres Körpers auf die beschriebene Weise durchzugehen.

## Autosuggestive Übungen

Die nun folgenden Übungen sind direkt aus dem Autogenen Training übernommen. Sie unterscheiden sich von den vorausgegangenen Übungen zur Vergegenwärtigung vor allem in zwei Punkten.

Erstens warten Sie hier nicht mehr mit den autosuggestiven Formeln, bis Sie ein bestimmtes Gefühl in seinen Ansätzen spüren, sondern Sie versuchen von vorneherein, dieses Gefühl mit Hilfe der Suggestionsformel zu erzeugen.

Zweitens geht es hier immer nur um ein bestimmtes Gefühl, entweder Schwere oder Wärme. Versuchen Sie also zunächst einmal, dieses jeweilige Gefühl mit Hilfe der Formel hervorzurufen, zu halten und nicht in ein anderes übergleiten zu lassen.

Während Sie bisher ausschließlich passiv beobachtend den Reaktionen Ihres Körpers nachgegangen sind und keinerlei willentliche Veränderung (außer der Lenkung Ihrer Aufmerksamkeit) vorgenommen haben, sollten Sie nun zum ersten Mal versuchen, bewußt und gezielt ein bestimmtes Körpergefühl hervorzurufen. Die Anwendung der Autosuggestion, deren Wirkungsweise wir schon erklärt haben (S. 86 ff), wird dadurch erleichtert, daß Sie in den bisherigen Übungen diese und ähnliche Entspannungsgefühle schon kennengelernt haben.

Dennoch gilt auch hier immer noch das Prinzip des 186 Geschehen-lassens, auch wenn dies zunächst zu dem eben Gesagten im Widerspruch zu stehen scheint. Sie haben vielleicht schon öfters die Erfahrung gemacht, daß Ihre Entspannung immer dann mißlang, wenn Sie sie erzwingen sollten. Ähnlich ist es auch hier. Mißverstehen Sie die autosuggestiven Formeln nicht als Befehle, die Sie sich oder Ihrem Körper zu geben hätten. Letztlich sind solche Formeln immer nur Hilfsmittel, die Ihnen den Vorgang der Entspannung erleichtern sollen. Sie werden deshalb auch nicht in auffordernder Art gestellt, wie etwa »Sei ruhig!« oder »Entspanne Dich!« sondern eher beschreibend »... rechte Hand angenehm schwer...«. In der Tat beschreiben diese Formeln stets nur etwas; was – zumindest in minimalen Ansätzen – immer schon gegeben ist und jetzt lediglich ins Zentrum der Aufmerksamkeit gerückt wird, damit es wahrnehmbar wird und weiter wachse.

Wie wir schon sagten (S. 87), werden diese Formeln durch ihre Verkoppelung mit den Entspannungsvorgängen auch zu sogenannten konditionierten Reizen und lösen später dann ganz automatisch jene Wirkung aus, die sie erzielen sollen.

### Schwereübung

*Einstimmung:*
Wie immer richten Sie Ihre Aufmerksamkeit allgemein und ziellos nach innen auf Ihren Körper und registrieren ganz passiv dessen Zustand.

*1. Schritt:*
Count down:
Danach konzentrieren Sie Ihre Wahrnehmung auf die rechte Hand und zählen den Count-down: »5 – 4 – 3 – 2 – 1 – Entspannen. ... ganz locker ... ganz ruhig ... ganz entspannt ...«.

*2. Schritt:*
Schwereformel:
In diese Suggestion lassen Sie dann die Schwe-

reformel einfließen: »... rechte Hand ganz schwer ... rechte Hand angenehm schwer ...« Wiederholen Sie diese Formel etwa sechs Mal und streuen Sie dazwischen immer wieder die Ruheformel ein: »... ganz ruhig ... immer tiefer entspannen ...«.

Auf diese Weise versuchen Sie zunächst nur das Gefühl der Schwere in Ihrer rechten Hand hervorzurufen und für einige Zeit zu halten. Danach gehen Sie zu der linken Hand über, dann wieder zum rechten Unterarm und so weiter in der Reihenfolge der Muskelentspannung, bis Sie die Übung mit der Zurücknahme abbrechen wollen oder bei den Füßen angelangt sind.

*Ausnahmen:*
Es könnte sein, daß Sie Schweregefühle in der *Brust* und im *Bauch* als eher unangenehm erleben und dabei möglicherweise schwerer atmen müssen. Falls dies so sein sollte, überspringen Sie diese beiden Körperpartien und gehen gleich zu Gesäß und Becken weiter.

Kurz zusammengefaßt lautet diese Übung also:
»5 – 4 – 3 – 2 – 1 – Entspannen
... ganz locker ... ganz ruhig ...
... rechte Hand ganz s c h w e r ... (ca. 6mal)
... ganz entspannt ... ganz ruhig ...
... rechte Hand ganz s c h w e r... (ca. 6mal)
... ganz ruhig... ganz entspannt...«

Falls Sie deutlich vielleicht ein bis drei Minuten lang die Schwere in der rechten Hand fühlen:
»... linke Hand ganz s c h w e r... (ca. 6mal)
... ganz locker... ganz ruhig...
... linke Hand ganz s c h w e r...« (ca. 6mal)
... usw., bis Sie aufhören wollen:
»Arme fest«
»tief atmen«
»Augen auf«

Nachdem Sie das Gefühl der Schwere mit Hilfe dieser Formel in Ihrem ganzen Körper bewußt verwirklichen können, gehen Sie zur Wärmeübung weiter.

## Wärmeübung

*Einstimmung:*
Abschalten der äußeren Wahrnehmung und Konzentration der Aufmerksamkeit auf den Körper.

*1. Schritt:*
Wiederholung der Schwereübung:
Fangen Sie bei der rechten Hand an und suggerieren Sie dieser zunächst wieder das Gefühl von Schwere. Noch bevor Sie jedoch zur linken Hand übergehen, suggerieren Sie Ihrer rechten Hand in einem zweiten Schritt auch noch das Gefühl von Wärme.

*2. Schritt:*
Wärmeformel:
»... rechte Hand ganz warm ... rechte Hand angenehm warm ...«

Zusammengefaßt sehen die einzelnen Schritte nun folgendermaßen aus:
»5 – 4 – 3 – 2 – 1 – Entspannen ...
... ganz ruhig ... ganz entspannt ...
... rechte Hand ganz s c h w e r ... (ca. 6mal)
... ganz ruhig ... ganz entspannt ...
... rechte Hand angenehm w a r m ... (ca. 6mal)
... ganz ruhig ... ganz entspannt ...
... rechte Hand angenehm w a r m ...« (ca. 6mal)
... usw., bis Sie in Ihrer rechten Hand deutlich auch Wärme fühlen. Erst dann konzentrieren Sie sich auf die linke Hand und gehen so Schritt für Schritt den ganzen Körper durch. Zusätzlich zur Wärmeübung für die Bauchmuskulatur führen Sie jedoch noch die sogenannte Leib- oder Sonnengeflechtübung durch.

## Leibübung

Das Sonnengeflecht (Plexus Solaris) liegt in der Tiefe des Bauches zwischen dem Magen und der Wirbelsäule. Es stellt eine wichtige Schaltzentrale des vegetativen Nervensystems für den gesamten Bauchraum dar und steuert hauptsächlich die Verdauungstätigkeit wie auch die Funktion der Sexualdrüsen. Die Empfindlichkeit dieser Steuerungszentrale zeigt sich wohl am deutlichsten bei einem harten Schlag in die Magengegend: der Getroffene stürzt meist blitzartig zu Boden, weil durch einen solchen Schlag das Sonnengeflecht momentan lahmgelegt wird. Zur Beeinflussung dieses empfindlichen Nervenorgans dient folgende Formel:

»Sonnengeflecht strömend warm« (ca. 6mal)

Versuchen Sie, während Sie diese Formel innerlich aussprechen, Ihre Wahrnehmung tief in diesen Bereich des Bauchraumes hineinzulenken und ganz deutlich die Wärme zu spüren, die von dort ausgeht. Anfangs wird dies etwas schwieriger sein, da Sie diesen Bereich des Körpers mit Ihrer Aufmerksamkeit bisher wahrscheinlich noch nicht erreicht haben. Sie können sich aber damit helfen, daß Sie die Wärmegefühle der Bauchdecke, die Sie durch die vorausgehende Formel »Bauch angenehm warm« erzeugt haben, immer tiefer in den Bauchraum einsinken lassen, um sie schließlich allein auf den Plexus solaris zu konzentrieren.

*Wichtig:*
Bei dieser Übung kann es zu Änderungen der Bauchraumdurchblutung kommen, die von manchen Menschen als unangenehm erlebt werden (zum Beispiel Übelkeit und Druckgefühle).
In solchen Fällen ist es günstiger, die Übung im Liegen durchzuführen und bei der Formel vielleicht »strömend« durch »angenehm« zu ersetzen. Unter Umständen kann auch eine mehr

indifferente Formel helfen: »Sonnengeflecht ganz gleichgültig«. Vor allem sollten Sie darauf achten, daß Ihr Bauch nicht durch zu enge Kleidung, Gürtel usw. eingezwängt wird.

Vergessen Sie auch nicht, am Ende jeder Übungssitzung immer wieder zurückzunehmen, falls Sie danach nicht unmittelbar einschlafen wollen.

## Kälteübung

Wahrscheinlich haben Sie schon bei manchen Übungen in verschiedenen Körperbereichen Kälteempfindungen gehabt. Wie wir schon darauf hingewiesen haben, zeigen diese Gefühle normalerweise an, daß Sie tiefere Stadien der Entspannung erreicht haben. Lassen Sie also solche Kältegefühle, falls sie von alleine auftreten und von Ihnen nicht als unangenehm erlebt werden, als ganz normale Erscheinungen der Entspannung zu.

Bei der nun folgenden Kälteübung handelt es sich um die *Stirn-* oder *Kopfübung* aus dem Autogenen Training. Ähnlich wie Schwere und Wärme soll hier mit Hilfe der Kälteformel ganz bewußt eine angenehme Kühle erzeugt werden, allerdings ausschließlich auf die Stirn bezogen. *Wenden Sie also diese Kälteformel nur bei Ihrer Stirn an.* Sie werden dazu möglicherweise umlernen müssen, wenn Sie bisher nur Schwere und Wärme in der Stirn empfunden haben. Deshalb wird es vielleicht nötig werden, daß Sie diese Kälteübung zunächst ohne die anderen Schwere- und Wärmeübungen durchführen.

Sie entspannen sich deshalb zunächst ganz allgemein mit Hilfe des count-down und konzentrieren sich anschließend auf Ihre Stirn:

»5 – 4 – 3 – 2 – 1 – Entspannen ...
... ganz ruhig ... ganz entspannt ...
... Stirn angenehm k ü h l ... (ca. 6mal)
... ganz ruhig ... ganz entspannt ...
... Stirn angenehm k ü h l ...« (ca. 6mal)

191

Erst dann, wenn Sie deutlich eine angenehme Kühle auf der Stirn empfinden, richten Sie Ihre Aufmerksamkeit wieder auf Ihre Arme und den übrigen Körper und verwirklichen dort mit Hilfe der Formeln Schwere und Wärme.

*Wichtig:*
Für den Fall, daß Sie häufiger unter Kopfschmerzen leiden, sollten Sie auf die o.g. Kälteformel verzichten und an ihrer Stelle die folgende Formel anwenden:

»Kopf frei und klar«

Der Grund dafür ist folgender: Kopfschmerzen entstehen immer dann, wenn die Wände der Blutgefäße, die Gehirn und Kopf mit Blut versorgen, übermäßig gedehnt werden oder sich stark zusammenziehen. In diese Blutgefäßwände ist ein Netz von Nervenzellen eingebettet, die sehr empfindlich (mit Schmerzen) auf diese Veränderung reagieren.
Gerade die Kälteformel bewirkt aber eine Gefäßverengung und eine dadurch verminderte Blutzirkulation in der Stirn. Geht nun dieser Vorgang der Gefäßverengung zu schnell vor sich, so können Kopfschmerzen auftreten. Aber auch im umgekehrten Fall kann der Kopf zu schmerzen beginnen, wenn nämlich die Gefäße sich nach dieser Übung zu schnell aufgrund einer vermehrten Durchblutung wieder erweitern. Aus diesen Gründen ist gerade für Kopfschmerzgefährdete im Umgang mit dieser Übung Vorsicht geboten. Sie sollte dann nur in Zusammenarbeit mit einem Arzt oder Psychotherapeuten durchgeführt werden, der im Autogenen Training oder der Muskelentspannung ausgebildet wurde.
Später, wenn Ihnen die Verwirklichung der kühlen Stirn hinreichend gelingt, bauen Sie diese Übung in die gesamte Formelfolge Ihrer autogenen Entspannung ein, die vollständig nun so lautet:

»5 – 4 – 3 – 2 – 1 – Entspannen ...

... ganz ruhig ... ganz entspannt ...

... rechte Hand ganz s c h w e r ... und w a r m ...

... ganz ruhig ... ganz entspannt ...

... linke Hand ganz s c h w e r ... und w a r m ...

... rechter (Unter-, Ober-)Arm ganz s c h w e r ... und w a r m ...

... linker (Unter-, Ober-)Arm ganz s c h w e r ... und w a r m ...

... *Stirn angenehm kühl* ...

... Gesicht (Augen, Nase, Lippen, Wangen) ganz s c h w e r ... und w a r m ...

... Hals ganz s c h w e r ... und w a r m ...

... Nacken ganz s c h w e r ... und w a r m ...

... Rücken ganz s c h w e r ... und w a r m ...

... Brust ganz w a r m ...

... Bauch ganz w a r m ...

... *Sonnengeflecht strömend warm* ...

... Becken und Gesäß ganz s c h w e r ... und w a r m ...

... Oberschenkel ganz s c h w e r ... und w a r m ...

... Unterschenkel ganz s c h w e r ... und w a r m ...

... Füße ganz s c h w e r ... und w a r m ...«


Je nachdem, wie gut und schnell Ihnen die Verwirklichung dieser Gefühle gelingt, gehen Sie eher ganzheitlich vor (ganzer Arm) oder Sie konzentrieren sich zunächst auf begrenztere Abschnitte Ihres Körpers (Hand, Unterarm und Oberarm jeweils einzeln).
Im Laufe der Übungssitzungen werden Sie auch die Erfahrung machen, daß Sie diese Formeln gar nicht mehr in voller Länge auszusprechen, sondern lediglich nur noch innerlich zu denken (oder zu fühlen) brauchen: »... Schwere ... Wärme ...«.

Diese allgemeinen Anleitungen entbinden Sie jedoch nicht davon, Ihre ganz eigenen Erfahrungen mit dieser Entspannungsmethode zu machen, auszuprobieren und herauszufinden, was für Sie am günstigsten und angenehmsten ist.

## Atemübungen

Unsere Atmung nimmt eine deutliche Zwischenstellung unter den körperlichen Vorgängen ein. Als wichtiger Teil des gesamten Vegetativums läuft sie einerseits unbewußt und unwillentlich ab. Andererseits können wir unseren Atem auch bewußt kontrollieren, ihn beschleunigen oder verlangsamen, vertiefen oder verflachen. Diese Kontrolle geschieht mit Hilfe der willkürlich innervierbaren Muskulatur, hauptsächlich des Brust- und Bauchraumes. Bei den Brust- und Bauchübungen der Muskelentspannung haben wir diesen Zusammenhang schon zur Beruhigung der Atemtätigkeit ausgenützt. Wegen ihrer zentralen Bedeutung für körperliche und geistige Entspannung wird die Atmung sowohl im Autogenen Training wie auch in den verschiedenen meditativen Techniken ganz gezielt eingesetzt. Einige Übungen des Yoga verlangen eine geradezu akrobatische Kontrolle der Atemvorgänge (Pranayama).

Bei den folgenden Atemübungen kommt es uns jedoch nicht darauf an, daß Sie lernen, Ihren Atem fünf Minuten lang anzuhalten. Solche »Leistungen« verlangen jahrelanges Üben und sind für unseren Zweck der Entspannung zunächst eher ungeeignet. Die Ziele der folgenden Übungen sind vielmehr:

1. Bewußtmachung des Atemvorganges
2. Bewußtmachen der damit einhergehenden Anspannungs- und Entspannungsvorgänge
3. Beeinflussung und Regulierung der Atmung zur körperlichen und geistigen Entspannung
4. Verlagerung der Atemtätigkeit von der Brust in den Bauch (von der Brustatmung zur Bauch- oder Zwerchfellatmung).

*Einstimmung:*
»5 – 4 – 3 – 2 – 1 – Entspannen ...
... ganz ruhig ... ganz entspannt ...«

*1. Schritt:*
Atmen Sie nun kräftig und bewußt ein, indem Sie Ihre Brust heben und ausdehnen. Fühlen Sie die *Spannung* im gesamten Brustraum ...
Nun lassen Sie den Atem wieder ausströmen, indem Sie die Spannung in der Brust loslassen, nur die »geschwellte« Brust einfach wieder zurücksinken lassen. Spüren Sie jetzt den *Entspannungsgefühlen* nach, die mit dem Ausströmen der Luft einhergehen ...

Wiederholen Sie dieses bewußte Ein- und Ausatmen mit Hilfe Ihrer Brustmuskulatur etwa vier- bis sechsmal und versuchen Sie dabei, genau auf den Wechsel von Spannung und Entspannung in der Brust zu achten.

*2. Schritt:*
Das Ganze wiederholen Sie nun mit Ihrem Bauch. Sie atmen dadurch ein, daß Sie die Bauchmuskulatur dehnen und den Bauch herausstrecken (Gürtel oder Hosenbund lockern!). Fühlen Sie deutlich, wie sich die Bauchdecke dehnt und spannt ...
Nun lassen Sie mit dem Zurücksinken der Bauchdecke den Atem ganz frei wieder ausströmen. Achten Sie auch jetzt auf die dabei entstehenden Entspannungsgefühle im Bauchraum ...

Auch diese Bauch- (oder Zwerchfell-)Atmung wiederholen Sie vier- bis sechsmal und vergleichen die hierbei entstehenden Gefühle und Empfindungen mit denen der Brustatmung. Welche Art des Atmens war für Sie angenehmer?
Anschließend können Sie gleich weitergehen: 195

## Passive Atembeobachtung

Diese Übung können Sie natürlich auch unabhängig von der vorausgehenden durchführen und beispielsweise in jede andere Entspannungsübung bei Bedarf einbauen. Sie unterscheidet sich von der vorausgegangenen hauptsächlich dadurch, daß Sie keine bewußte Kontrolle mehr ausüben, sondern Ihren Atem ganz natürlich und frei ein- und ausströmen lassen, so, wie Ihr Körper dies gerade verlangt. Sie selbst sind ein ganz passiver Beobachter dieses Vorganges und nehmen keinen Einfluß.

Sie legen eine Hand ganz flach auf die Bauchdecke und beobachten zunächst, wie diese sich im Rhythmus des Atmens langsam hebt und senkt. Versuchen Sie, sich ausschließlich auf diese auf- und abwiegende Bewegung zu konzentrieren. Sie können sich dabei vielleicht der Vorstellung hingeben (falls Sie keine Angst vor Wasser oder dem Meer haben), daß Sie sich von einer langen Meerdünung sanft wiegen lassen... auf und nieder ...

## Autogene Atemregulierung

Bei dieser Übung verwenden wir wieder eine Formel aus dem Autogenen Training. Ähnlich wie bei den anderen Formelübungen hat auch diese letztlich den Sinn und Zweck, eine Beruhigung der Atmung an das Aussprechen oder Denken dieser Formel zu koppeln (klassische Konditionierung siehe Seite 87). Ist diese Verbindung durch längeres Üben einmal hergestellt, so genügt das mehrmalige innere Vorsprechen der Formel, um die Atmung zu beruhigen. Diese Übung können Sie nun unmittelbar an die passive Atembeobachtung anschließen (die »Einstimmung« und der 1. Schritt entfallen dann) oder zunächst auch separat einüben, um sie dann in den Formelsatz des Autogenen Trainings einzubauen. Am besten zwischen der Brust- und Bauchübung.

*Einstimmung:*
»5 – 4 – 3 – 2 – 1 – Entspannen ...
»... ganz ruhig ... ganz entspannt ...«

*1. Schritt:*
Sie lenken Ihre Aufmerksamkeit hin zu Ihrer Atmung und beobachten, wie der Atem einströmt und wieder ausströmt. Versuchen Sie nicht, diesen Vorgang beeinflussen oder verändern zu wollen ... ganz passiv beobachten ...

*2. Schritt:*
»... Atem ganz ruhig ...«
Versuchen Sie, diese Formel dem Rhythmus Ihrer Atmung anzupassen. Bei dem Wort »Atem« atmen Sie langsam ein, und das Herausströmen des Atems begleiten die Worte »ganz ruhig«, wobei »ruhig« noch in die kurze Pause zwischen dem Ausatmen und Wiedereinatmen fallen sollte. Später können Sie auch folgende Formel verwenden:
　　»... es atmet mich ...«

*Wichtig:*
Denken Sie wieder daran, daß die Formel keinen Befehl darstellt, sondern lediglich eine hilfreiche verbale Unterstützung für die sich beruhigende Atmung ist.


# Meditative Entspannung


Bis jetzt haben Sie sich vorrangig darum bemüht, Ihren Körper tief zu entspannen. Ganz beiläufig werden Sie vielleicht manchmal die Erfahrung gemacht haben, daß auch Ihr »Geist« in diese allgemeine Entspannung miteinbezogen wurde. Mit Erstaunen haben Sie möglicherweise festgestellt, daß Sie für ein paar Sekunden an gar nichts gedacht haben, wie wenn Ihr sonst unablässig fließender Gedankenstrom plötzlich abgeschaltet gewesen wäre. Oder es ist Ihnen gelungen, Ihr gesamtes Bewußtsein für einige Zeit auf nur einen Vorgang oder eine einzige Stelle Ihres Körpers zu zentrieren, ohne störende Nebengedanken und ohne von irgendetwas anderem abgelenkt zu werden. Die Umwelt war vielleicht für wenige Sekunden vollständig verschwunden; Sie waren ganz alleine mit sich und Ihrem Körper. Unter Umständen waren Sie sich sogar auch Ihres Körpers nicht mehr bewußt; Sie waren für kurze Zeit in jenem Zustand der »Stille« oder der »Leere«, wie er von vielen Meditierenden erfahren wird. Bei den nun folgenden meditativen Übungen gehen Sie diesen Weg des Abschaltens der Wahrnehmung und der Aufhebung des gewöhnlichen Bewußtseins weiter. Diese Übungen sind vom formalen Aufbau her so gestaltet, daß Sie Ihre Konzentration zunächst wieder auf einen körperlichen Vorgang, nämlich auf die Atmung richten. Danach folgen mehr interne geistige Konzentrationsobjekte. Diese sind zunächst einfacher Natur, wie beispielsweise Wortklänge (bei der Mantrameditation), werden später jedoch im Sinne der Oberstufenübungen des Autogenen Trainings immer komplexer. Den Schluß bilden dann Übungen mit externen Meditationsobjekten (Vase, Kerze, Musik etc.), die es Ihnen ermöglichen, Meditation nicht nur im abgeschlossenen Zimmer, sondern auch in der Natur oder im alltäglichen Leben zu praktizieren.

Es kommt bei den folgenden Übungen nicht so sehr darauf an, daß Sie der Reihe nach vorgehen und alle einzelnen Übungen durchmachen. Allerdings sollten Sie auf jeden Fall mit der Atemmeditation beginnen. Danach suchen Sie sich am besten eine bestimmte Meditationstechnik aus, die Ihnen besonders gut liegt. Diese führen Sie dann so lange durch, bis Sie sie beherrschen und Ihnen das Üben Freude macht. Ungünstig ist es, wenn Sie von einer Übung zur anderen »hüpfen« oder alle mal ausprobieren wollen. Es ist in jedem Fall besser, wenn Sie nur eine einzige Technik wirklich beherrschen als mehrere Techniken nur unzureichend.

Die äußeren und inneren Bedingungen für die praktische Durchführung dieser Übungen bleiben dieselben wie bei der Muskelentspannung und dem Autogenen Training. Der wichtigste Punkt ist auch hierbei wieder das *zwanglose* Hinlenken der Aufmerksamkeit zu dem jeweiligen Konzentrationsgegenstand.

Da körperliche Entspannung eine wichtige Voraussetzung für ein Gelingen der geistigen Konzentration darstellt, sollten Sie sich vor jeder Übungssitzung zunächst immer wieder auf Ihren Körper konzentrieren, die Muskeln entspannen und die vegetative Aktivität beruhigen. Wenn Sie diese körperliche Entspannung bisher hinreichend geübt haben, dürfte es genügen, wenn Sie sich jeweils nur mit Hilfe der Formel für die konditionierte Entspannung einstimmen:

»5 – 4 – 3 – 2 – 1 – Entspannen ...
... ganz ruhig ... ganz entspannt ...«

**Zielsetzung der Übungen
zur Meditativen Entspannung**

Das Ziel der folgenden meditativen Übungen ist geistige Entspannung und damit letztlich das Erreichen jener Zustände »reinen« Bewußtseins, von denen wir schon verschiedentlich gesprochen haben. Physiologisch gesehen bedeutet dies eine weitgehende Reduzierung kortikaler und subkortikaler Aktivität (siehe Seite 62 ff). Das Vehikel zum Erreichen dieser Bewußtseinszustände ist Konzentration auf ein Meditationsobjekt. Von daher gesehen können alle folgenden Übungen auch als Aufgaben angesehen werden, Ihr Konzentrationsvermögen noch mehr zu steigern und zu festigen.

## Die Übungen zur
## Meditativen Entspannung

### Atemmeditation

Freunde von *Robert Ornstein* reisten unter vielfältigen Strapazen und finanziellen Opfern nach Indien.
Sie wurden angezogen von dem Ruf eines bestimmten Guru und erhofften sich, durch ihn wundersame
Fähigkeiten zu erlernen. Als sie nach tagelangem
Fußmarsch endlich im Dorf des »Heiligen« im Hima-
laya angekommen waren, wies sie dieser an: »Setzen
Sie sich mit dem Gesicht zur Wand und zählen Sie
Ihre Atemzüge. Das ist alles.« Ornsteins Freunde
waren daraufhin sehr niedergeschlagen. Sie waren
so weit gereist und hatten so viel auf sich genommen,
nur um eine Technik zu erlernen, die so gewöhnlich
war, daß sie sie auch zu Hause hätten lernen können.
Nur wenigen von ihnen aber war klar geworden, daß
genau dies demonstriert werden sollte.
Auch wir beginnen hier mit zwei Atemübungen. Sie
stellen sowohl einen natürlichen Übergang von den
autogenen zu den meditativen Übungen dar wie auch
einen einfachen Weg, das Meditieren zu beginnen.
Beide Übungen stammen aus der Zen-Meditation
und bilden auch dort einen ersten Einstieg in die
Meditation.

*1. Schritt:*
Zählen Sie Ihre Atemzüge jeweils von 1 bis 10
und fangen Sie dann wieder mit 1 an.

einatmen  =  1
ausatmen  =  2
einatmen  =  3
.        .
.        .
.        .
ausatmen  =  10
einatmen  =   1 usw.

Sie brauchen bei dieser Übung also nichts weiter zu beachten oder zu tun, als immer und immer wieder Ihre Atemzüge zu zählen. Haben Sie sich einmal verzählt, was am Anfang leicht passieren kann, dann fangen Sie jeweils wieder mit 1 an.

*2. Schritt:*
Konzentration auf den Atem:
Erst dann, wenn Sie sich so gut auf Ihren Atem konzentrieren können, daß Sie sich nicht mehr verzählen, richten Sie Ihre gesamte Aufmerksamkeit auf den *Vorgang* des Atmens.
Versuchen Sie, mit Ihrer Wahrnehmung dem Atemstrom zu folgen, wie er durch die Nase in den Körper eintritt ... durch die Luftröhre streicht und in die Lungen einfließt ... diese immer weiter ausfüllt und ausdehnt ... und beim Ausatmen auf dem gleichen Weg wieder zurückflutet ...
Versuchen Sie, den Atemstrom mit jedem Atemzug immer weiter und immer tiefer in die Lungen eindringen zu lassen, bis Sie schließlich das Gefühl haben, daß er auch die tiefsten Lungenspitzen ausfüllt. Wenden Sie dabei jedoch keine Muskelanspannung an, atmen Sie also nicht bewußt tiefer oder kräftiger. Versuchen Sie lediglich, Ihren Atem ausschließlich durch Vorstellung und Konzentration zu lenken.

*Walpola Rahula* gibt zu dieser Übung folgende Anweisung:
»... anfangs wird es dir sehr schwer fallen, den Geist dazu zu bringen, sich auf das Atmen zu konzentrieren. Du wirst erstaunt feststellen, wie dein Geist versucht davonzulaufen. Er verweilt nicht. Du fängst an, an alle möglichen Dinge zu denken. Du hörst Töne von draußen kommen. Dein Geist wird gestört und abgelenkt. Du wirst erschreckt und enttäuscht sein. Wenn du jedoch die Übung zweimal am Tag morgens und abends

fünf oder zehn Minuten lang weitermachst, wirst du nach und nach fähig sein, deinen Geist auf den Atem zu konzentrieren. Nach einer gewissen Zeit wirst du eben jenen Bruchteil einer Sekunde erfahren, wo dein Geist vollständig auf deinen Atemvorgang konzentriert ist, wo du nicht einmal Töne in deiner unmittelbaren Nähe hörst, wo keine Außenwelt für dich existiert. Dieser kurze Augenblick stellt für dich eine solch außergewöhnliche Erfahrung dar, daß du ihn gern verlängern würdest. Aber dennoch kannst du es nicht. Wenn du jedoch weiterhin regelmäßig übst, kannst du die Erfahrung immr öfter für immer längere Zeit wiederholen. Das ist der Augenblick, wenn du dich selbst im Gewahrsein des Atems vollständig verlierst. Solange du dir selbst bewußt bist, kannst du dich auf nichts konzentrieren.«

Das Wichtigste bei diesen Atemübungen aus dem Zen ist, daß sie keinerlei bewußte Kontrolle der Atmung erfordern. Entsprechend dem allgemeinen Prinzip aller bisherigen Entspannungsübungen erfolgt auch hier eine ganz passive Hinwendung der Aufmerksamkeit auf die Vorgänge bei der Atmung. Die Atemübungen des Yoga (Pranayama) dagegen erfordern diese Kontrolle. Wenn Sie sich speziell auch für solche Übungen interessieren sollten, so empfehlen wir das Buch von *Jürgen vom Scheidt* »Yoga für Europäer« oder den Erfahrungsbericht von *Th. Bernard* »Hatha Yoga«.

### Übungen mit der Wirbelsäule

Wir bleiben auch mit dieser zweiten Übung noch bei körperlichen Empfindungen. Hier geht es darum, mit der Konzentration schrittweise die Wirbelsäule abzutasten. Nach einer alten Yogaüberlieferung ruht am unteren Ende des Rückenmarks eine geheimnisvolle psychisch-physische Kraft, die von den Indern Kundalini (Schlangenkraft) genannt wird. Diese gelte es durch lange Meditationsübungen zu wecken und emporsteigen zu lassen. Die hierbei entstehende Erfahrung des *Gopi Krishna* haben wir auf Seite 177 schon zitiert. Uns geht es in dieser Übung aber zunächst mehr um die Wirbelsäule als Konzentrationsobjekt für die körpereigene Wahrnehmung, die hierbei stärker konzentriert werden muß, um jeweils nur markstückgroße Punkte auf der Wirbelsäule wahrzunehmen.

Versuchen Sie, sich den höchsten Scheitelpunkt Ihres Kopfes bewußt zu machen. Konzentrieren Sie sich nur auf diesen etwa markstückgroßen Punkt und bemühen Sie sich, ihn ganz deutlich zu spüren.

Sie können sich anfangs damit helfen, daß Sie diesen Scheitelpunkt kurz mit einem Finger berühren und dann auf diese Berührungsstelle Ihre gesamte Aufmerksamkeit lenken.

Können Sie diesen Punkt dann längere Zeit ganz deutlich spüren, so verlegen Sie ihn ein kleines Stück weiter nach hinten, dem Hinterkopf zu und versuchen das gleiche auch dort. Können Sie auch diesen zweiten Punkt ganz klar und deutlich spüren, so verlegen Sie den Punkt noch weiter nach unten ins Genick, dann Schritt für Schritt die Wirbelsäule entlang und immer tiefer bis hinab zum Steißbein.

Es ist wichtig, daß Sie dabei nicht mit bildhafter Vorstellung arbeiten, sondern allein mit Ihrem körperlichen Empfinden. Sie sollten diesen Punkt jeweils richtig fühlen, vielleicht in Form einer Druck- oder Wärmeempfindung.

Sie werden auch die Erfahrung machen, daß an manchen Punkten »totes« beziehungsweise gefühlloses Gebiet zu sein scheint. Dies braucht Sie nicht weiter zu beunruhigen. Gehen Sie in einem solchen Fall einfach ein Stück weiter nach unten und konzentrieren Sie sich dort erneut.

## Mantrameditation

Jeder Laut, den wir aussprechen, erzeugt in unserem Körper eine bestimmte Vibration. Ähnlich dem Resonanzboden einer Geige, der von den Schwingungen der Saiten ebenfalls zum Mitschwingen veranlaßt wird und erst dadurch dem Ton zu einem vollen Klang verhilft, reagiert auch unser Körper und verstärkt und moduliert durch feinste Vibrationen die in unserem Sprechapparat (Mund und Rachenraum) erzeugten Laute.

Bei der Mantrameditation wird nun diese Eigenschaft des Körpers zum Mitschwingen ausgenützt. Es ist dabei von geringer Bedeutung, ob ein Laut gesprochen, gemurmelt oder nur gedacht wird. Bestimmte Laute und insbesondere die Vokale lösen unterschiedliche Wirkungen in unterschiedlichen Körperräumen aus. Sie können dies kurz dadurch ausprobieren, daß Sie zunächst ein »i« summen oder denken und dann ein »o«. Sie werden die dabei erzeugten Vibrationen in jeweils anderen Räumen Ihres Körpers spüren. Dieser Zusammenhang zwischen verschiedenen Vokalen und Teilen des Körpers wird auch von atemtherapeutischen Techniken benützt und in der sogenannten »Vokalraumarbeit« zur Lösung und Lockerung des Körpers eingesetzt.

Einen weiteren Zweck erfüllt das Mantra in der Atemregulierung. Dadurch, daß es synchron zur Atmung ausgesprochen oder gedacht wird, beruhigt oder lenkt es den Atem.

Ferner ist das Mantra ein günstiges internes Meditationsobjekt, auf das leicht alle Aufmerksamkeit konzentriert werden kann und das somit alle bewußte Gehirntätigkeit in eine einzige Richtung lenkt. Damit ist wohl auch teilweise die Beobachtung zu erklären, daß bei konzentriertem, abermaligem Wiederholen ein und desselben Mantras im EEG eine zunehmende Synchronisierung der elektrischen Gehirnaktivität eintritt, die den Rhythmus der Alpha-Wellen verstärkt und so eine geistige und körperliche Entspannung bewirkt.

In der Überlieferung sind an die verschiedenen Mantren unterschiedliche mythische und religiöse Bedeutungsinhalte geknüpft, die wir hier aber vernachlässigen wollen. Für Interessierte verweisen wir auf die entsprechende Literatur. Zudem sollten Sie über den Bedeutungsgehalt eines bestimmten Mantras nur in Zusammenarbeit mit einem erfahrenen Meditationslehrer oder Psychotherapeuten meditieren. Ähnliches gilt für die fortgeschrittenen mantraähnlichen Übungen aus der Oberstufe des Autogenen Trainings, in denen über bestimmte existentielle Fragen meditiert werden soll wie beispielsweise »Wer bin ich?«, »Was will ich?«, »Welchen Weg will ich gehen?«. Bei solchen und ähnlichen Mantren ist es für viele Menschen günstiger und hilfreicher, wenn sie ihre Meditationserlebnisse mit einem vertrauten und verständnisvollen Partner durchsprechen und aufarbeiten.

In diesem Buch wollen wir das Mantra nur als formales Meditationsobjekt benützen, gleichsam als Vehikel, das Sie schnell und sicher in den entspannenden und eigentümlichen Zustand der meditativen Versenkung bringen kann.

Als *Ihr* Mantra wollen wir hier ein altes tibetanisches Mantra vorschlagen, das auch *Schwäbisch* und *Siems* verwenden:

### »OM AH HUM«

Verbinden Sie dieses Mantra so mit Ihrer Atmung, daß Sie beim Einatmen die Silbe »OM« denken und beim Ausatmen die Silbe »AH«. Gegen Ende des Ausatmens setzen Sie schon mit dem »HUM« an und lassen es in der kleinen Pause zwischen dem Ausatmen und dem Wiedereinatmen ausklingen.

Der entspannte und natürliche Atemrhythmus besteht aus Einatmung, der etwas längeren Ausatmung und einer kurzen Pause vor dem Wiedereinatmen. Analog zu dem eher angespannten Allgemeinzustand des westlichen Menschen verläuft auch dessen Atmung meist umgekehrt: die hastig eingesogene Luft wird durch ein zu kurzes Ausatmen nur teilweise wieder ausgestoßen, und die Pause zwischen der Ein- und der Ausatmung fehlt meist ganz oder ist sehr kurz. Damit entfallen aber gerade die entspannenden Teile des Atemvorganges, nämlich das langsame und vollständige Ausatmen und die atemstille Pause. *Schwäbisch* und *Siems* sehen hinter dieser falschen Atemtechnik zu Recht, wie wir meinen, eine weitverbreitete allgemeine Fehlhaltung, die sie so ausdrükken: »Ich habe Angst, nicht genug zu bekommen (gierig einatmen), und mag nichts weggeben. Ich muß das, was ich habe, festhalten, weil ich Angst habe, sonst gar nichts mehr zu haben (festgehaltenes Ausatmen).«

Mit Hilfe eines Mantras kann eine fehlregulierte Atmung wieder entspannt und freigelassen werden.

> *Wichtig:*
> Auch wenn die Betonung bei dieser Übung im Idealfall auf der Ausatmung liegt, sollten Sie jedoch nicht versuchen wollen, bewußt diese für Sie vielleicht ungewohnte Atemform zu erzwingen oder in irgendeiner anderen Weise willentlich herbeiführen. Atmen Sie in der Form und in dem Rhythmus, wie Ihr Körper es verlangt. Lassen Sie das Mantra lediglich einen ständigen Begleiter Ihres Atems während dieser Meditationsübung sein:
>
> einatmen  – OM
>
> ausatmen  – AH
>
> Pause     – HUM
>
> Im Laufe der Meditation wird Ihr Atem ganz von alleine in einen entspannten und natürlichen Rhythmus finden.

## Meditation über die »Eigenfarbe«

Das Erzeugen der sogenannten »Eigenfarbe« stellt die erste Meditationsübung aus der Oberstufe des Autogenen Trainings dar. Nach *Schultz* geht es darum, »irgendeine gleichförmige Farbe vor dem geistigen Auge erscheinen zu lassen.« Erscheint nach mehreren Übungsversuchen immer wieder die gleiche Farbe, so haben Sie Ihre »Eigenfarbe« gefunden, die jedoch nichts mit Ihrer Lieblingsfarbe zu tun haben muß. Ähnlich wie bei den »Übungen mit der Wirbelsäule« genügt es jedoch nicht, wenn Sie sich diese Farbe ganz abstrakt denken oder vorstellen. Sie sollten sie vielmehr bei geschlossenen Augen unmittelbar über längere Zeit sehen können.

Schließen Sie also die Augen, entspannen Sie sich ganz allgemein und konzentrieren sich dann auf irgendeine beliebige Farbe, die Ihr gesamtes Gesichtsfeld ausfüllt. Anfangs werden verschiedene Farben mehr oder weniger häufig wechseln. Versuchen Sie jedoch, sich ausschließlich auf eine einzige zu konzentrieren und diese längere Zeit zu »sehen«.

Bei der nächsten Übungssitzung muß es nicht wieder die gleiche Farbe sein, auf die Sie sich gut konzentrieren können. Gleich, welche Farbe es auch sein mag, es ist lediglich wichtig, daß Sie sie unmittelbar und deutlich sehen können.

## Konzentration auf eine Zahl

Bei der zweiten Oberstufenübung des Autogenen Trainings handelt es sich um die Schau »konkreter Objekte«. Man soll sich hier irgendeinen konkreten Gegenstand vorstellen und sich während der Übung ausschließlich darauf konzentrieren. Diese aktive Visualisierung entspricht der sogenannten Tantra-Praxis, die z.B. einen Teil des tibetanischen Yoga ausmacht. Auch hier soll ein bestimmtes Meditationsbild willentlich im Bewußtsein hervorgerufen werden.

Als visuelles Meditationsobjekt wollen wir in dieser Übung jedoch nicht einen beliebigen Gegenstand oder ein beliebiges Tantra-Bild nehmen, um es vor dem geistigen Auge erscheinen zu lassen. Wir benützen hier ganz konkrete Zahlen, die sich deutlich vor dem gleichfarbigen Hintergrund abheben sollen.

Schließen Sie also die Augen, entspannen Sie sich und stellen Sie sich einen dunklen Hintergrund, gleich welcher Farbe, vor (es kann auch die »Eigenfarbe« sein). Auf diesem Hintergrund lassen Sie nun das Bild einer leuchtend klaren, scharf umrissenen 1 entstehen. Mit zunehmender Konzentrationsfähigkeit wird diese 1 immer klarer und schärfer erscheinen. Sie sollten diese Zahl allerdings wiederum nicht abstrakt denken, sondern ganz real vor sich sehen.

Wenn Sie diese 1 klar und deutlich sehen können, so nehmen Sie eine 2, dann eine 3 usw. Immer dann jedoch, wenn eine Zahl undeutlich zu werden beginnt oder durch störende Gedanken im wörtlichen Sinne getrübt wird, fangen Sie wieder bei der 1 an.

### Tratakam-Meditation

Tratakam ist eine visuelle Meditationstechnik und verlangt »gleichbleibendes Schauen« auf externe Objekte. Die Vorbereitungsübung für die Oberstufe des Autogenen Trainings (konvergieren der Augäpfel nach innen oben) ist ein solches Tratakam. Einfacher als diesen sogenannten »frontalen Blick« finden wir den »Nasenblick«, dessen Übungsanleitung wir nach *R. Mishra* zitieren wollen:

*Nasenblick:*

»Halte Deine Augen halb geschlossen, halb offen und schaue anhaltend auf Deine Nasenspitze. Übe regelmäßig morgens und abends; sind die Augen müde oder tränen sie, schließe sie ganz und meditiere eine ganze Minute ...«

Es wird Ihnen anfangs sicherlich schwer fallen, Ihre Augen für längere Zeit unverwandt auf Ihre Nasenspitze zu richten. Wenn es für Sie anstrengend wird, bedeutet dies, daß Sie Ihre Augenmuskeln zu sehr anspannen, um die Augen in dieser starken Konvergenzstellung zu halten. Im Laufe der Zeit werden Sie jedoch lernen, nur ein Minimum an Muskelspannung aufzuwenden, und werden dann diesen Blick immer länger aushalten können, ohne daß Ihre Augen ermüden. Wie bei allen folgenden Tratakams genügt es natürlich nicht, bloß die Augen auf das externe Meditationsobjekt zu richten. Vielmehr sollten Sie Ihre ganze Aufmerksamkeit auf den Konzentrationsgegenstand richten. Dieser sollte Ihr ganzes Bewußtsein ausfüllen.

Tratakam auf eine Vase:

Sie stellen eine etwa 20 cm hohe farbige Vase vielleicht einen Meter vor sich hin und konzentrieren sich ausschließlich auf diese Vase. Diese Übung verwendete auch *Deikman* in seiner berühmten Studie über »experimentelle Meditation«. Wir wollen deshalb auch seine Meditationsanweisung zitieren:

»Sie haben die Aufgabe, sich auf die blaue Vase zu konzentrieren. Versuchen Sie einfach, die Vase zu sehen, wie sie in sich selbst existiert, ohne ihre Verbindung zu anderen Dingen. Vergessen Sie alle anderen Gedanken, Gefühle und Wahrnehmungen von außen und aus dem Körperinneren. Die Wahrnehmung der Vase soll Ihren Geist vollkommen ausfüllen.«

Tratakam auf andere Meditationsgegenstände:

Statt einer Vase können Sie natürlich auch andere Gegenstände zu dieser Art der Meditation verwenden, beispielsweise eine brennende Kerze, ein Bild, das (anfangs) von seinen Farben und Formen her nicht zu komplex und vielschichtig sein sollte. Gut geeignet dafür sind viele Bilder von *Vasarely,* da sie durch ihre symmetrische Ordnung und teilweise auch durch den hervorgerufenen Tiefeneffekt die Konzentration erleichtern.

Im Grunde ist es letztlich gleich, welches Objekt Sie zum Gegenstand Ihrer Meditation auswählen, solange es nur einen günstigen äußeren Fixationspunkt für Ihre Aufmerksamkeit bildet, und vor allem, solange Ihre innere Einstellung und Ausrichtung der eines Meditierenden entspricht.

## Musikmeditation

Genauso wie optische können Sie auch akustische Meditationsobjekte verwenden. Wir haben in diesem Zusammenhang schon auf die Bedeutung des Gebetes (Rosenkranz, »Herzensgebet«) und der Gregorianischen Choräle für die christliche Meditation des Mittelalters hingewiesen. Die Musik, die Sie zu Ihrer Meditation verwenden, wird in erster Linie davon abhängen, welche Art von Musik Sie bevorzugen.

Es kommt nur darauf an, daß Sie sich vollkommen auf diese Musik konzentrieren, sich in sie versenken. Folgen Sie den einzelnen Tönen so, als ob Ihr Bewußtsein (oder sogar Ihr Körper) auf der Melodie mitschwimmen und von dieser getragen würden. Es wird günstig sein, wenn Sie anfangs dafür eher einfache Musikstücke mit nur wenigen Stimmen und einer klaren Melodieführung bevorzugen, da Ihnen hier das »Mitgehen« vermutlich leichterfallen wird.

Die folgenden Vorschläge für Meditationsmusik haben sich in vielen Kursen als günstig erwiesen.

- Paul Horn: »Inside«
- Eberhard Schoener: »musik for meditation I/II«
- T. Scott, Sch. Ynize, H. Yamamoto: »Music for Zen-Meditation«
- J. S. Bach: »Sechs Partiten«
- G. Zamfir, M. Cellier: »Flûte de Pan et Orgue«
- Mike Oldfield: »Tubular Bells«

## Meditation in der Natur

Die Natur ist in zweifacher Weise zum Meditieren geeignet. Wir wollen hier zunächst nur auf den einen Aspekt der »konzentrativen Meditation« in der Natur eingehen. Den Aspekt der willentlichen »sich öffnenden Meditation« behandeln wir anschließend.
Viele Menschen gehen in die Natur, um sich zu erholen und zu entspannen. Viele, fast alle Erscheinungen der Natur wirken beruhigend und ausgleichend auf uns – eben »natürlich«. Aus diesem Grunde verwenden auch indische und japanische Mönche verschiedene Naturerscheinungen als Meditationsobjekte. Sie setzen sich beispielsweise an einen Wasserfall, an einen gleichmäßig plätschernden Bach oder an die Küste des Meeres, um sich auf die gleichmäßigen und andauernden Geräusche des Wassers zu konzentrieren. Ein regelmäßig gepflügter Acker oder eigens dafür gestaltete Steingärten sind weitere beliebte Meditationsorte. Gleich, was es auch sei, das Summen der Bienen, die auf- oder untergehende Sonne, die sich leicht im Winde wiegenden Äste eines Baumes oder eine Blume – die Natur bietet so viele Erscheinungen, die alle in hervorragender Weise zum meditierenden Sich-Versenken geeignet sind.
Diese natürlichen Meditationsobjekte können Sie nun als rein formale Konzentrationsgegenstände benützen, um leicht in den meditativen Zustand zu kommen. Sie können sie aber auch als Vehikel zu einer tieferen und mehr »internen« Meditation benutzen, indem Sie je nach Ihrer religiösen oder weltanschaulichen Ausrichtung über »das Wunder der Natur«, über »die Vielfalt des Lebens« oder andere Gedankeninhalte meditieren.

## »Entfaltende« Meditation

Bis jetzt haben wir nur »konzentrative« Meditationsübungen kennengelernt. In all diesen Übungen ging es ausschließlich darum, den breiten Informationsstrom, den sogenannten Input, der normalerweise unser Bewußtsein mit einer Flut von Reizen überschwemmt, abzuschwächen und zu kanalisieren. Die wesentliche Aufgabe dieser Meditation ist es, diesen gewaltigen Strom zu reduzieren auf ein spärliches Rinnsal, das, ausgehend von dem Meditationsgegenstand, in gleichbleibender Stärke und Schnelligkeit monoton auf unser Bewußtsein auftrifft und es dennoch voll und ganz ausfüllt. Wir können es auch mit dem anderen schon zitierten Vergleich ausdrücken, der jedoch mehr die Wirkung beschreibt, die meditative Konzentration auf unseren Körper und unser ganzes bewußtes Wesen ausübt. Danach hat diese konzentrative Form der Meditation das Ziel und den Zweck, die Helligkeit des Tages (sprich das »Chaos« unseres gewöhnlichen Bewußtseins) soweit zu dämpfen, daß uns die Sterne der Nacht (sprich all jenes, was uns ansonsten verborgen bleibt) wieder sichtbar werden.

Die »entfaltende« Art der Meditation hingegen geht einen etwas anderen Weg, den Weg des bewußten »Sich-Öffnens« für die vielen alltäglichen Dinge. Während in der konzentrativen Meditation die Aufmerksamkeit von den Erscheinungen der Außenwelt abgezogen wurde, wird sie nun wieder nach außen gerichtet. Der Meditierende soll hierbei ganz bewußt auf das Leben zugehen, allerdings mit der entsprechenden meditativen Haltung, die von *Rahula* sehr treffend beschrieben wird:

> »Eine andere wichtige und nützliche Form der Meditation ist es, bewußt und achtsam zu sein auf alles, was Sie in Handlungen und in Worten im Tagesablauf Ihrer Arbeit, in Ihrem privaten, öffentlichen oder beruflichen Leben tun. (...) – in diesen und anderen Handlungen sollten Sie voll bewußt auf die Tätigkeit achten, die Sie jeweils gerade ausführen. Das bedeutet, daß Sie voll und ganz in diesem Augenblick, in der gegenwärtigen Handlung leben. Das bedeutet

nicht, daß Sie überhaupt nicht an Vergangenheit

und Zukunft denken sollten. Im Gegenteil, Sie denken an sie in bezug auf den gegenwärtigen Augenblick, auf die gegenwärtige Handlung, sofern und wann es wesentlich ist.

Die Menschen leben im allgemeinen nicht in ihren Handlungen, nicht im gegenwärtigen Augenblick. Obwohl sie jetzt und hier etwas zu tun scheinen, weilen ihre Gedanken irgendwo anders, bei eingebildeten Problemen und Sorgen, bei Erinnerungen an die Vergangenheit oder bei Wünschen und Spekulationen über die Zukunft. Daher leben sie nicht in dem, was sie in diesem Augenblick tun, und haben auch keine Freude daran. Deshalb sind sie unglücklich und unzufrieden mit dem gegenwärtigen Augenblick, mit der vorliegenden Arbeit, und so können sie sich nicht völlig dem hingeben, was sie zu tun scheinen.«

Ähnliche Sätze sind auch in der Literatur der humanistischen Psychologie zu finden, insbesondere bei *Fritz Perls*, dem Begründer der Gestalttherapie, aber ebenso bei *Karl Rogers*, dem Begründer der Gesprächspsychotherapie. Das sogenannte »Hier und Jetzt« stellt ein wichtiges Prinzip der gesamten humanistischen Psychologie dar; es bedeutet: »Lebe im Hier und Jetzt. Sei dir dessen, was du jeweils tust, fühlst und denkst, voll bewußt.«

Vielleicht halten Sie hier einmal kurz im Lesen inne und versuchen Sie, darüber nachzudenken, wieviel Platz (ausgedrückt in Prozent) die Vergangenheit, die Gegenwart und die Zukunft in all Ihrem Denken und Handeln einnehmen?

Die »entfaltende« Meditation hat zum Ziel, daß wir wieder in unser jeden Augenblick »gegenwärtiges« Sein zurückfinden, daß wir unser Bewußtsein von uns selbst, unser *Selbstbewußtsein* im eigentlichen 213

Sinne, immer wieder neu entwickeln, ohne uns auf ein begrenztes und eingeschränktes Bild von uns starr zu fixieren. Diese Art der Meditation ist von der Selbsterfahrung, wie sie in den verschiedenen gruppendynamischen Kursen oder Sensitiv-Trainings praktiziert wird, nicht mehr verschieden. *Sie ist Selbst-Erfahrung.*

Es gibt viele Wege und praktische Anleitungen, um diese Meditation durchzuführen. Im Yoga wird eine Übung »der Zeuge« genannt. Man soll sich dabei ständig so exakt beobachten, daß man in jedem Augenblick Zeugnis ablegen könnte von dem, was man gerade tut. Dabei ist es egal, was man tut. Der Zeuge beurteilt und bewertet nicht, sondern beobachtet nur – eine Haltung, die Sie in allen bisherigen Übungen ohnehin eingenommen haben. Eine weitere Übung besteht darin, fortwährend einen beliebigen Teil des Körpers zu spüren: also ständig das Bewußtsein von der rechten Hand, dem linken Bein oder der Schädeldecke aufrecht zu erhalten (siehe S. 217). Andere Übungen könnten aus der modernen Verhaltenstherapie, insbesondere aus einem Selbstsicherheitstraining stammen. Hier wie dort wird beispielsweise verlangt und geübt, festgefügte (Verhaltens-) »Ketten« zu durchbrechen. Dies kann schon allein darin bestehen, daß man alltägliche Gewohnheiten verändert und vielleicht einmal einen anderen Weg zur Arbeit wählt, Tee statt dem üblichen Kaffee zum Frühstück trinkt, oder sogar ganz auf das Frühstück verzichtet; daß man sich die Schuhe in umgekehrter Reihenfolge anzieht oder versucht, einmal nicht mit der rechten, sondern mit der linken Hand zu essen. Schwieriger werden diese Aufgaben des »Kettendurchbrechens« schon, wenn Sie damit die Aufmerksamkeit anderer Leute (scheinbar oder ganz gezielt) auf sich lenken, indem Sie beispielsweise in der Mitte des Bürgersteigs geradeaus gehen und sich nicht, wie vielleicht bisher immer, an der Häuserwand entlangdrücken. Versuchen Sie vielleicht auch, statt immer »Ja« einmal »Nein« zu sagen oder probieren Sie die (scheinbar) ganz verrückte Sache, immer einen Rucksack auf Ihrem Rücken zu tragen, egal, wohin Sie auch gehen. Auf »normale« Maße reduziert, bedeutet dies, daß Sie auch einmal ohne Krawatte ins Büro gehen oder Passanten, die Ihnen auf der Straße begegnen, freundlich in die Augen schauen. Der Zweck all dieser Übungen ist eine Art »Deautomatisierung« oder »Entwöhnung« sowohl eingefahrener Verhaltensschemata wie auch festgefügter Bewußtseinsinhalte. Es geht darum, die Wahrnehmung von uns selbst und der Welt wieder »aufzufrischen«, vielleicht sogar umzugestalten und neu zu konstruieren. Eine »Konstruktion« wird unsere Sicht der Welt, unser Bewußtsein, zwar dennoch bleiben, vielleicht aber eine reichhaltigere und flexiblere Konstruktion, die uns weniger einschränkt und uns genügend Spielraum zur Selbstentfaltung bietet.

Die wissenschaftliche Beschäftigung mit dem Menschen, die Psychologie, gibt uns viele, teilweise sehr plausible Erklärungen seines manchmal ganz merkwürdigen Verhaltens. Auch wir haben in diesem Buch Erklärung über Erklärung abgegeben, um einige menschliche Verhaltensweisen etwas verständlicher zu machen. Dennoch bleibt uns der Mensch letztlich ein Rätsel, wenn wir ihn nur mit dem Modus der linken Gehirnhälfte, dem begrifflich-analytischen Denken, verstehen wollen. Zur Selbsterfahrung und Selbstentfaltung genügt es nicht nur, »schlaue« Bücher zu lesen und eine Theorie nach der anderen zu »konsumieren«. Selbsterfahrung heißt praktisches Handeln und Ausprobieren. Nur dadurch können wir auch unsere gefühlsmäßige Seite entdecken und die Sprache unserer rechten Gehirnhälfte erlernen.
Einen Weg dazu, den wir bisher noch nicht erwähnt haben, stellen »Rätsel« dar, die nicht mit Logik und Verstand gelöst werden können. In der Zen-Meditation heißt ein solches Rätsel »Kôan«. Ein Kôan zwingt den Zen-Schüler, zunächst alle möglichen Gedanken und Lösungen durchzugehen, um dann einsehen zu müssen, daß er mit seiner gewöhnlichen logisch erklärenden Denkweise der Lösung um keinen Schritt

näher kommt. Die Antwort kann – wenn überhaupt – nur auf eine nicht logische und nicht lineare Art gegeben werden und muß durch unablässiges Meditieren gefunden werden. Wir möchten deshalb diesen praktischen Teil des Buches mit folgendem Kôan abschließen:

>Warum denken Sie eigentlich, daß Sie sich entspannen sollten.«

## *Körperhaltung beim Meditieren*

In einem früheren Kapitel (S. 108 ff) haben wir auf verschiedene mögliche Körperhaltungen hingewiesen, wie sie für die Muskelentspannung und die autogene Entspannung günstig sind. Die dort beschriebenen Möglichkeiten hatten zum Ziel, durch eine entspannte äußere Haltung die Lockerung der Skelettmuskulatur und Beruhigung des vegetativen Systems zu erleichtern.

Bei der Meditation scheint uns eine rechte innere Einstellung zunächst wesentlicher zu sein als eine akribisch genau einzuhaltende äußere Körperhaltung. Dennoch ist die innere Haltung nicht unabhängig von der äußeren. Haben wir bis jetzt immer nur auf eine entspannte Körperhaltung Wert gelegt, so wollen wir nunmehr Gewicht auf eine sogenannte »eutonische« Haltung legen. Eutonie ist sowohl rechte Spannung wie rechte Entspannung – also genau die Mitte zwischen Entspannung und Anspannung. Schlaffheit und Verspannung sind die Extreme jedes eutonischen Gleichgewichts, das wir erreichen wollen. Uns geht es hier um die rechte Mitte, in der wir uns zentrieren können.

Für viele Übende ist eine solche äußere Haltung oft nicht leicht. Die körperlichen Fehlhaltungen als Folge unserer modernen Wohlstandsgesellschaft sind zu tief eingeschliffen (nicht zuletzt deshalb, weil sie »bequem« sind), als daß sie schnell korrigiert werden könnten. Eine aufrechte Sitzhaltung oder erst recht der Lotussitz stellen für viele zunächst scheinbar unüberbrückbare Hürden dar, deretwegen sie nicht selten die ganze Meditation abbrechen. Falls Sie Meditation in der rechten Körperhaltung durchführen wollen, wird es für Sie vielleicht nötig sein, eine Zeitlang Ihre Körperhaltung selbst zum Meditationsgegenstand zu nehmen, bis Sie den eutonischen Zustand Ihrer aufrichtenden Skelettmuskulatur gefunden haben.

Aus diesen Gründen mag es für manche auch hilfreich sein, die folgenden vorbereitenden Übungen aus der »entfaltenden« Meditation durchzuführen, bevor sie sich um eine rechte Sitzhaltung bei ihren Meditationsübungen bemühen.

## Vorbereitende Übungen (Gehübungen)

Das Kriterium dieser vorbereitenden Übungen ist wieder passive Konzentration, Beobachten und Fühlen. Nehmen Sie keinen Einfluß, versuchen Sie nichts verändern oder kontrollieren zu wollen. Sie konzentrieren lediglich Ihre Aufmerksamkeit auf die jeweiligen Körperabschnitte und sind sich dieser bewußt.

Richten Sie im Gehen Ihre Aufmerksamkeit auf Ihre *Fußsohlen.* Fühlen Sie dort jeweils den Druck, wenn das ganze Körpergewicht für kurze Zeit jeweils nur von einem Fuß getragen wird. Versuchen Sie, über Ihre Fußsohlen Kontakt mit der Erde zu bekommen.

Erst dann, wenn Sie sich dieser Kontaktnahme voll bewußt sind, gehen Sie weiter zu Ihren *Fußgelenken* und den sie umgebenden Muskeln und Sehnen. Beobachten Sie auch hier die Bewegung in den Gelenken und die Spannungsveränderungen der Muskeln und Sehnen dieses Bereiches.

Auf diese Weise gehen Sie nach und nach Ihren Körper durch:

Wahrnehmung der Unterschenkel
Wahrnehmung der Oberschenkel

Wahrnehmung des Hüftbereiches
Wahrnehmung der Wirbelsäule und der Rücken-
muskulatur
Wahrnehmung der Schultern
Wahrnehmung des Nackenbereiches
Wahrnehmung des Gesichtes
Wahrnehmung der Arme
Wahrnehmung der Hände

Erst dann versuchen Sie, mit minimalem Kraftauf-
wand zu gehen, das heißt, in einer »eutonischen«
Haltung.

Im Anschluß an diese Übungen, die mehrere Tage
oder vielleicht Wochen in Anspruch nehmen, können Sie dazu übergehen, auch während Ihrer Medi-
tationssitzungen eine eutonische Haltung einzunehmen. (Darüber hinaus werden Sie vermutlich diese
Gehübungen immer wieder durchführen, wenn Sie
ihren Sinn und ihre Wirkung am eigenen Körper erlebt haben.)

### Sitzhaltung auf einem Stuhl

Die Sitzhaltung während der Meditation sollte eine
»aufgerichtete« sein, insbesondere sollte das Rückgrat gerade sein. Auch wenn dies anfangs schwerfallen mag, so bewirkt diese Haltung – längerfristig
gesehen – einen eutonischen Zustand des Körpers,
der die Muskulatur weder anstrengt noch erschlaffen
läßt. Ein Stuhl mit ebener Sitzfläche oder auch ein
Hocker genügen zunächst. Denken Sie sich eine gerade Linie, die durch Ihren Kopf und Oberkörper bis
zu den Sitzknochen verläuft. Um Ihren Kopf auf diese
Gerade zu bekommen, ziehen Sie das Kinn etwas
zurück.

Das letzte entscheidende Kriterium aber ist Ihr Gefühl: Den eutonischen Zustand Ihres Körpers können
Sie nicht berechnen, sondern nur erfühlen und im
Laufe des Übens erfahren. Ein weiteres Hilfsmittel,
in diese eutonische Haltung zu kommen, besteht
218    darin, daß Sie über den Schwerpunkt (Sitzknochen)

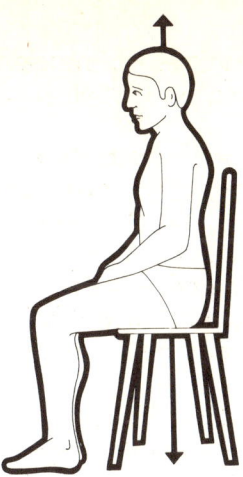

ganz leicht zu schwingen beginnen, nach vorne, rückwärts und zur Seite, um so jene Mittelstellung herauszufinden, die den toten Punkt oder den absoluten
Gleichgewichtszustand Ihres Körpers darstellt. Ihre
Schultern hängen dabei locker nach unten, so daß
das Körpergewicht ausschließlich vom Beckenraum
her getragen wird.
Der Stuhl oder Hocker, auf dem Sie sitzen, sollte so
hoch sein, daß die Knie nicht höher stehen als die
Hüftgelenke. Notfalls kreuzen Sie die Unterschenkel
leicht, um diesen rechten Winkel zwischen Rückgrat
und Oberschenkel herzustellen.


**Fersensitz**


Für die meisten Übenden ist der sogenannte Fersensitz leichter einzunehmen als der Lotussitz. Er kommt
der christlichen Gebetshaltung sehr nahe. Hierbei
setzen Sie sich einfach auf Ihre Unterschenkel, wobei
die Knie etwas auseinanderstehen, um festeren
Stand zu haben. Auch die Füße bilden bei übereinan-
dergelegten Zehen eine V-förmige Mulde, in die Sie
sich hineinsetzen können. Zwischen Ober- und
Unterschenkel oder auch zwischen Unterschenkel
und Boden können Sie eine Decke legen, um unangenehme Druckempfindungen zu vermeiden.

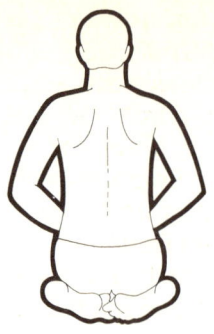

## Lotussitz

Sie setzen sich auf ein Kissen, ziehen den rechten Fuß dicht an den linken Oberschenkel heran und legen dann den linken Fuß auf den rechten Unter- oder Oberschenkel, so daß die Fußsohle nach oben zeigt. Die Knie sollten dabei möglichst den Boden berühren. Dieser *halbe* Lotussitz ist leichter durchzuführen als der *volle,* bei dem Sie den rechten und linken Fuß jeweils auf den entgegengesetzten Oberschenkel legen.

Der Lotussitz ist für viele Menschen anfangs relativ schmerzhaft, da hierbei die Sehnen und Bänder ungewohnt gestreckt sowie die Knie- und Fußgelenke außergewöhnlich belastet werden. Falls Sie diese Sitzhaltung einnehmen wollen und nicht schon von vornherein darin geübt sind, so lassen Sie sich Zeit. Üben Sie anfangs jeden Tag mehrere Male nur drei bis fünf Minuten. Im Laufe der Zeit werden Sie immer länger in dieser Sitzhaltung verbleiben können, ohne daß sie Ihnen schmerzhaft oder unangenehm wäre. Lassen Sie sich durch den leichten Spannungsschmerz nicht davon abhalten zu üben. Vergegenwärtigen Sie sich Empfindungen der Entspannung in diesen Bereichen und lassen Sie alle Spannung hinabfließen in den Boden.

Sowohl der Fersensitz wie auch der Lotussitz vermitteln schon rein äußerlich das Bild der Sammlung und Konzentration und entsprechen damit auch der inneren meditativen Ausrichtung.

## Die Haltung der Hände

Zen-Meister legen großen Wert auf die richtige Haltung der Hände und können schon an deren Stellung den inneren Zustand des Schülers erschließen. Sie selbst sollten hier wiederum nur nach Ihrem Gefühl vorgehen und das Folgende nur als Hinweis auffassen:

Egal, ob Sie auf einem Stuhl sitzen oder sich im Fersen- oder Lotussitz niederlassen, Ihre Hände sollten locker und geöffnet im Schoß liegen. Um Geschlossenheit zu symbolisieren, legen Sie sie wie zwei Schalen ineinander, wobei die linke Hand auf der rechten aufliegt (bei Linkshändern umgekehrt). Die geöffneten Hände symbolisieren die innere Einstellung: ich bin offen und bereit zu empfangen. Wenn Sie streng nach der Zen-Weise vorgehen wollen, so lassen Sie die Daumenspitzen sich leicht berühren.

# Die praktische Anwendung

## Möglichkeiten und Grenzen des Integrierten Entspannungstrainings

In einer Unterhaltung über die Möglichkeiten und Grenzen des Autogenen Trainings richtete *Sigmund Freud,* der Begründer der Psychoanalyse, an *J. H. Schultz* die recht skeptische Frage: »Sie glauben doch nicht, daß Sie damit heilen können?« Schultz erwiderte daraufhin: »Keinesfalls, aber ich meine doch, daß man wie ein Gärtner Hindernisse wegräumen kann, die der echten Eigenentwicklung im Wege stehen.«

Auch wir haben in diesem Buch immer wieder die Auffassung vertreten, daß das *Integrierte Entspannungstraining* nicht nur der »bloßen« körperlichen und geistigen Entspannung dient und somit zu einer »Entstressung« des Menschen beiträgt; vielmehr gehen mit der Durchführung dieses Trainings – wenn sie in eigener Regie sehr sorgfältig oder besser noch in Zusammenarbeit mit einem Psychotherapeuten geschieht – auch Selbstentfaltungs- und Selbstverwirklichungsprozesse einher, die dem Übenden nachgewiesenermaßen in vielen Bereichen seines Lebens dienlich sind, ihm alte Schwierigkeiten im neuen Licht erscheinen lassen und neue Probleme vermeiden helfen.

Wenn wir den Menschen als Einheit aus Körper, Geist und Seele betrachten (wobei wir diese Aufteilung wiederum nur im Sinne eines Zugeständnisses an unsere linear arbeitende linke Gehirnhälfte verstehen), so sollte eine ideale psychotherapeutische Behandlung auf einem ganzheitlichen, integrierten Ansatz (Integrierte Therapie) fußen. Sie hat die Interaktion der Erlebensweisen, die wir als Körper, Geist und Seele begrifflich voneinander unterscheiden, zu berücksichtigen und sich auch im methodischen Vorgehen den individuellen, sozialen und materiellen Bedingungen des jeweiligen Klienten differenziert anzupassen (»klientenzentriert«). Wir sind der Auffassung, daß auch das *Integrierte Entspannungstraining* einem ganzheitlichen Ansatz weitgehend entspricht.

Dennoch darf es nicht als Allheilmittel mißverstanden werden. Schwerwiegendere psychische – besser gesagt: psychophysische – Störungen werden die eigenständige Durchführung jedes Entspannungstrainings ohnehin erschweren oder behindern. In bestimmten Fällen kann auch das *Integrierte Entspannungstraining* eine psychotherapeutische Behandlung nicht ersetzen. Wir wollen deshalb auch deutlich trennen zwischen Entspannungstraining und Entspannungstherapie.

Unter *Entspannungstraining* verstehen wir die Einübung in ein bestimmtes Entspannungsverfahren, wie beispielsweise in das der Integrierten Entspannung. Dies kann selbständig und selbstverantwortlich durchgeführt werden oder in Zusammenarbeit mit einem ausgebildeten Trainer oder Psychotherapeuten. Auch dieses »reine« Training zur allgemeinen geistigen und körperlichen Entspannung wird therapeutische Effekte im Sinne einer verstärkten Selbstentfaltung und Selbstverwirklichung haben. Die Erfahrungen, die körperliche und geistige Entspannung einem Menschen vermitteln, schaffen Freiraum, der zur effektiven Selbstverwirklichung unabdingbar ist. Darüber hinaus kann ein solches Training ganz gezielt und in vielen Fällen ohne therapeutische Hilfen bei Schlafstörungen und Kopfschmerzen, insbesondere beim Spannungskopfschmerz, eingesetzt werden.

Auch bei verschiedenen anderen Störungen kann Entspannung wirkungsvoll angewandt werden. Wir wollen jedoch nicht der Versuchung anheimfallen, einen umfangreichen Indikationskatalog für das *Integrierte Entspannungstraining* aufzustellen, der ähnlich wie in manchen Büchern über Autogenes Training und über Meditation von der Beseitigung von Warzen bis hin zu einer Steigerung der Intelligenz reicht, obwohl solche Erfolge in vielen Fällen durchaus möglich und aufgrund der aufgezeigten psychophysiologischen Zusammenhänge auch rational erklärbar sind.

Üblicherweise wird zwar in unserer leistungsorientierten Gesellschaft von einem neuen »Produkt«, das auf den »Markt« kommt, verlangt, daß man angebe, wofür oder wogegen es gut sei. Dennoch wollen wir uns ganz bewußt diesem auferlegten Zwang widersetzen. Damit können wir vielleicht auch vermeiden, daß sich ein Leser unbewußt dem selbstauferlegten Zwang ausgesetzt sieht, zu schnell diese Art der Entspannung einüben zu müssen, um sich mit solcher Hilfe endlich von einem bestimmten Leiden befreien zu können. Wir haben öfters darauf hingewiesen, daß Entspannung das Gegenteil von Zwang und Leistung bedeutet. Beim erstmaligen Einüben dieser Integrierten Entspannung sollte man ausschließlich die jeweils vor den drei Trainingskapiteln angegebenen Zielsetzungen berücksichtigen. Entspannung sollte also zunächst lediglich um ihrer selbst willen erlernt werden. Ist eine fundierte Entspannungsfertigkeit einmal erreicht, werden sich im alltäglichen Leben genügend Möglichkeiten für den einzelnen ergeben, in denen er ganz selbstverständlich diese neu- oder wiedererlernte Fertigkeit einsetzen wird.

*Entspannungstherapie* dagegen wollen wir als Sammelbegriff für verschiedene Möglichkeiten therapeutischen Vorgehens betrachten. Zum einen wird ein psychotherapeutisch ausgebildeter Trainer ein Entspannungsverfahren ohnehin nicht nur als bloße

224 Technik einüben lassen, sondern die dabei auftre-

tenden Erfahrungen und Schwierigkeiten mit den Übenden gründlich durchsprechen und aufarbeiten. In einem so durchgeführten Training wird erfahrungsgemäß die Hälfte der Übungszeit für diese klärenden Gespräche verwendet. Zum anderen – und hier kommen wir zu der eigentlichen Entspannungstherapie – kann Entspannung bei verschiedenen therapeutischen Vorgehensweisen ganz gezielt in die therapeutische Arbeit einbezogen werden. Beispielsweise hat es sich als günstig erwiesen, in verschiedenen Fällen Entspannungstraining und Psychotherapie zu kombinieren, da die hierbei auftretende gegenseitige Beeinflussung die Therapiedauer wesentlich verkürzt. Entspannung lockert einerseits in der Therapiesituation auftretende Blockierungen und bringt den festgefahrenen Therapieprozeß wieder in Gang. Andererseits können in der Therapie auch Blockaden aufgearbeitet werden, die im Laufe des Entspannungsprozesses auftreten und diesen ins Stocken bringen. Entspannung und Psychotherapie ergänzen sich auf diese Weise sehr sinnvoll.

Unter Entspannungstherapie verstehen wir aber auch das verhaltenstherapeutische Verfahren der systematischen Desensibilisierung, das wir auf Seite 70ff schon kurz beschrieben haben, wie auch das sogenannte Katathyme Bildererleben nach *Leuner* und viele andere Möglichkeiten, deren Beschreibung jedoch nicht das Anliegen dieses Buches ist.

Wir möchten vielmehr noch ein anderes Thema zur Sprache bringen, das von den meisten Streß- oder Entspannungsbüchern eher vernachlässigt wird. In vielen dieser Bücher wird Entspannung als Methode der Wahl gegen die alles überschattende Zeiterscheinung des STRESS empfohlen. Zu wenig und zu selten wird jedoch Streß in seiner Funktion als Warnsignal berücksichtigt. Zu selten wird auch auf die von *H. Selye* getroffene Unterscheidung zwischen *Distreß* und *Eustreß* verwiesen. Häufig wird Streß nur in seiner schädigenden (distressenden) Wirkung auf den Menschen beschrieben. Übersehen werden dabei jedoch Untersuchungsergebnisse, die nachweisen, daß das gleiche Maß an extremer Streßbelastung durchaus nicht die gleichen schädigenden Folgen nach sich ziehen muß. Opernsänger, Schauspieler, Musiker und Tänzer reagieren auf die Anforderungen ihres Berufes beispielsweise mit dem gleichen hochgradigen physischen und psychischen Alarmzustand wie Schwerarbeiter, gestreßte Hausfrauen oder von Termin zu Termin hetzende Führungskräfte. Die physiologischen Meßgeräte zeigen hier wie dort die gleichen körperlichen Alarmsignale. Und dennoch ist dieser künstlerische Eustreß nicht gesundheitsschädigend, offenbar, weil er sich im Rahmen einer Tätigkeit abspielt, die als sinnvoll und nicht entfremdend begriffen und empfunden werden kann.

Damit gewinnen aber einerseits die objektiven wirtschaftlichen und sozialen Gegebenheiten unseres Lebens und andererseits unsere eigene subjektive Einstellung zu diesen Gegebenheiten eine ganz wesentliche Bedeutung für das Streßgeschehen. Wir haben an verschiedenen Stellen schon darauf hingewiesen, daß das Bild, das sich jeder Mensch von der Welt macht und an dem er dann sein Erleben und Handeln orientiert, eine persönliche Konstruktion ist. Diese ist von Individuum zu Individuum verschieden, kann aber in vielen Bereichen aufgrund faktischer Gegebenheiten und tradierter Vorstellungen große Ähnlichkeiten aufweisen, die das jeweilige gesellschaftliche Bewußtsein (Kultur, Moral etc.) bedingen. Wir haben auch darauf hingewiesen, daß die Welt als solche nach diesem Bewußtsein gestaltet (und verunstaltet) wird.

Konkret bedeutet dies, daß es in vielen Fällen nicht ausreicht und unter Umständen sogar schädigend wäre, wenn wir mit Hilfe von Entspannung die Folgeerscheinungen mißglückter und krankmachender Lebensbedingungen lediglich kompensieren wollten. Vielmehr kann gerade »meditatives Bewußtsein« dazu führen, daß wir ganz konkret an einer Verbesserung unseres Lebens arbeiten. Wenn dieses Bewußtsein ein »erweitertes« ist, wird es dem Meditierenden leichter fallen, neue Zusammenhänge und neue Möglichkeiten zu erkennen. Der Begriff der Integration bekommt von daher eine zusätzliche und umfassendere Bedeutung. Jedem, der Entspannung und Meditation betreibt, wird sich früher oder später die Frage stellen, was er mit dieser Fertigkeit und der neu gewonnenen Erfahrung macht, wofür oder wogegen er sie einsetzen wird. Wir meinen hier nicht so sehr die klarer bestimmbaren Anwendungsmöglichkeiten wie Schlafstörungen, Kopfschmerzen oder Entspannung an sich. Gerade tiefere Erlebnisse, insbesondere mit meditativer Entspannung, verlangen darüber hinaus eine oft ganz konkrete Stellungnahme zumindest über die Richtung der persönlichen Selbstentfaltung.

Natürlich kann Meditation, ähnlich den verschiedenen »bewußtseinserweiternden« Drogen, auch zu Flucht und Rückzug aus einer als beängstigend oder unlustvoll erlebten Realität verhelfen. Viele Kritiker werfen der Meditation gerade in diesem Sinne häufig vor, sie sei eine Abkehr von den Erfordernissen der Realität und den Bedürfnissen der Mitmenschen; sie stelle lediglich einen egoistischen Rückzug in die eigene Innerlichkeit dar. Nun mag dies aber für einige Menschen vielleicht die einzige Möglichkeit sein, auf eine krankmachende Situation zu antworten. In der Tat ist es unter manchen Umständen »gesünder«, davonzulaufen, als sich einem von vornherein aussichtslos erscheinenden Kampf stellen zu wollen. Dennoch hat dieses sogenannte Flucht- oder Vermeidungsverhalten notgedrungen zur Folge, daß sich an der Situation selbst dadurch nichts ändern wird. Ebenso wird sich die Wahrnehmung und das Bewußtsein von dieser Situation nicht nur nicht ändern, sondern vielmehr stabilisieren. Durch Vermeidung und Flucht werden also nicht nur die bestehenden Verhältnisse fixiert, sondern zudem auch die Möglichkeit einer Wahrnehmungs- und Bewußtseinsveränderung entschieden erschwert, wenn nicht verhindert. Damit läuft aber ein solches Verhalten der ureigenen Intention jeglicher Meditationspraxis zuwider. Meditation bedeutet vielmehr Integration in einem umfassenderen Sinn und stellt so das Gegenteil von Rückzug oder Flucht dar. Neben der schon erwähnten Integration von Körper, Geist und Seele ist das eigentliche Ziel der Meditation, die hemmenden und einschränkenden Grenzen des gewöhnlichen Bewußtseins mit seinen ebenfalls begrenzten Erfahrungsmöglichkeiten zu überwinden und sich einem Erlebensbereich zu nähern, der die umfassende Einheit alles Bestehenden erfahrbar macht – um dann zurückzukehren in die Welt der sonderbaren Gegensätze und Widersprüche und dort in neuer Weise »sehend« zu *handeln.*

»Je mehr ich die Europäer über Meditation reden höre, desto mehr empfinde ich, daß ich ihnen eigentlich davon abraten muß. Die verstehen ja gar nicht, worum es geht. Lesen Sie in Ihren Heiligen Schriften, Sie finden dasselbe wie in unseren: Du sollst Deinen Mitmenschen lieben; Du sollst Gott lieben; Du sollst Deinen Mitmenschen in Gott lieben. Und alles andere ist überflüssig. Nirgends steht: Du sollst meditieren. Wenn Du aber Gott lieben willst und Deinen Mitmenschen, und Du entdeckst die große Wahrheit, daß meditieren Dir dazu helfen kann und eine ganz entscheidende Hilfe dazu sein kann, dann sollst Du meditieren, und wenn Du das nicht entdeckst, sollst Du es bleiben lassen.« (*Gopi Krishna,* zitiert nach *Carl Friedrich von Weizsäcker).*

# Nachwort

Das Konzept des *Integrierten Entspannungstrainings* ist vor dem Hintergrund eines allgemeinen integrativen therapeutischen Ansatzes zu sehen, der in diesem Buch an dem Beispiel »Entspannung« exemplifiziert wurde und in künftigen Darstellungen noch näher auszuführen ist. Die Entwicklung hin zu diesem Ansatz einer »Integrierten Therapie« vollzog sich innerhalb unseres Therapeuten- und Kollegenteams (W. Gerl, B. Peter, R.-J. Pieritz) im Laufe mehrjähriger Arbeit und fand ihren äußeren Rahmen 1976 in der Gründung des »Institutes für Integrierte Therapie (iit) / Münchener Therapiezentrum«.

Wilhelm Gerl hatte wesentlichen Anteil an der konzeptuellen Ausarbeitung speziell dieses *Integrierten Entspannungstrainings* und ist deshalb auch als Co-Autor aufgeführt. Als »schreibender« Autor dieses Buches möchte ich auch meinem Freund und Kollegen Rainer-Joachim Pieritz danken für seine Bereitschaft, zusätzliche Arbeit auf sich zu nehmen, und für die Geduld, die er mir während der Zeit, in der ich das Buch verfaßt habe, entgegenbrachte.

Weiterhin danke ich Angelika Strocka und Bernadette Hecke für ihre Hilfe am Zustandekommen dieses Buches.

München, im Juli 1977                    Burkhard Peter

# Literaturangabe

Abegg, E.: »Indische Psychologie« Zürich 1945

Alexander, F.: »Psychosomatische Medizin. Grundlagen und Anwendungsgebiete« Berlin 1971

Assagioli, R.: »Psychosynthesis« (An Esalen Book)

Aurobindo, S.: »Der integrale Yoga« Reinbek 1971

Avalon, A.: »Die Schlangenkraft« München 1971

Bachmann, C. H.: »Psychoanalyse und Verhaltenstherapie« Frankfurt 1976

Balint, G.: »Der Arzt, sein Patient und die Krankheit« Stuttgart 1975

Barber, T. (Hrsg.): »Biofeedback and Self-Control« Chicago 1971

Benninghoff, A. / Goerttler, K.: »Lehrbuch der Anatomie des Menschen. Bd. III, Nervensystem, Haut und Sinnesorgane.« München 1967

Bernard, T.: »Hatha Yoga – ein Erfahrungsbericht aus Indien und Tibet« Stuttgart 1970

Berne, E.: »Was sagen Sie, nachdem Sie ›guten Tag‹ gesagt haben?« München 1975

Bernstein, D. A. / Borkovec, T. D.: »Entspannungstraining« München 1975

Birbaumer, N. (Hrsg.): »Neuropsychologie der Angst« München 1973

Birbaumer, N.: »Physiologische Psychologie« Berlin 1975

Bloomfield, H. H. / Cain, M. P. / Jaffe, D. T. / Kory, R. B.: »Transzendentale Meditation« Düsseldorf 1976

Boeckel, J. F.: »Meditationspraxis« München 1977

Bohm, W.: »Die Lotusblumenkraft – Chakras« Weilheim 1966

Boss, M.: »Einführung in die psychosomatische Medizin« Bern 1954

Boss, M.: »Indienfahrt eines Psychiaters« Bern 1976

Bottenberg, E. H.: »Emotionspsychologie« München 1972

Bräutigam, W. / Christian, P.: »Psychosomatische Medizin« Stuttgart 1975

Budzynski, T. H. / Stoyva, J.: »Biofeedbacktechniken in der Verhaltenstherapie und im Autogenen Training« in: Birbaumer, N.: »Neuropsychologie der Angst« München 1973

Bykov, K. M. /Gantt, W. H.: »Großhirnrinde und innere Organe« Berlin 1953

Calder, N.: »Das Phänomen der kleinen grauen Zellen« Düsseldorf 1972

Campbell, A.: »Seven States of Consciousness« London 1973

Castaneda, C.: »Die Lehren des Don Juan« Frankfurt 1973

Castaneda, C.: »Eine andere Wirklichkeit« Frankfurt 1973

Castaneda, C.: »Die Reise nach Ixtlan« Frankfurt 1975

Castaneda, C.: »Don Juan in den Städten« Frankfurt 1976

Chertok, L.: »Psychophysiological Mechanisms of Hypnosis« Berlin 1969

Delgado, J. M. R.: »Physical control of the mind« New York 1969

Delius, L. / Fahrenberg, J.: »Psychovegetative Syndrome« Stuttgart 1966

DiCara, L. V. (Hrsg.): »Recent advances in limbic and automatic nervous system research« New York 1974

Dollard, J. / Miller, N. E.: »Personality and Psychotherapy« New York 1950

Dürckheim, K. G.: »Der Ruf nach dem Meister« München 1976

Dürckheim, K. G.: »Hara – die Erdmitte des Menschen« München 1973

Dürckheim, K. G.: »Im Zeichen der großen Erfahrung« München 1974

Dürckheim, K. G.: »Japan und die Kultur der Stille« München 1971

Dürckheim, K. G.: »Vom doppelten Ursprung des Menschen« Freiburg 1973

Dürckheim, K. G.: »Zen und wir« München 1976

Eggimann, E.: »Meditation mit offenen Augen« München 1975

Eliade, M.: »Schamanismus und archaische Ekstasetechnik« Frankfurt 1975

Eliade, M.: »Yoga, Unsterblichkeit und Freiheit« Zürich 1960

Enomiya-Lasalle, H.: »Zazen und die Exerzitien des hl. Ignatius« Köln 1975

Enomiya-Lasalle, H.: »Zen – Weg zur Erleuchtung« Freiburg

Erikson, E. H.: »Kindheit und Gesellschaft« Stuttgart 1974

Eysenck, H.-J. / Rachmann, S.: »Neurosen – Ursachen und Heilmethoden« Berlin 1972

Fahrenberg, J.: »Die Bedeutung individueller Unterschiede für die Methodik der Aktivierungsforschung« in: Schönpflug, W. (Hrsg.): »Methoden der Aktivierungsforschung« Bern 1969

Fahrenberg, J.: »Psychophysiologische Persönlichkeitsforschung« Göttingen 1967

Foulkes, D.: »Die Psychologie des Schlafes« Frankfurt 1969

Freud, A.: »Das Ich und die Abwehrmechanismen« München 1975

Freud, S.: »Die Traumdeutung« Ges. Werke II/III Frankfurt 1968

Freud, S.: »Zur Psychopathologie des Alltagslebens« Ges. Werke IV Frankfurt 1969

Freud, S.: »Bruchstück einer Hysterieanalyse« Ges. Werke V Frankfurt 1968

Friedmann, M. / Rosenman, R. H.: »Type A Behavior and Your Heart« London 1974

Fromm, E. / Suzuki, D. T. / de Martino, R.: »Zen-Buddhismus und Psychoanalyse« Frankfurt 1972

Goffman, E.: »Die moralische Karriere des psychisch gestörten Patienten«
in: Keupp, H.: »Der Krankheitsmythos in der Psychopathologie« München 1972

Govinda, A.: »Der Weg der Weißen Wolken – Erlebnisse eines buddhistischen Pilgers in Tibet« München 1973

Govinda, A.: »Grundlagen tibetanischer Mystik« München 1975

Graham, D. T.: »Psychosomatic medicine«
in: Greenfield, N. S. / Sternbach, R. A. (Hrsg.): »Handbook of psychophysiology« New York 1972

Gray, J. A.: »Angst und Streß – Entstehung und Überwindung von Neurosen und Frustrationen« München 1971

Gregory, R.: »Auge und Gehirn« München 1966

Grinder, J. / Bandler, R.: »The Structure of Magic« Palo Alto Vol. I 1975, Vol. II 1976 (Science and Behavior Books)

Grinder, J. / Delozier, J. / Bandler, R.: »Patterns of the Hypnotic Techniques of Milton H. Erickson« Palo Alto Vol. I/II 1976 (Science and Behavior Books)

Groff, S.: »Dimensions of Consciousness: Observations from LSD Research« Paper in Esalen-Institute, Big Sur, Calif.

Harris, T. A.: »Ich bin o.k. – Du bist o.k.« Reinbek 1974

Heinecker, R.: »EKG-Fibel« Stuttgart 1965

Hesse, H.: »Ges. Werke« Frankfurt 1970

Hilgard, E. R.: »Hypnotic susceptibility« New York 1965

Holzkamp, K.: »Wahrnehmung« Frankfurt 1972

Huber, G. K. M.: »Anti-Angst-Training« München 1975
Humphreys, C.: »Karma und Wiedergeburt« München 1974
Huxley, A.: »Die Pforten der Wahrnehmung – Himmel und Hölle« München 1970
Ilich, I.: »Die Enteignung der Gesundheit« Reinbek 1975
James, M. / Jongeward, D.: »Spontan Leben« Reinbek 1974
James, W.: »The Varieties of Religious Experience« New York 1958 (New American Library)
Jacobs, H.: »Indische Weisheit und westliche Psychotherapie« München 1965
Jacobson, E.: »Anxiety and Tension Control« Philadelphia 1964
Jacobson, E.: »Progressive Relaxation« Chicago 1938
Jacobson, E.: »You Must Relax« New York 1934
Josuttis, M. / Leuner, H.: »Religion und die Droge« Stuttgart 1972
Jung, C. G.: »Über Mandala-Symbolik« Ges. Werke IX Freiburg 1976
Jung, C. G.: »Die träumende Welt Indiens« Ges. Werke X Freiburg 1974
Jung, C. G.: »Was Indien uns lehren kann« Ges. Werke X Freiburg 1974
Jung, C. G.: »Über den indischen Heiligen« Ges. Werke XI Freiburg 1963
Jung, C. G.: »Zur Psychologie östlicher Meditationen« Ges. Werke XI Freiburg 1963
Jung, R. (u. a.): »Allgemeine Neurophysiologie« München 1974
Jyengar, B. K. S.: »Licht auf Yoga« Weilheim 1969
Kapleau, P.: »Die drei Pfeiler des Zen« Weilheim 1972
Karlins, M. / Andrews, L. M.: »Biofeedback« Stuttgart 1973
Kelly, G.: »The Psychology of Personal Constructs« New York 1955
Keupp, H.: »Der Krankheitsmythos in der Psychopathologie« München 1972
Keupp, H.: »Psychische Störungen als abweichendes Verhalten« München 1972
Kirschner, M. J.: »Die Kunst sich selbst zu verjüngen – Yoga für tätige Menschen« Wiesbaden 1975 (Agis)
Kleitman, N.: »Sleep and Wakefulness« Chicago 1963 (Univ. of Chicago Pr.)
Klostermann, M.: »Auroville – Stadt des Zukunftsmenschen« Frankfurt 1976
Koestler. A.: »Von Heiligen und Automaten« München 1961
Kraiker, C. (Hrsg.): »Handbuch der Verhaltenstherapie« München 1974

Krapf, G.: »Autogenes Training aus der Praxis« München 1976

Krausser, P.: »Sprache, Denken, Wirklichkeit« Reinbek 1963

Krishna, G.: »Biologische Basis religiöser Erfahrung« Weilheim 1973

Krishna, G.: »Höheres Bewußtsein« Freiburg 1975

Krishna, G.: »Kundalini. Erweckung der geistigen Kraft im Menschen.« Weilheim 1968

Laing, R. D.: »Das geteilte Selbst« Erice 1974

Landau, E.: »Psychologie der Kreativität« München 1974

Langen, D.: »Archaische Ekstase und asiatische Meditation mit ihren Beziehungen zum Abendland« Stuttgart 1963

Langen, D.: »Die gestufte Aktivhypnose« Stuttgart 1972

Laotse: »Tao Te King. Das Buch des Alten vom Sinn u. Leben« Düsseldorf 1974

Legewie, H.: »Indikatoren von Kreislauf, Atmung u. Energieumsatz«; in: Schönpflug, W. (Hrsg.): » Methoden der Aktivierungsforschung« Bern 1969

Legewie, H. / Ehlers, W.: »Knauers moderne Psychologie« München 1972

Legewie, H. / Nusselt, L. (Hrsg.): »Biofeedback-Therapie« München 1975

Leuner. H.: »Ekstase u. religiöse Erleben durch Halluzinogene beim modernen Menschen«; in: Josuttis/Leuner: »Religion und die Droge« Stuttgart 1972

Leuner, H.: »Katathymese Bilderleben« Stuttgart 1970

Levi, L. (Hrsg.): »Stress, Körper, Seele u. Krankheit« Göttingen 1964

Lilly, J.C.: »Das Zentrum des Zyklons – eine Reise in die inneren Räume« Frankfurt 1976

Lowen, A.: »Bioenergetik« München 1976

Luce, G.G. / Segal, J.: »Schlaf dich gesund. Schlaflosigkeit – Ursachen u. Abhilfe« München 1973

Luria, A.R.: »Die höheren kortikalen Funktionen des Menschen u. ihre Störungen bei örtlichen Hirnschädigungen« Berlin 1970

Luthe, W.: »Autogenic Therapy« New York Vol. I-VI

Luthe, W.: »Correlationes Psychosomaticae« Stuttgart 1965

Lysebeth, A. van: »Pranajama – die große Kraft des Atems – Lehre u. Übung« Weilheim 1972

Mangoldt, U. von: »Meditation. Heilkraft im Alltag.« Weilheim 1966

Mangoldt, U. von: »Yoga heute – Hilfe für den Westen« Weilheim 1971

Maslow, A. H.: »Psychologie des Seins« München 1973

Masters, R. E. / Houston, J.: »Varieties of Psychodelic Experience« New York 1966

McQuade, W. / Aikman, A.: »Keine Angst vor Streß« Rüschlikon 1976

Meerloo, J.A.M.: »The Rape of the Mind: The Psychology of Thought Control, Menticide and Brainwashing« Cleveland 1956

Melzer, F.: »Innerung. Wege u. Stufen der Meditation« Kassel 1968

Meyer, V. / Chesser, E.: »Verhaltenstherapie in der klinischen Psychologie« Stuttgart 1971

Miller, G.A. / Galanter, E. /Pribram, K.H.: »Strategien des Handelns. Pläne u. Strukturen des Verhaltens« Stuttgart 1973

Miller, N. E. (u. a.): »Biofeedback and Self-Control« Chicago 1974

Mishra, R.: »Vollendung durch Yoga« München 1974

Mitscherlich, A.: »Krankheit als Konflikt. Studien zur psychosomatischen Medizin« Bd. 1 u. 2 Frankfurt 1968

Mookerjee, A.: »Tantra-Kunst« Basel 1967/68

Naranjo, C. / Ornstein, R. E.: »Die Psychologie der Meditation« Frankfurt 1976

Nehmiah. J.C. / Sifneos, P.E.: »Affect and Phantasy in Patients with Psychosomatic Disorders«; in: Hill, O.W. (Hrsg.): »Modern Trends in Psychosomatic Medicine« London 1970

Neumann, E.: »Ursprungsgeschichte des Bewußtseins« München 1974

Oppenheimer, J.R.: »Wissenschaft u. allgemeines Denken« Hamburg 1955

Ornstein, R.E.: »Die Psychologie des Bewußtseins« Frankfurt 1976

Ornstein, R.E.: »On the Experience of Time« New York 1969

Ouspensky, P.D.: »Auf der Suche nach dem Wunderbaren« Weilheim 1966

Palos, S.: »Atem u. Meditation – moderne chinesische Atemtherapie« München 1974

Pawlow, I.B.: »Sämtliche Werke« Berlin 1953

Perls, F. S.: »Gestalttherapie in Aktion« Stuttgart 1974

Perls, F.S.: »Grundlagen der Gestalttherapie« München 1976

Perret, E.: »Gehirn und Verhalten. Neuropsychologie des Menschen« Bern 1973

Petzold, H.: »Gestalttherapie u. Psychodrama« Kassel 1973

Petzold, H.: Psychotherapie u. Körperdynamik« Paderborn 1974

Plügge, H.: »Wohlbfinden u. Mißbefinden« Tübingen 1962

Plutchik, R.: »Emotion/Facts, Theories and a New Model« New York 1962

Rahula, W.: »Was der Buddha lehrt« Zürich 1963

Reich, W.: »Die Entdeckung des Orgons / Die Funktion des Orgasmus« Frankfurt 1976

Reich, W.: »Charakteranalyse« Frankfurt 1976

Reiter, U.: »Meditation – Wege zum Selbst« München 1977

Reps, P. (Hrsg.): »Ohne Worte – ohne Schweigen. 101 Zen-Geschichten und andere Zen-Texte aus vier Jahrtausenden« München 1976

Richter, H.-E. / Beckman, D.: »Herzneurose« Stuttgart 1973

Rosa, K.R.: »Das ist die Oberstufe des Autogenen Trainings« München 1975

Rosenthal, R.: »Experimenter Effects in Behavioral Research« New York 1966

Satprem: »Sri Aurobindo – Abenteuer des Bewußtseins« München 1973

Schwäbisch, L. / Siems M.: »Selbstentfaltung durch Meditaion« Hamburg 1976

Scheidt, J. vom: »Der falsche Weg zum Selbst – Studien zur Drogenkarriere« München 1976

Scheidt, J. vom: »Innenwelt-Verschmutzung« München 1975

Scheidt, J. vom: »Yoga für Europäer« München 1976

Schmidbauer, W.: »Psychotherapie – ihr Weg von der Magie zur Wissenschaft« München 1974

Schmidt, R.F.: »Grundriß der Neurophysiologie« Berlin 1977

Schultz, J.H.: »Das Autogene Training« Stuttgart 1973

Selye, H.: »Streß, Bewältigung u. Lebensgewinn« München 1974

Shah, I.: »Die Sufis« Düsseldorf 1976

Shapiro, D. (u. a.): »Biofeedback and Self-Control« Chicago 1973

Silverberg, R.: »Es stirbt in mir« München 1975

Simkin, J.: »Mini-Lectures in Gestalt Therapy« Paper in Esalen-Institute, Big Sur, Calif.

Sittenfeld, P.: »The Control of the EEG-Theta Rhythm«; in: Shapiro, D. (u.a.): »Biofeedback and Self-Control« Chicago 1973

Stangl, A. u. M.-L.: »Das Entspannungsprogramm« Düsseldorf 1974

Steinbuch, K.: »Automat und Mensch« Heidelberg 1971

Stoyva, J. (u. a.): »Biofeedback and Self-control« Chicago 1972

Stoyva, J. / Budzynski, T.H.: »Cultivated low arousal – an antistress response?«; in: DiCara, L.V. (Hrsg.): Recent advances in limbic and automatic nervous system research« New York 1974

Suzuki, D. T.: »Die große Befreiung« Frankfurt 1975

Szasz, T. S.: »Geisteskrankheit. – Ein moderner Mythos?« Olten 1972

Tart, C.T.: »Altered States of Consciousness« New York 1969

Tart, C.T.: »On Being Stoned: A Psychological Study of Marijuana Intoxications« Palo Alto 1971

Vester, F.: »Das kybernetische Zeitalter« Frankfurt 1974

Vester, F.: »Denken, Lernen, Vergessen« Stuttgart 1975

Vester, F.: »Phänomen Streß« Stuttgart 1976

Vivekananda, S.: »Karma-Yoga und Bhakti-Yoga« Freiburg 1973

Vivekananda, S.: »Raja-Yoga« Freiburg 1973

Watzlawick, P. / Weakland, J. H. / Fisch, R.: »Lösungen« Stuttgart 1974

Watzlawick, P. / Beavin, J.H. / Jackson, D.D.: »Menschliche Kommunikation« Stuttgart 1969

Weizsäcker, C.F.: »Biologische Basis religiöser Erfahrungen« Weilheim 1971

Wooldridge, D.: »Mechanik der Gehirnvorgänge« München 1967

Wunderli, J.: »Schritte nach innen. Östliche Meditation u. westliche Mystik« Freiburg 1975

Wygotski, L.S.: »Denken und Sprechen« Frankfurt 1969

Zimmer, H.: »Der Weg zum Selbst. Leben und Lehre des indischen Heiligen Ramana Mahashi aus Tiruvannamalai« Düsseldorf 1974

# Register

Atemregulierung 179, 204
Atemrhythmus 205
Atemtherapie 204
Atemübung 58, 98, 179
Atmung 28, 51, 52, 89, 194, 204
Aufmerksamkeit 42, 43, 59ff, 82ff, 121, 122, 171ff.
Aufputschmittel 15
Aufschaukelungseffekt 51
Autogene Atemregulierung 196
Autogene Entspannung 88
Autogenes Training 10, 11, 19, 48, 57ff, 72, 74, 76ff, 100ff, 110, 171, 174ff, 205ff, 222
Autonomes Nervensystem 28, 29, 30, 33, 78
Autopsychoanalyse 91
Autosuggestion 10, 79, 80, 86, 100
Autosuggestive Formeln 59

Bach, J. S. 210
Balance-Prinzip 50
Banquet, J. P. 73
Behandlung, psychotherapeutische 16
Bernard, C. 48, 49
Bernard, Th. 202
Beschwerden, psychosomatische 34
Beschwerden, vegetative 32
Betaaktivität 73
Betawellen 72, 73
Bewertungsmaßstäbe, gesellschaftliche 21
Bewußtsein 23, 25, 32, 38f, 42, 60f, 65, 67, 75, 79, 84, 88, 91ff, 95, 175f, 178, 198
Bewußtseinspsychologie 22
Bewußtseinsveränderung 177
Bewußtseinszustand 60 65, 74, 76, 199
–, hypnotischer 83
Biofeedback 30, 84, 86
Black out 62, 63
Blutdruck 25, 28, 48, 51, 55, 57, 72
Blutgefäß 52, 58, 174
Blutstrom 29, 174
Bluttemperatur 50
Blutversorgung 175
Böhme, J. 97
Bronchialasthma 55
Buddhismus 94
Bykow, K. M. 29, 30
Castaneda, C. 9, 39, 176
Cellier, M. 210
Christliche Meditation 93, 94, 95
Corpus callosum 38, 68
Cortex 60, 62
Cortex, optischer 62
Corticoides Hormon 52
Cortikale Aktivierung 63, 64

Darmgeschwür 55, 57
Dauerschäden 32, 52
Deautomatisierung 214
Deikman, A. J. 176, 209
Denkblockade 62, 63

Denken 67, 74
Denken, analytisches und logisches 36
Denken, begriffliches 35
Denken, ganzheitliches 42
Denken, intuitives 35
Denken, rationales 35, 63
Denkgewohnheiten 41
Denkinhalt 71
Denkmodus 37, 41
Denkpsychologie 38
Denkweise, westliche 61
Depression 19, 67
Depressive Verstimmungen 15
Desensibilisierung, systematische 71
Desynchronisierte Gehirntätigkeit 93
Diarrhoe 55, 57
Di Cara, L. 30
Dissonanz, kognitive 23, 70
Distreß 225
Don Juan 9, 39
Dreitakt, vegetativer 54
Droschkenkutscher-Haltung 110
Dürckheim, Graf 20
Eigenfarbe 207
Eingeweide 50f, 56
Einsamkeit 21, 23
Einschlafen 114, 119, 170
Einseitigkeit 19, 20, 22, 35, 42
Einstellungsänderung 70, 122
Elektrische Leitfähigkeit der Haut 48
Elektrischer Hautwiderstand 30
Elektroencephalogramm (EEG) 64ff, 72f, 204
Elektromyogramm (EMG) 30, 119
Emotion 67f, 76, 94
Encounter-Gruppen 19
Entfaltende Meditation 210
Entleerung des Bewußtseins 93
Entspannung 60, 69, 71f, 76, 78f, 81, 83, 88, 100
–, aktive 47, 83
–, autogene 83
–, integrierte 10
–, muskuläre 47
Entspannungstherapie 223ff.
Entspannungstraining 13, 34, 48, 223
– integriertes 11f.
Entspannungsverfahren 19, 76f.
–, meditative 71
Ergotrope Aktivität 51
Erickson, M. 85
Erkrankung, psychosomatische 32
Ernährungsgerichtete Funktionen 51
Erregung 65, 80
–, allgemeine 48, 60
–, cortikale 64
–, physiologische 30, 47
–, retikuläre 60
–, unspezifische 61

Abwehrreaktion 45, 46, 51
Adaptationssyndrom 54
Aggression, „unterdrückte" 56
Aktivation 62
Aktive Entspannung 47, 83
Aktivierung, cortikale 63
Aktivierung, retikuläre 71
Aktivierung, vegetative 71
Aktivierungssystem, retikuläres 46
Aktivierungsniveau 63, 100, 121
Aktivierungszentrum 47, 59, 65
Aktivität, ergotrope 51
Aktivität, parasympathische 51, 58, 67
Aktivität, sympathische 58, 66
Aktivität, trophotrope 67
Alarmphase 52, 53, 57
Alarmreaktion 51f, 57, 62, 63
Alarmreiz 31, 52, 53
Alexithymie 24, 33, 103
Allgemeine Erregung 48, 60
Alpha-Aktivität 73, 74
Alphasynchronisation 73
Alpha-Wellen 72, 73, 204
Ambivalente Gefühle 41
Angina pectoris 55
Angst 15, 18 - 24, 27, 33, 43, 67, 70, 88, 176, 206
Angst, soziale 18, 24
Angst vor Realitätsverlust 88
Angstreiz 69, 71
Anspannung, körperliche 22, 50
Anspannungs-Entspannungszyklus 109, 115, 117
Arhythmien 55
Assoziative Verknüpfung 87
Atem 15, 98, 99, 177, 194
Atemfrequenz 48, 59
Atemkontrolle 98

238

Erregungsniveau 45, 84, 118, 180
–, allgemeines 47
Erregungszentrum 46, 65
Erwartungsspannung 43
Eustreß 225f.
Eutonie 96, 216
Eutonisches Gleichgewicht 216
Exerzitien 93
Feedback 27, 28
Fersensitz 219
Fixationsmethode 84
Fixierung der Aufmerksamkeit 78
Fluchtreaktion 44, 51, 56
Fluchtverhalten 227
Formatio reticularis 46, 65, 71f, 94
Formelhafte Sätze 88f.
Formeln, autosuggestive 59
Fremdsuggestion 86
Freud, S. 222
Frontalhirn 68
Frontaler Blick 90, 208
Funktionen, trophotrope 51
Funktionen, vegetative 28f.
Ganglien 50
Ganzheitliches Denken 42
Gefäßverengung 89
Gefühl, sexuelles 172
Gefühle, ambivalente 41
Gefühle, suggerierte 87
Gefühllosigkeit 31, 37, 68
Gehirn 32, 61, 68, 70, 73f., 78, 177
Gehirnhälfte, linke 35f, 64, 215, 223
Gehirnhälfte, rechte 37, 64, 215
Gehirnrinde 72f.
Gehirnwellen 65, 66, 72, 74
Geisteskranke 41
Gesprächspsychotherapie 19, 213
Gestalttherapie 19, 213
Gestik 13, 25
Gewöhnung 27, 31f, 38, 45
Gewöhnliches Bewußtsein 77, 176, 198, 212
Gleichgewicht 21, 31, 51, 66, 96, 219
Gleichgewicht, körperliches 21
Gleichgewicht, ökologisches 21
Gleichgewicht, vegetatives 21, 48
Gleichgewichtssystem, inneres 48f.
Goffmann, E. 41
Gopi Krishna 117, 203, 228
Gregorianischer Choral 97, 210
Großhirnrinde 60f, 68f, 74, 93
Gruppendynamik 214
Habituation 31, 38, 45
Hare Krishna 97
Hatha-Yoga 11, 90, 96, 102
Hautblutgefäße 58, 175
Hemisphäre, linke 36, 64

Hemisphäre, rechte 36f, 64
Herz 15, 25, 28, 31f, 51, 55, 89
Herzaktivität 179
„Herzensgebet" 96, 210
Herzfrequenz 48, 59, 72
Herzinfarkt 52
Herzrhythmusstörungen 55
Herz- und Kreislaufbeschwerden 17, 28, 34
Hinduismus 94
Hirnanhangdrüse 52
Hirnfunktion 75f.
Hirnrinde 62, 71f.
Hirnstamm 46
Hirnstromkurve 29, 64
Hormonkonzentration 50
Hormonsystem 18
Horn, P. 210
Humanistische Psychologie 19f, 213
HWS/BWS-Syndrom 13, 16, 27
Hydrocortison 52
Hypersynchronisierung 73f, 76
Hypnose 84f.
Hypnosetherapie 90
Hypochondrie 34
Hypophyse 52, 68
Hypothalamus 50, 52, 67f.
Hysterie 18, 34
Ikkyu, Zen-Meister 60
Illusion 75
Innenwelt 19, 31, 35
„Innere Augen" 21, 78
Innere Streßreize 56
Inneres Gespräch 39, 40
Inneres Gleichgewicht 33, 48, 52, 59
„Inneres Milieu" 49f.
Integration 20, 75, 100f, 228
Integriertes Entspannungstraining 10f, 76, 79, 105, 179, 222f.
Integrierte Therapie 223, 229
Intuitives Denken 35
Islam 94
Jacobson, E. 11, 48, 80, 82
James, W. 75
Kataleptische Starre 85
Katathymes Bild-Erleben 172, 225
Konditionierung, klassische 196
Kleinhirn 68
Koan 215, 216
Körpertemperatur 28, 29, 49
Kognitive Dissonanz 23, 70
Kognitive Umstrukturierung 69
Konditionierte Entspannung 183, 199
Konditionierter Reiz 87, 88, 187
Konzentration 59, 71, 72, 81 - 87, 90, 91, 96, 101, 103, 171, 175 - 179, 198 - 202
Konzentrationsfähigkeit 88, 89, 101–103, 121, 180

Konzentrationsgegenstand 172, 198, 199
Konzentrative Meditation 72, 77, 94, 97, 210, 212
Kopfschmerzen 14, 16, 27, 34, 192, 227
Kreislauf 28, 51, 52, 55
Kultur, östliche 29, 37
Kultur, westliche 36
Kundalini 203
Lebenserhaltende Funktionen 51
Lernpsychologie 81
Leistungsangst 18
Leistung 16, 20, 63f.
Limbisches System 68f., 93
Linke Gehirnhälfte 35, 37, 64, 76, 215, 223
Lobotomie 68
Lotussitz 217, 219, 220
Loyola, I. von 93
LSD 179
Magen 31, 56
Magengeschwür 17, 55f.
Magen- und Darmtätigkeit 28
Mantra 82, 97, 102, 198, 204f.
Medikamente 16, 28, 29, 31, 106
Meditation 10f, 19, 59f, 72f, 76, 82f, 88f, 91f, 100f, 174f, 210
Meditationsbild 96
Meditations-EEG 73
Meditationsgegenstand 82, 84, 95, 173, 175
Meditationstechnik 29, 59, 90, 94
Meditationstradition 75, 94
Meditative Bewußtseinszustände 101
Meister Eckhart 92
Meskalin 176
Migräne 15, 17, 55
Mishra, T. 90, 208
Mittelhirn 61
Motivation 68
Motorische Entladung 170
Muskeln 21, 25, 27, 43, 50, 58f.
Muskeldurchblutung 52
Muskelentspannung 11, 43, 72f, 79, 83, 96, 100f, 169f, 171, 178f.
Muskelkontraktion 81
Muskelkraft 26, 44
Muskelpanzer 22f, 24
Muskelschmerzen 27
Muskelentspannung, progressive 10, 19, 48
Muskelspannung 24, 26, 28, 30, 43, 45, 48, 59, 80f.
Muskeltonus 30, 43f, 47f, 58, 78, 81f, 88, 96, 117
Nasenblick 90, 208
Nervensystem, autonomes 28 - 33
Nervensystem, vegetatives 18, 25, 28, 29, 48, 50, 69
Nervenzusammenbruch 15, 52
Neurose, vegetative 13
Neurotische Störungen 18, 66
Niedergeschlagenheit 19, 67
Nirwana 94

Normales Bewußtsein 38, 75, 88
Noradrenalin 52
Oldfield, M. 210
Optischer Cortex 62, 73
Organismische Umschaltung 48, 89, 100, 179
„Organspezifische Formeln" 89
Orientierungsreaktion 44 - 46, 59, 72
Ornstein, R. E. 36, 76, 95, 200
Östliche Kultur 29, 37, 92
Parasympathikus 48–59
Parasympathische Aktivität 51, 58, 67, 175, 179
Pasteur, L. 48, 49
Pawlow, I. P. 44, 45, 88
Pendelversuch 86, 87
Perls, F. 213
PGR = Psychogalvanische Reaktion 30
Phobie 18, 70
Plexus solaris 58, 82, 190
Posthypnotischer Auftrag 89
Pranayama 194, 202
Progressive Muskelentspannung 10, 19, 48, 79
Psychosomatische Störungen 12, 16, 18, 32, 34, 56
Psychotherapeut 17, 85, 90, 172, 192, 205, 222, 223
Puls 48, 50, 52
Rahula, W. 201, 212
Raumorientierung 36
Reaktion, sympathische 51
Reaktion, vagotonische 56
Reaktionsspezifität 27
Reaktionsstereotyp 27
Realitätsflucht 19
Realitätswahrnehmung 38
Rechte Gehirnhälfte 36, 37, 64, 76
Regenerierung 54, 67
„Reines" Bewußtsein 73, 74, 89, 98, 199
Reiter, U. 95
Reiz, aversiver 49, 55
Reiz, konditionierter 87, 88
Reizüberflutung 31
Reizverarbeitung 61
Reizwahrnehmung 61
Retikuläre Aktivierung 46, 60, 71
Retikulärsystem 59, 61, 62, 65, 69, 71, 72, 74
Rogers, C. 213
Rückenmark 50, 71
Rückmeldung 27, 30
Säure 56, 57
Selbstwertgefühl 18
Sedativa 17
Seelische Empfindungen 21
Seelisches Gleichgewicht 35
Selbstakzeptierung 173
Selbsterfahrung 214, 215
Selbstmordversuch 15
Selbstsicherheitstraining 214

Selbstverwirklichung 20, 173, 222, 223
Selye, H. 54, 225
Sensibilisierung 45, 46, 51
Sensitivitätstraining 19, 214
Sexualfunktionen 51
Sexuelles Gefühl 172
Sinnesorgane 31, 38, 45, 51f.
Sinnesreiz 61, 62, 69, 72
Skelettmuskulatur 26, 27, 43, 58, 79, 104, 121, 179, 216, 217
Solar plexus 171
Somatische Erinnerungsbeschwerden 170
Sonnengeflecht 58, 88, 190
Soziale Angst 18, 24
Scheidt, J. vom 202
Schlaf 60, 65, 66, 73, 83
Schlafentzug 66
Schlaflosigkeit 27
Schlafperiode 66
Schlafstörungen 17, 66, 223, 227
Schlaf-Wach-Zyklus 65
Schmerz 26, 34, 116, 169, 170
Schoener, E. 210
Schultz, J. H. 10, 19, 48, 80, 83, 85, 89, 207, 222
Schwäbisch/Siems 91, 173, 205, 206
Schweißdrüsenaktivität 30, 48, 59
Schwere 10, 11, 48, 58f., 72, 78, 83f, 86ff, 100, 103, 174, 180
Soziale Isolation 16
Spannungsniveau 80, 120, 170
Spannungskopfschmerz 223
Spannungsthermometer 119, 120
Sprachzentrum 36, 37
Stabilität, psychische 54
Stabilität, physische 54
Stammhirn 59, 71
Störungen, neurotische 18, 66
Störungen, psychische 16
Störungen, psychosomatische 12, 18, 56
Störungen, vegetative 27, 31
Streß 57
Stressoren 54
Streßreaktion 51, 54, 57, 62
Streßreiz 52, 53, 54, 56
Subkortikale Aktivität 119
Sufismus 94
Suggestibilität 85, 88, 102
Suggestion 84, 89, 186, 187
Suicid 23
Sympathische Aktivität 51, 52, 53, 58, 66, 179
Sympathikotoniker 55
Sympathikus 48, 51, 52, 54f, 58
Sympathisches Nervensystem 50, 52, 71
Symptomverschreibung 103
Synchrone Alphawellen 73

Synchrone Gehirnaktivität 73
Synchronisierung 204
System, vegetatives 33, 47, 51, 59, 66, 83
Systematische Desensibilisierung 71, 225
Tantra 96, 207
Thalamus 62, 67ff.
Thetawellen 72
Todessehnsucht 19
Todesursache 18
Toleranzschwelle, kritische 32
Tonus 43, 44, 46
Tranquilizer 106
Transzendentale Meditation 102
Tratakam 96, 208f.
Trauer 21, 24, 26, 34, 41
Träume 65
Trophotrope Funktion 51
Übersensibilität 34
Ulcus 56
Unkonzentriertheit 72
Unruhe 80
Unsicherheit 18, 21, 70
Unspezifische Erregung 61
Unspezifische Impulse 71
Vagus 55, 57
Vegetativer Dreitakt 52f, 52–54
Vegetative Funktionen 28ff.
Vegetatives Gleichgewicht 21, 48, 67, 79, 89
Vegetatives Nervensystem 18, 25, 28, 29, 48, 50, 52, 69, 89, 97
Vegetative Neurose 13
Vegetatives System 31, 47, 51, 57, 59, 66, 72, 83, 216
Vester, F. 17
Verdauung 28, 51, 55, 57
Vergegenwärtigungsverfahren 82, 100, 179, 183
Verhaltenstherapie 71, 80, 214
Verkrampfung 21, 22, 26, 96, 116
Vermeidung 23, 227
Verspannung 14, 15, 26, 46, 82, 216
Vivekananda 75
Wahrnehmung 31, 59, 72, 74, 77, 81 - 84, 96, 101, 119, 172, 175, 178, 180, 198
Watzlawick, P. 85, 103
Weizsäcker, C. von 228
Yamamoto, H. 210
Yerkes-Dodsonsches Gesetz 63, 64
Yoga 30, 60, 75, 90, 94, 95, 96, 102, 202, 207, 208, 214
„Yogi-Schlaf" 29
Zamfir, G. 210
Zen 60, 95, 202, 215, 220
Zentrales Erregungs (Retikulär)-System 46, 47
Zentrales Nervensystem 97
Zwischen- und Mittelhirn 93
Zwischenmenschlicher Kontakt 20

240